PSICOTERAPIA PARA MÉDICOS DE FAMÍLIA

CONSELHO EDITORIAL
André Luiz V. da Costa e Silva
Cecilia Consolo
Dijon De Moraes
Jarbas Vargas Nascimento
Luís Augusto Barbosa Cortez
Marco Aurélio Cremasco
Rogerio Lerner

Blucher

PSICOTERAPIA PARA MÉDICOS DE FAMÍLIA

A arte de conversar com o paciente

Marco A. C. Albuquerque

Psicoterapia para médicos de família: a arte de conversar com o paciente
© 2023 Marco A. C. Albuquerque
Editora Edgard Blücher Ltda.

Publisher Edgard Blücher
Editores Eduardo Blücher e Jonatas Eliakim
Coordenação editorial Andressa Lira
Produção editorial Luana Negraes
Preparação de texto Regiane da Silva Miyashiro
Diagramação Negrito Produção Editorial
Revisão de texto Maurício Katayama
Capa Leandro Cunha
Imagem de capa iStockphoto

Blucher

Rua Pedroso Alvarenga, 1245, 4º andar
04531-934 – São Paulo – SP – Brasil
Tel.: 55 11 3078-5366
contato@blucher.com.br
www.blucher.com.br

Segundo o Novo Acordo Ortográfico, conforme 6. ed. do *Vocabulário Ortográfico da Língua Portuguesa*, Academia Brasileira de Letras, julho de 2021.

É proibida a reprodução total ou parcial por quaisquer meios sem autorização escrita da editora.

Todos os direitos reservados pela Editora Edgard Blücher Ltda.

Dados Internacionais de Catalogação na Publicação (CIP)
Angélica Ilacqua CRB-8/7057

Albuquerque, Marco A. C.
    Psicoterapia para médicos de família : a arte de conversar com o paciente / Marco A. C. Albuquerque. – São Paulo : Blucher, 2023.
    442 p.

Bibliografia
ISBN 978-65-5506-683-8

1. Psicanálise 2. Médicos de família 3. Psicoterapia familiar I. Título.

23-2316   CDD 150.195

Índice para catálogo sistemático:
1. Psicanálise

Conteúdo

Agradecimentos 7

Prefácio 9

Introdução 13

Parte 1. Integração e comunicação 27

1. Histórias do cotidiano do médico de família 29
2. A integração dos cuidados de saúde mental na clínica e na atenção primária à saúde 39
3. O paciente, esse desconhecido 49
4. A estrutura psíquica 67
5. Notas sobre a comunicação médico-paciente 89

Parte 2. Psicoterapia médica 115

6. O conceito de psicoterapia 117

7. A psicoterapia médica — 127

8. Abordagem psicodinâmica para o médico de família — 165

9. Estratégias e táticas na psicoterapia médica — 201

Parte 3. Conversas com o paciente — **221**

10. O paciente ansioso — 223

11. O paciente depressivo — 247

12. O paciente alcoolista — 285

13. O paciente "poliqueixoso" — 315

14. O paciente apaixonado — 333

15. O paciente agressivo — 347

16. O paciente psicótico — 365

Parte 4. Competências e vivências — **395**

17. A questão das competências em saúde mental para o médico de família — 397

18. A experiência Balint em um serviço de atenção primária à saúde — 417

Posfácio — 433

Leituras sugeridas — 435

Sobre o autor — 441

Agradecimentos

Sem que eu me desse por conta, este livro começou a ser escrito há quase quarenta anos, desde os bancos da faculdade de medicina, nas aulas dos inesquecíveis mestres Kurt Klöetzel e Amílcar G. Gigante, dos professores Izaías e Fernando Lokschin, César Victora, Justino Faleiros, Ernesto Arndt Neto, Simon Halpern, Fernando Grilo Gomes, Darcy Abuchaim, a quem se somaram depois, ao estudar psiquiatria e psicanálise, os inesquecíveis Odon F. Cavalcanti Carneiro Monteiro, Antônio Luiz Bento Mostardeiro, José Luiz Fredda Petrucci, entre tantos outros. Carlos Grossman, um dos criadores da especialidade de Medicina Geral Comunitária no Brasil, atual Medicina de Família e Comunidade, merece uma menção especial, pelo acolhimento paternal no serviço criado por ele e, depois, pelo carinho e pela amizade construídos na convivência. Alguns já falecidos, outros vivos e atuantes, mas devo a cada um e a todos com quem pude aprender o reconhecimento e uma imensa gratidão pela paciência generosa que tiveram comigo e com meus questionamentos. Gostaria que eles soubessem que não perderam seu tempo.

Fundamental continua sendo a convivência sempre estimulante com colegas, médicos residentes e estudantes de medicina. Aprendi tanto com os professores quanto com colegas e alunos, cujos ensinamentos, questionamentos e curiosidades nunca me deixaram perder a fé na formação de médicos melhores e mais humanos, como sigo tentando ser. Não nomeio todos aqui, porque a lista seria muito grande, mas, pela nossa convivência e trocas, eles sabem quem são.

Preciso citar, porém, pelo menos os que deram dicas e palpites certeiros em alguns capítulos: Mário Tavares, Henrique Bente, Sílvia Takeda, Maria Lúcia Medeiros, Hugo Sant'Anna Alves, Isabela Vieira Bastos e Juliana Marques C. Bastos.

Este livro é uma tentativa de compartilhar um pouco do muito que recebi, narrando as vivências adquiridas na forma de um diálogo teórico-prático entre um colega com mais tempo de estrada e os colegas mais novos, que podem se beneficiar dessa troca, como eu já me beneficiei um dia.

Prefácio

Ao contrário do senso comum, a Atenção Primária à Saúde (APS) apresenta desafios inerentes que exigem dos profissionais empenho e resiliência, além de amplo conhecimento técnico. Enfrentar as demandas na situação de escassos recursos, não apenas financeiros, mas de estruturas organizacionais e de recursos humanos qualificados, é o cotidiano dessas equipes.

Os pacientes que buscam atendimento em sofrimento mental já constituem a maior parte dessa demanda. A previsão de diversos especialistas e da Organização Mundial da Saúde (OMS) antes da pandemia da covid-19 é que a saúde mental seria o principal motivo de atendimento em APS. A perspectiva do pós-pandemia não é diferente; pelo contrário, diversos fatores como perdas, isolamento, falta de socialização e dificuldades financeiras tendem a agravar a situação.

Em qualquer levantamento sobre as necessidades de educação para médicos de família e comunidade, sejam médicos residentes ou já experimentados, a saúde mental estará entre os primeiros itens da lista. É nesse contexto que o autor nos brinda com este livro.

O prof. dr. Marco Aurélio, antes de ser um psiquiatra, foi um médico de família e comunidade e, nessa época, tive a honra de ser treinado por ele. Desse modo, ele consegue transitar com facilidade entre as perspectivas do médico em atenção primária e do especialista em saúde mental.

Gabriel García Márquez disse em uma entrevista que "contar histórias é uma necessidade humana básica", que essa prática remonta ao período pré-histórico, quando as pessoas se sentavam à volta da fogueira e contavam histórias. E, como toda história é contada para alguém, escutar histórias também é parte dessa necessidade. Essa foi uma das grandes lições que pude aprender com o dr. Marco Aurélio como médico de família: escutar as histórias dos pacientes com a curiosidade sobre a pessoa que ali está.

A outra metade do trabalho – isto é, o que fazer com o que se escutou, entender o que foi contado e o que foi omitido, como ajudar a pessoa que está ali, o que dizer e como dizer – é uma parte que ainda aprendo, agora com o psiquiatra, com o psicanalista, com sua *expertise* e experiência.

Simplificar não é tarefa para qualquer um, mas é a chave para que algo seja incorporado e utilizado. Só quem tem absoluto domínio do que pratica o consegue. Poderíamos listar gênios do esporte, da ciência, da tecnologia e da arte que conseguiram. No entanto, simplificar não dispensa conhecimento e prática, mas significa sobretudo desmistificar e mostrar o caminho, mostrar "como fazer". Este livro nos guia nessa busca. Não para ser um especialista em saúde mental, mas para ser um médico de família melhor, mais aparelhado, pois as questões de saúde mental, além de frequentes na nossa prática, atravessam quase todas as questões clínicas, por exemplo, o cuidado das condições crônicas: qual médico nunca se deparou com um paciente com diabetes mal controlada e que parece não aceitar o diagnóstico, não seguir com o tratamento e a necessidade do autocuidado?

No consultório do dr. Marco Aurélio, médico de família, havia uma placa que nos advertia mais ou menos assim: "*As pílulas do Dr. Phill* são baratas, *curam* todas as doenças e apresentam *nada* de efeito colateral". Lendo as palavras grifadas e que eram destacadas, a frase ficava "*As pílulas do Dr. Phill curam nada*". Não existe panaceia, não existe uma cura para tudo e nem tudo tem cura. Uma das lições que o dr. Marco Aurélio aprendeu com seu grande mestre, dr. Amílcar Gigante, é que reconhecer o que não se sabe é essencial! Buscar conhecimento, aprender e aperfeiçoar-se é uma tarefa que o médico nunca pode abandonar.

Aliar essa busca com o prazer de uma boa leitura, grande bagagem técnica, experiência e sem perder as questões humanas, do sofrimento e do cuidar: é para atravessar esse caminho que o presente livro te convida!

Mário Roberto Tavares

Introdução

O tema central deste livro baseia-se no entendimento de que a psicoterapia médica é uma parte essencial e indissociável do trabalho do médico com seus pacientes, independentemente da razão da procura, da natureza das queixas e do tipo de medidas terapêuticas concretas que tiver que tomar.

No entanto, apesar de se referir ao tratamento de problemas de natureza emocional por meios psicológicos, psicoterapia é um termo muito amplo, que define centenas de práticas, às vezes muito diferentes entre si. A psicoterapia médica é uma delas, podendo ser realizada de diversas maneiras, dependendo das teorias e da experiência de cada um no uso das técnicas que lhe são familiares. Pela minha formação como psiquiatra psicodinâmico e psicanalista, tanto o material teórico quanto o material clínico serão apresentados e examinados a partir do ponto de vista da compreensão psicodinâmica, ou seja, o entendimento das forças dinâmicas atuantes em nosso psiquismo (impulsos, conflitos, defesas etc.), aquela que oferece o mais completo conjunto de ferramentas para entender e conversar com pacientes. E quem compreende os pacientes já tem um ganho considerável no relacionamento com eles e estará habilitado a se utilizar das técnicas de sua escolha para atingir os objetivos.

Um aspecto conceitual importante é uma advertência já feita por Freud e outros autores de que há uma psicoterapia implícita em todas as atitudes do médico para com seu paciente. A decorrência natural dessa premissa é que nem toda psicoterapia médica precisa ser um processo altamente especializado, estruturado, seja breve ou longo, podendo ser feita às vezes em um único encontro. Portanto, todo médico, consciente ou inconscientemente, fará psicoterapia por meio do que diz e do que não diz, do que faz e do que deixa de fazer, do que expressa ou não expressa em sua fisionomia. E já que o médico sempre faz psicoterapia, de boa ou de má qualidade, é melhor se preparar para que seja boa.

Uma prova da importância e da necessidade da psicoterapia médica para médicos de família é a pergunta que estudantes de medicina, médicos residentes e colegas já com anos de prática, orientados e preocupados em fazer uma escuta ampliada e qualificada de seus pacientes, fazem a mim há muitos anos: "Escutar o paciente a gente escuta, mas o que dizer depois?". Bem, o problema é que esse "e depois?" tem inúmeras possibilidades e, para nos aventurarmos a explorá-las, precisaremos de uma teoria para a escuta e de técnicas para comunicar que podem ser aprendidas, mas que são difíceis de serem ensinadas.

Saber o que ouvir e saber o que dizer a um paciente no dia a dia são dois aspectos indissociáveis da psicoterapia médica, uma competência para a qual os médicos de família (na verdade, todos os médicos) deveriam ser treinados e habilitados. É um processo tão delicado e refinado quanto algumas cirurgias. Assim como não se diz a um médico "vai lá e opera", também não se ensina dizendo "vai lá e escuta". O processo se inicia no escutar de forma qualificada, porém, "escuta qualificada" não nos diz muita coisa;

precisamos conhecer e compreender que parâmetros qualificam uma escuta. Depois de escutar, é preciso não só saber o que dizer, mas também quando dizer (*timing*), de que forma dizer (tática) e com quais objetivos dizer (estratégia).

Em alguns capítulos, descreverei conceitos originários da teoria psicanalítica com os quais o leitor pode não estar muito familiarizado, mas que serão importantes para a compreensão mais ampla de nossos pacientes, motivo pelo qual peço um pouco de paciência, curiosidade e coragem diante daquilo que é novo e desconhecido, cujo conhecimento será fundamental se quisermos aprender o que dizer aos pacientes.

Estou ciente do risco da simplificação ao descrever alguns desses conceitos, mas, por se tratar de um livro para não especialistas em saúde mental, achei que valeria a pena trocar a complexidade pela clareza, por isso tentei explicá-los da forma mais simples e didática possível, com exemplos extraídos da clínica cotidiana e, assim, facilitar sua aplicabilidade e eficácia. Para aqueles que sentirem falta de um conhecimento mais aprofundado, os fundamentos teóricos e técnicos sempre poderão ser expandidos, na medida do interesse de cada um, por meio da bibliografia ao final de cada capítulo.

Por falar em bibliografia, a imensa maioria dos trabalhos na literatura e o próprio manual de competências para os médicos de família dizem *o que precisa ser feito*, mas não dizem *como fazer*, como se dá a aplicação na prática desse conhecimento teórico. Meu objetivo ao longo do livro é este: construir e exemplificar a ligação entre a teoria e a prática e, assim, demonstrar sua utilidade no dia a dia com exemplos clínicos e a descrição dos resultados obtidos, demonstrando como se pode fazer psicoterapia médica de boa qualidade, em meio à escassez de tempo e às complexas tarefas do cotidiano de um médico de família. E deixar claro que isso não representa a perda de um tempo já tão comprometido; pelo contrário: essa é uma forma gratificante e eficaz de trabalhar, com vantagens para os pacientes, para os médicos e para o sistema de saúde como um todo.

Se um médico sente a necessidade de ler um livro sobre psicoterapia é porque se deu conta de que, em seu cotidiano, os problemas psicológicos desempenham um papel importante na produção de sintomas, doenças e na busca de ajuda para elas. A maioria dos médicos já reconhece a existência dos fatores psicogênicos e a importância de sua abordagem na teoria e na prática médica, porém, nem sempre sabe como abordá-los de forma clara e eficaz. Embora a ideia de o médico de família realizar algum tipo de psicoterapia com seus pacientes não seja nova, é preciso reafirmar o conceito nuclear já mencionado: *cada conversa com um paciente é uma psicoterapia, querendo ou não, sabendo fazê-la ou não, de boa ou de má qualidade, mas ela acontecerá.*

Além disso, quando não bem compreendidos, os fatores psicológicos estão entre os maiores impedimentos a uma boa adesão e evolução dos tratamentos, levando a mais sofrimentos e à perda de saúde, de tempo e de dinheiro.

Ao me dispor à tarefa de escrever um livro articulando psicoterapia e medicina de família, considerei se não estaria apenas repetindo coisas já escritas por outros autores. Se fosse para fazer mais do mesmo, seria melhor me dedicar a outros projetos mais interessantes e inovadores. Em busca de respostas, comecei por aquilo que todos nós fazemos hoje em dia quando queremos pesquisar um assunto, ou seja, procurei no Google. A frase com o nome do livro, "Psicoterapia para médicos de família", quando colocada no Google, retornou apenas três entradas, todas relacionadas a um congresso realizado na Espanha em 2012, no qual ocorreu uma palestra com esse título, e alguns consultórios de psicoterapeutas. Na mesma data, em outro site de buscas muito utilizado para consultas na internet, o Yahoo, o resultado foi: "Não encontramos resultados para 'Psicoterapia para médicos de família'". Bing, um outro mecanismo de busca muito utilizado, por ser da Microsoft, só mostrou cinco consultórios de psicoterapeutas como resposta à consulta.

Artigos sobre o tema em revistas médicas há inúmeros, e alguns capítulos de livros, ou livros de psiquiatria para médicos gerais, mas, para minha surpresa, não havia nesses mecanismos de busca qualquer livro de psicoterapia para médicos de família que eu pudesse consultar ou comparar. Ao ampliar as buscas, pesquisando em sites de bibliotecas e de livros usados, consegui encontrar apenas um, traduzido para o espanhol e publicado na Argentina com o nome de *La psicoterapia en la práctica médica*, de um psiquiatra e psicanalista norte-americano chamado Maurice Levine (1951), com um objetivo semelhante ao meu, porém bastante defasado teoricamente e sem nenhum exemplo prático da clínica, pois ele achou que os leitores não iriam se interessar, quando a experiência com os alunos mostra exatamente o contrário.

O próximo passo foi definir qual abordagem daria ao tema. Decidi que não seria um tratado completo de revisão sobre psicoterapia e suas aplicações na prática médica, não seria um livro técnico cheio de citações de outros autores, ou mesmo um manual de consulta rápida. Acreditando que o mais interessante são as vivências pessoais, raramente descritas na literatura, preferi dar ao texto um tom mais pessoal, para todas as suas etapas: seleção, organização e compartilhamento das histórias clínicas, das bases teóricas, das experiências práticas e bibliografias preferidas sobre o tema.

O livro está estruturado numa sequência de capítulos que facilita a construção de uma forma de pensar compreensiva sobre o paciente, desde as bases de sua constituição psíquica, suas formas de adoecimento e de comunicação com o médico, até as formas de abordagem e as condições mais frequentes que o médico de família precisará conhecer e manejar. No entanto, os capítulos podem ser lidos de forma independente, de acordo com o gosto e a necessidade de cada um no momento.

No Capítulo 1, descrevo histórias breves do cotidiano tal como as atendi em algum momento, ou como médico de família ou, mais tarde, como psiquiatra, ainda trabalhando em atenção primária numa unidade básica de saúde, como matriciador em saúde mental para as equipes de atenção básica. Elas têm o objetivo de ilustrar as diferentes formas de apresentação da busca de alívio para o sofrimento psíquico, de como os pacientes vinham lidando com ele, os problemas causados em suas vidas, até decidirem buscar ajuda com seu médico de família. Foram relatadas sem qualquer esclarecimento adicional, para serem retomadas ao longo dos capítulos seguintes, ilustrando a compreensão e a abordagem de alguns temas teóricos e técnicos.

No Capítulo 2, abordo a integração dos cuidados de saúde mental em atenção primária à saúde, tema que vem merecendo estudos desde a década de 1950 e que veio ganhando importância crescente com o passar do tempo e com o acúmulo das evidências científicas mostrando a alta prevalência dos transtornos mentais, a carência de profissionais especializados, a baixa resolutividade e a necessidade de os profissionais de cuidados primários, inclusive os médicos, serem treinados para lidar com essa demanda, tanto no uso de medicações quanto em técnicas de psicoterapia.

Em medicina, muito se estuda e se sabe sobre as doenças, mas é o doente que deve ser a razão do nosso estudo e do nosso trabalho. O Capítulo 3 traz uma investigação sobre quem é esse desconhecido que nos procura, e por que agora, de que maneira percebe e reage à doença que o acomete, o que ele comunica com ela, como a inclui ou não no âmbito global de sua vida. Quem é essa pessoa? O que deseja quando nos procura? Quais suas expectativas e temores? Como ajudar? A chave para isso é ver a pessoa que entra em nossos consultórios como um ser humano em busca de ajuda, embora não saibamos exatamente qual. Ela chega a nós com uma história prévia, individual e familiar, uma configuração própria de personalidade, com um determinado nível de integração, baseada na genética, nos fatores congênitos e na soma de suas experiências de vida, nos relacionamentos consigo mesma e com os demais. São alguns desses aspectos, e a combinação entre eles, que determinarão a natureza de sua personalidade e a maneira com a qual reagirá às situações estressoras da vida, às perdas, à doença, ao médico e suas recomendações, bem como aos tratamentos que terá que fazer.

No Capítulo 4, achei útil descrever resumidamente a constituição da estrutura psíquica, porque é importante sabermos como esse desconhecido se estruturou mentalmente ao longo do processo de desenvolvimento neuropsicomotor. Dependendo da constituição, da organização, da estabilidade e da maturidade dessa estrutura de personalidade, a pessoa terá um funcionamento mais saudável ou menos saudável, do ponto de vista biopsicossocial. Esse conhecimento nos ajuda a ter uma ideia de como o indivíduo se percebe como pessoa na saúde e na doença, seu lugar no mundo, seus antecedentes familiares e desenvolvimento na infância, como interage com os demais e com seu médico, como sente e como expressa seus afetos, como pensa e reage às intempéries da vida, aos traumas, às perdas e aos lutos, e aos bons sucessos na sua trajetória. Isso ajuda a direcionar nossa avaliação diagnóstica dinâmica, definir a estratégia e as táticas para o seu tratamento, além de nos orientar quanto à evolução esperada e ao prognóstico, o que buscar no curto, no médio e no longo prazos.

Muito já se escreveu sobre a comunicação entre médico e paciente, tema que abordo no Capítulo 5. A boa comunicação do médico com seu paciente muitas vezes é dada como uma precondição já existente, inerente à pessoa que faz medicina, ou presume-se que foi ensinada na faculdade. Nenhuma das duas suposições é verdadeira: nem todos os médicos têm essa habilidade e as faculdades de medicina dão pouca ênfase ao seu ensino e treinamento, ao aprendizado de técnicas de entrevista que levem em conta não só a doença, mas o doente na totalidade de sua história pessoal, familiar, social e laboral. No entanto, mesmo quando há essa visão mais ampla da importância da comunicação médica, falta na literatura um elemento-chave, que é o registro da vida mental que se dá no campo do inconsciente. A psicanálise e, mais recentemente, as neurociências já mostraram que a maior parte de nossa vida mental não acontece no campo consciente das nossas vivências. Para melhor compreendermos e nos comunicarmos também com os aspectos inconscientes da vida mental, são necessários os conhecimentos teóricos e os instrumentos técnicos adequados, que serão apresentados nos capítulos seguintes.

Antes de chegarmos à psicoterapia médica propriamente dita, primeiro será necessário conhecer o que significa uma psicoterapia em seu sentido estrito, discriminar alguns de seus tipos e os elementos básicos que as compõem, principalmente aqueles que são comuns a todas as psicoterapias, para depois podermos diferenciar e definir um campo específico de sua aplicação, a psicoterapia médica, com aquilo que lhe é próprio e distintivo das demais. O conceito de psicoterapia será estudado com mais detalhes no Capítulo 6, no qual veremos que há inúmeras definições de "psicoterapia" com os mais diferentes aportes teóricos, em campos variados, que ainda se subdividem em psicoterapias individuais, familiares ou grupais.

A psicoterapia médica será definida com mais especificidade no Capítulo 7, como aquela psicoterapia feita pelo médico, não pelo psiquiatra ou pelo psicólogo. Ou seja, será realizada por alguém com algum conhecimento básico dos transtornos mentais, mas sem um treinamento especializado ou específico nas teorias e/ou técnicas psicoterapêuticas conhecidas/utilizadas pelos especialistas. Ela visa alcançar um espectro diferente de pacientes, tipicamente com problemas pouco diferenciados e menos específicos que aqueles que chegam para o psiquiatra. Independentemente dos problemas que se apresentam, é parte do trabalho do médico de família cuidar e tratar pacientes com transtornos psicológicos, para os quais poderão ser os primeiros ou os únicos recursos de saúde mental.

Proponho dois modelos de psicoterapia para uso do médico de família, diferentes, mas não excludentes. O primeiro, o *modelo clássico*, mais estrito, é aquele em que é feito o diagnóstico da necessidade de uma abordagem psicoterapêutica. O outro modelo, que eu denomino *modelo ampliado*, é aquela terapia feita no cotidiano, sem os pré-requisitos específicos descritos anteriormente, que nos abre a possibilidade de uma definição ampliada e mais abrangente de psicoterapia, como sendo toda e qualquer interferência positiva sobre o estado de saúde mental do paciente, exercida pelo médico por meio da fala, porque, na atenção primária, todo e qualquer contato entre o profissional de saúde e seu paciente pode se transformar numa oportunidade potencialmente psicoterapêutica, e isso independe da razão da consulta ou do número de encontros.

Nesse mesmo capítulo, os objetivos e os princípios básicos da psicoterapia médica serão definidos, uma vez que a consulta médica não é um bate-papo casual, livre e descompromissado. É importante ter um propósito definido em mente, saber claramente que objetivos queremos atingir e o que precisa ser alcançado pelo diálogo. Descobrir os sintomas, sua natureza e sua história é um bom começo, mas é apenas isso, um começo. Conhecer apenas as causas imediatas da enfermidade e se restringir aos momentos finais da história da doença, sem dúvida, é algo necessário e o mais fácil de ser feito. Isto é, a identificação correta da *doença* (o que o médico diz que o paciente tem) não nos ajuda muito na compreensão da *enfermidade* (aquilo que o paciente vivencia).

E como trabalha um médico de família que usa o instrumental psicodinâmico para ajudá-lo no seu dia a dia? A abordagem psicodinâmica do médico de família é estudada no Capítulo 8, em que examino como uma parte da literatura atual advoga o conhecimento e o uso de técnicas cognitivo-comportamentais ou sistêmicas, em vez daquelas inicialmente propostas por Balint e outros, centradas na compreensão psicodinâmica do paciente e na investigação da relação com ele. Reconhecendo a validade de tais técnicas, e que não são excludentes com outras mais abrangentes, reforço que é a visão psicodinâmica que nos permite compreender a forma como cada paciente experimenta e atua em seus impulsos, seus desejos, os conflitos que experimenta, os mecanismos de defesa que utiliza, como se relaciona consigo mesmo e com os demais, os sintomas produzidos, como compreende e explica seu adoecer a partir de sua visão de mundo etc. É essa compreensão que possibilitará a escolha da técnica mais adequada àquela pessoa e àquela situação, e não o contrário, que seria possuir um treinamento técnico a ser empregado em todos os pacientes.

O trabalho do médico psicodinâmico necessita traçar algumas estratégias para alcançar os objetivos mais amplos, e utilizar táticas para chegar aonde deseja, temas do Capítulo 9. A estratégia é o plano traçado, por exemplo, para ajudar o paciente a ligar o fator desencadeante aos sintomas. A tática é a escolha adequada das ferramentas a serem utilizadas em cada encontro, por exemplo, primeiro permitir que o paciente fale livremente, depois pedir que faça suas associações sobre o que revelou, clarificar determinadas áreas de conflito para depois interpretá-las ao paciente. De forma simplificada, a estratégia se refere ao plano geral, indica para onde queremos ir; a tática se refere aos meios específicos que lançaremos mão para chegar lá.

Na terceira parte do livro, abordo algumas situações que são mais comuns na clínica do dia a dia, importantes de serem conhecidas, diagnosticadas e tratadas de maneira psicoterapêutica (além das medidas farmacológicas disponíveis, que estão fora do objetivo deste livro). As três mais prevalentes são ansiedade, depressão e alcoolismo, e temos que saber como conversar com cada um desses pacientes.

Não só os pacientes, mas todos experimentamos ansiedade, sob suas mais diversas formas, já que ela é um fenômeno universal, nem sempre patológico, mas um sinal de perigo emitido pela mente diante de um problema, não importando seu tamanho; uma acompanhante constante das incertezas inerentes à vida. O Capítulo 10 trata de como se deve conversar com um paciente ansioso, independentemente das causas dessa ansiedade. Ela pode ser normal, adaptativa ou patológica, ou um sinal de má adaptação, nem sempre necessitando ser erradicada, porém compreendida. Se a ansiedade normal é onipresente, a ansiedade patológica é o sintoma mais comum em psiquiatria e um dos mais comuns na clínica, sendo primário ou secundário a outros transtornos psicológicos e/ou físicos. Está entre as três maiores razões para busca de atendimento médico em atenção primária, junto com depressão e alcoolismo. Mas o que diferencia uma da outra?

O Capítulo 11 aborda como conversar com o paciente deprimido, porque a depressão é o segundo problema em termos de morbidade no mundo e um dos problemas de saúde mental mais prevalentes em atenção primária. No entanto, sabemos o quanto é subdiagnosticada e, quando reconhecida, nem sempre é bem tratada pelos médicos de família. Com frequência, ela se apresenta disfarçada de sintomas físicos e, dessa forma, passa sem ser reconhecida. Outras vezes é reconhecida, mas tratada apenas de forma medicamentosa, sem a compreensão psicodinâmica necessária para ajudar o paciente a compreender e dar significado às suas dores psíquicas, podendo encontrar outras vias de alívio e melhora.

O alcoolismo tem sido um objeto bastante controverso de estudos e de dificuldades em seu manejo. O Capítulo 12 mostra como diferentes autores, com diferentes abordagens teóricas, procuraram conceituar o problema, cada um a partir de seu próprio ângulo de visão. O fato é que, como em outras patologias, o problema é complexo e multifatorial, não podendo ser explicado por uma única teoria, nem resolvido por uma única forma de abordagem. A psicodinâmica do alcoolismo será revisada em busca de uma visão mais integrada do problema, que permita conversar melhor com esses pacientes a partir de um entendimento mais amplo de sua vida mental.

Alguns pacientes são chamados de usuários frequentes, consultadores frequentes ou, jocosamente, de "poliqueixosos", e serão vistos no Capítulo 13, no qual procuro explorar a compreensão a respeito do que na verdade sofre aquele que sofre de tudo, com ênfase nas deficiências estruturais de personalidade e nas capacidades limitadas de mentalização. Tais pacientes sobrecarregam o sistema de saúde e custam caro, fazem exames em excesso, exasperam os médicos que não entendem por que eles nunca melhoram ou têm sempre novas queixas e são fonte de insatisfação para quem os atende e para eles mesmos.

No Capítulo 14, descrevo uma situação potencialmente problemática e pouco estudada fora do âmbito dos especialistas: o paciente que se apaixona pelo seu médico, algo que não é incomum e exige um manejo diferenciado. Examino o problema surgido em um atendimento a partir dos *insights* originais de Freud sobre os aspectos transferenciais e contratransferenciais da situação, os significados inconscientes desse apaixonamento, os problemas produzidos por ele na relação médico-paciente, assim como aponto formas de evitar um desfecho negativo para ambos, paciente e médico.

Um tipo de problema transferencial semelhante, porém muito mais comum, relacionado ao afeto agressivo surgido na relação entre médico e paciente será visto no Capítulo 15. A agressividade de pacientes contra médicos tem sido cada vez mais percebida e relatada, produzindo também reações agressivas de médicos contra pacientes. Esses conflitos apresentam problemas técnicos consideráveis em seu manejo e uma contratransferência negativa que, por vezes, impede a continuação do tratamento, tanto quanto a contratransferência causada pelo paciente apaixonado, e exige também um manejo sensível e adequado do fenômeno da agressividade, tanto aquela dirigida à figura do médico quanto aquela expressa contra terceiros na consulta.

Pacientes psicóticos consultam médicos de família seja pela sua grave doença mental, seja por problemas clínicos diversos. Em geral, os médicos de família não se sentem muito à vontade ou muito afeitos ao tratamento desses pacientes. É compreensível que o estigma da loucura, aliado ao desconhecimento dos quadros clínicos e da psicodinâmica das psicoses, reflita-se em medos nem sempre justificados diante de tais pacientes, ou mesmo a negação da sua existência. No Capítulo 16, veremos a importância de compreender e de saber conversar com os psicóticos, porque, apesar da prevalência da psicose na população geral ser baixa, todo médico de família terá seu grupo de pacientes psicóticos para cuidar, e é preciso ter a clareza de que o cuidado do paciente psicótico pode e deve ser feito pelos médicos de família e demais generalistas, com o auxílio dos especialistas quando necessário.

Pode parecer excessivo que um profissional não especialista em saúde mental tenha conhecimento e se aventure a tratar da saúde mental de seus pacientes. Os assuntos podem parecer demasiadamente especializados para serem aprendidos e praticados por um médico ou estudante sobrecarregado e sem muito tempo disponível, junto com todas as demais tarefas da área da saúde. Concordo que é difícil e tomará muito tempo, mas sou obrigado a acrescentar o óbvio: ninguém disse que seria fácil, tanto que as duas principais associações que escolhi para analisar os tópicos de saúde mental para os médicos de família, uma nacional e outra internacional, têm uma listagem ainda maior das principais competências na área da saúde mental que o médico de família deveria dominar, tema que examino mais detidamente no Capítulo 17.

Por último, no Capítulo 18, narro um pouco da experiência de um grupo Balint que coordeno, com os residentes de medicina de família e comunidade de um grande hospital público brasileiro. Desse modo, reviso brevemente as características e os objetivos de um grupo Balint na opinião do seu criador. Descrevo os principais tópicos surgidos nas discussões de grupo, as dificuldades encontradas e o efeito desses encontros sobre os cuidados de saúde mental dos pacientes atendidos pelos médicos residentes nas unidades básicas de saúde.

Para concluir, saliento a importância do cuidado do doente antes da doença e a crença no potencial terapêutico da relação médico-paciente e da compreensão psicodinâmica como instrumentos de excelência para o cuidado total da pessoa, sendo diferenciais que todo médico deveria buscar de forma incessante.

PARTE 1

Integração e comunicação

1. Histórias do cotidiano do médico de família

As histórias a seguir foram coletadas no meu cotidiano como médico de família e psiquiatra, ao longo de mais de 35 anos de trabalho em unidades de atenção primária à saúde de um grande hospital público no Sul do Brasil.[1] Todas elas são verídicas (exceto os nomes, por razões éticas de sigilo) e constituem uma amostragem qualitativa realista dos pacientes que costumam chegar aos médicos de família e comunidade, num dia típico de trabalho em atenção primária. Elas têm o objetivo de ilustrar as diferentes formas da busca de alívio para o sofrimento psíquico, como os pacientes vinham lidando com ele e os problemas causados em suas vidas até decidirem buscar ajuda na unidade básica de saúde, com seu médico de família.

Essas histórias serão relatadas aqui sem qualquer esclarecimento adicional, deixando a cargo do leitor imaginar o que faria se estivesse diante do paciente em questão. Essas e outras histórias serão utilizadas ao longo do livro para ilustrar a compreensão e a

---

1 Unidades básicas de saúde do Serviço de Saúde Comunitária, do Hospital Nossa Senhora da Conceição, Porto Alegre, RS.

abordagem de alguns temas teóricos e técnicos, cujo entendimento será fundamental para a psicoterapia médica do dia a dia, melhorando a qualidade do cuidado que prestamos a quem nos procura.

Alguns dos pacientes citados vieram com queixas diretamente relacionadas à saúde mental, outros vieram por razões diferentes. A base para compreender o adoecimento e oferecer ajuda eficaz a cada um foi uma escuta em "estéreo" (como veremos no Capítulo 9) dos problemas subjacentes, aliada a uma compreensão baseada na psicodinâmica, levando em conta não só o motivo manifesto da procura, mas também os conflitos inconscientes produtores de sintomas e sofrimento. Todos eles tiveram algum tipo de abordagem psicoterápica, independentemente do número de consultas realizadas.

A doente que não sabia do que sofria

Claudete, 36 anos, veio ao médico para revisar a medicação que usava há um ano para nervosismo e tristeza, mas sem bons resultados. Usava também medicamentos antirretrovirais para o vírus HIV, contraído de um namorado com quem havia rompido o relacionamento ao descobrir a origem da contaminação. Também havia parado de trabalhar e estava mais reclusa em casa, pouco saindo com receio de ser julgada pelas amigas e vizinhas, que falavam mal de quem tinha HIV.

Quando a ajuda atrapalha

Ana Maria, 48 anos, veio à unidade de saúde para fazer o exame citopatológico de rotina em uma consulta preventiva. Sem queixas orgânicas atuais, bom estado de saúde e nenhuma patologia em tratamento, mas com história de ter feito uma histerectomia há dois anos por miomas uterinos benignos, que lhe causavam sangramentos e muitas dores pélvicas. Ficou curada das dores, mas, depois da cirurgia, não teve mais prazer sexual.

Medicar não é tratar

Cristina, 40 anos, buscou ajuda por causa do diagnóstico de transtorno afetivo bipolar, sem melhora alguma do quadro, mesmo depois de muitos anos de consultas com clínicos e especialistas. É uma mulher agressiva e intolerante, que havia sido medicada várias vezes, mas jamais seguiu corretamente os tratamentos propostos.

A pressão alta dos nervos

Everalda, 75 anos, é uma mulher obesa e aparentando grande descuido com a higiene pessoal. Veio à unidade de saúde para revisar seu tratamento da pressão alta e apresentou diversos exames do aparelho cardiocirculatório, solicitados em outros tantos atendimentos, gerais e especializados. Os níveis pressóricos nunca baixavam e os médicos não entendiam por que não melhorava com o tratamento; atribuíam aos seus "nervos" a manutenção dos níveis muito elevados da pressão sanguínea.

A professora irada

Clarissa, 30 anos, é uma professora do ensino fundamental que se sentiu ferida pelas críticas dos alunos no conselho de classe da escola, experimentando a partir daí um retraimento ressentido, um desânimo que a fazia pensar em desistir de dar aulas e ficar em casa sem fazer nada, por estar com muita raiva das crianças. Diagnosticada como deprimida, foi medicada com 20 mg/dia de fluoxetina e teve suas doses da medicação aumentadas progressivamente até 60 mg/dia, sem qualquer resposta, até ser encaminhada ao psiquiatra, por apresentar um episódio depressivo resistente ao tratamento.

A católica fervorosa

Margarida, 55 anos, veio encaminhada pelo seu médico de família por sintomas depressivos e ansiosos que não melhoravam com as doses habituais de antidepressivos. Parecia muito reprimida e controlada em todas as suas manifestações afetivas, demonstrava uma irritabilidade perceptível no tom de voz duro e seco, com frases curtas e afirmativas. Era uma católica fervorosa, afirmava com orgulho e uma certa arrogância que, por causa da sua espiritualidade, nunca havia experimentado sentimentos de raiva em qualquer época de sua vida, que o mal-estar e a tristeza que sentia eram por causa das agressões que sofria dos parentes que não gostavam dela.

O sapateiro ranzinza

João, cerca de 50 anos, era dono de uma pequena sapataria, onde trabalhava só, sem ajudantes. Era um sujeito fechado e quieto, do qual os familiares se queixavam que pouco conversava ou interagia emocionalmente em casa, não dando atenção à mulher e aos filhos. A família sempre o considerou um sujeito ranzinza porque, quando exigiam dele convivência e uma maior interação social, como ser mais alegre em festas de aniversário ou visitar familiares, ficava mal-humorado e irritadiço. No entanto, nunca havia tido o surto psicótico que estava apresentando agora, com ideias de perseguição e atos violentos.

Uma gravidez problemática

Lúcia, 25 anos, vivendo há alguns meses com um companheiro, sentia-se culpada por estar depressiva, quando deveria estar feliz com sua primeira gravidez. Desejava muito essa gestação e, no início, encheu-se de alegria. No entanto, ao fazer uma ultrassonografia, descobriu que o feto era do sexo masculino, o que a perturbou porque queria muito uma menina, sequer imaginou a outra possibilidade. Desse dia em diante, passou a brigar muito com seu companheiro, que estava feliz por vir a ser pai de um menino, e não entendia por que Lúcia agia assim com ele.

A tontura que os especialistas não resolveram

Leila, 42 anos, solteira e sem filhos, queixava-se de tonturas que não passavam. Na primeira consulta, há mais de um ano, não tinha alterações ao exame físico e exames complementares básicos. Na época, o médico de família prescreveu-lhe um antivertiginoso, e foi informada de que provavelmente o quadro era benigno e se resolveria em alguns dias, o que não aconteceu. Foi então encaminhada ao especialista, mas depois de várias consultas com otorrinolaringologistas, tanto do SUS quanto particulares, recebeu do último especialista uma receita de Diazepam 10 mg para os "nervos" e a sugestão de consultar um psiquiatra.

Eu sei que eu tenho câncer

Maria, 38 anos, acreditava estar com câncer, apesar da ausência de sintomas específicos e de exames complementares que apoiassem essa hipótese. Exigia e fazia muitos exames, todos normais.

A consultadora frequente

Olga, 65 anos, era uma consultadora frequente da unidade de saúde. Seu prontuário mostrava que, no último ano, tinha vindo praticamente em todas as semanas, pelos mais variados motivos e sintomas físicos, todos difusos e inespecíficos, sem que nenhuma doença importante fosse descoberta. Esse comportamento provocava um certo rechaço da equipe de saúde, que perdeu o interesse em ajudá-la e deu-lhe o pejorativo título de "poliqueixosa".

A descoberta da amante

Maristela, 50 anos, entrou em depressão e deixou de ter prazer sexual quando o marido anunciou que iria sair de casa para morar com uma outra mulher, mais jovem, com quem mantinha um caso extraconjugal há anos.

Minha depressão começou nas férias

Rita, 24 anos, consultou no início de maio por sintomas depressivos sem causa aparente, que surgiram "do nada" em fevereiro, durante as férias da faculdade. Interrogada a respeito de possíveis fatores desencadeantes ou eventos estressores, negava todos. Quando perguntada sobre sua vida no ano anterior, relatou ter sido um ano bom, com exceção da morte do pai por infarto, na ceia da noite de Natal.

Não me falta nada

Mauro, 30 anos, comerciário, havia se mudado do interior para Porto Alegre há cerca de seis meses em função de uma promoção. Como era um excelente funcionário, foi promovido a gerente de loja em Porto Alegre, onde ganhou – por conta do novo cargo – um apartamento para morar, um carro novo, telefone celular novo e um salário bem maior do que ganhava no interior. Talvez por isso, ele considerava que os sintomas depressivos pelos quais buscou ajuda eram inexplicáveis.

A adolescente traída pelo pai

Priscila, 15 anos, veio à unidade de saúde acompanhada da mãe. Tinha sintomas de ansiedade (taquicardia, sudorese, tremores, sensação de falta de ar) desde a separação dos pais. Esta aconteceu após ela ter descoberto e contado à mãe que o pai tinha uma amante, colega dele no escritório. Sentiu-se traída por ele e o acusava de ser responsável pela crise doméstica, mas sentia-se culpada de ter contado para a mãe e acreditava que, se não tivesse feito isso, os pais não estariam separados agora.

A mulher que queria uma radiografia da cabeça

Sandra, 45 anos, queixava-se de fortes dores de cabeça, sem estressores aparentes. Como as dores não melhoravam muito com paracetamol, gostaria de fazer uma radiografia de crânio para investigar as possíveis causas.

A mulher do alcoolista

Silvana, 24 anos, sempre presenciou sua mãe brigando com o pai porque ele bebia. Agora não consegue entender por que se casou com um alcoolista, logo ela, que detesta homens que bebem. Sente-se irritada quando ele bebe, mas, nos períodos que ele tem de abstinência, fica ansiosa sem saber por quê.

O mistério do ônibus

Melissa, 52 anos, reside com o marido e dois filhos em uma casa no terreno atrás da casa da mãe. O motivo de sua consulta foi uma ansiedade intensa, acompanhada de agorafobia, que se apresentava sempre que precisava sair de casa ou pegar o ônibus urbano, o que antes só fazia acompanhada, e agora nem assim. A primeira crise foi dentro de um coletivo, quando foi obrigada a pedir que o motorista parasse para ela descer já em pânico, e fez o resto do trajeto a pé, muito assustada.

Só vim porque minha mulher insistiu

Leonardo, 40 anos, comerciário, casado, duas filhas adolescentes, veio ao posto por queixas vagas, que iam de dores ocasionais em ardência no epigástrio, má digestão, dificuldades para dormir, dificuldade de concentração, falta de memória, desânimo, sensação de cansaço nas pernas, palpitações no coração. Essas queixas não eram novas, nem teria vindo por elas, não fosse a insistência da esposa, que as atribuía ao fato de o marido beber em demasia, o que ele negava.

A deprimida apaixonada

Patrícia, 29 anos, procurou tratamento no posto com um quadro de sintomas predominantemente depressivos, mas não os associava a nenhum fator desencadeante específico. Relatava dificuldades na sua relação com o marido, com as filhas e com seus próprios pais, e insatisfação com a sua vida em geral, mas não especificava algo em particular que fosse a origem do quadro. Apaixonou-se por seu médico de família e ficou furiosa ao não ser correspondida da forma como exigia.

O Batman da zona norte

Miguel, 50 anos, frentista de posto de gasolina, pediu que lhe passasse uma medicação que não o deixasse matar alguém. Sofreu vários assaltos em sua profissão, disse que já nem ligava, estava acostumado. Até que, no último, correu sério risco de morrer. O assaltante encostou a arma em sua testa e disparou, mas o revólver falhou e o sujeito se afastou rindo e dizendo que aquele não era o dia da morte dele, que aproveitasse a vida. Passou a ter crises de ansiedade muito fortes, a beber e, um tanto embaraçado, revelou que saía às ruas de noite, com uma barra de ferro e um revólver no carro, para fazer justiça com as próprias mãos, atacando e batendo muito em quem lhe parecesse ser um marginal.

Desenhando animes *na parede com sangue*

Carlos, 16 anos, entra na sala de consulta com expressão tensa e hostil e diz, num tom agressivo, que a psicóloga o encaminhou para ver se não estava louco, só porque fazia cortes em seus antebraços (mostra as cicatrizes) e, com o sangue, desenhava *animes*[2] na parede de seu quarto. Olhou para mim, desafiador, e perguntou, com a nítida intenção de me deixar acuado e intimidado, se eu achava que ele era louco.

Eu queria me matar, mas eu não queria morrer

Renato, um paciente bipolar que tentou o suicídio durante um surto psicótico, teve, durante sua internação, o diagnóstico de um câncer de testículo, já com metástases. Assustado, fez o tratamento cirúrgico e quimioterápico completo e ficou curado. Em consulta, disse algo muito interessante: "Doutor, eu queria me matar, mas eu não queria morrer!". No final da consulta acrescentou, filosoficamente: "O senhor veja bem o que é a vida: se eu não tivesse tentado me matar, eu teria morrido".

---

2 Desenhos animados produzidos no Japão. A palavra *anime* é uma abreviação de "animação" em japonês.

2. A integração dos cuidados de saúde mental na clínica e na atenção primária à saúde

> *O tratamento de uma doença pode ser totalmente impessoal, o cuidado do paciente precisa ser totalmente pessoal.*
>
> (Peabody, 1927)

As ideias expostas neste capítulo têm o objetivo de evidenciar a importância dos cuidados de saúde mental e da prática da psicoterapia médica pelo médico de família, clínico geral, médicos das demais especialidades clínicas, médicos residentes dessas áreas e estudantes de medicina em geral. Quem já se sentir suficientemente convencido dessa importância, pode pular este capítulo sem problema algum, indo direto ao ponto que lhe interessar mais.

É preciso assinalar que a ideia de integrar os cuidados de saúde mental aos cuidados primários não é nova. Os primeiros estudos publicados datam das décadas de 1950 e 1960, mas ganharam corpo e importância crescente com o passar do tempo, com o acúmulo das evidências científicas mostrando a alta prevalência dos transtornos mentais e a necessidade de os profissionais de cuidados primários lidarem com essa demanda.

Na década de 1950, surgiram os primeiros trabalhos de Balint (1954) sobre o cuidado da saúde mental dos pacientes pelos médicos clínicos. De acordo com ele,

> *é um fato bem conhecido que uma grande parte do trabalho diário de um clínico geral consiste em lidar com pacientes neuróticos. Alguns investigadores estimaram esta proporção em 25% ou 30% do trabalho total, outros 50%, ou até mais. Estes números não significam que um quarto ou mesmo a metade de toda a população é severamente neurótica, mas apenas que os neuróticos, visitando a cirurgia do médico com muito mais frequência do que os não neuróticos, tomam uma fatia tão grande de seu tempo. Sendo assim, é um fato intrigante que o currículo médico tradicional não equipe adequadamente o médico para uma parte importante de seu trabalho. (p. 115)*

Na década de 1960, Shepherd, Cooper, Brown e Kalton (1966) mostraram que, já naquela época, os transtornos psiquiátricos estavam entre as razões mais comuns para consultar um médico geral (14%) e que a maior parte dos transtornos psiquiátricos (95%) era tratada sem o envolvimento de um especialista em saúde mental.

A despeito desse conhecimento bem sedimentado, o panorama não mudou significativamente. Clínicos, médicos gerais e médicos de família costumam ser os primeiros, às vezes os únicos, a serem buscados por pacientes com problemas emocionais ou transtornos mentais, como transtornos de humor, transtornos ansiosos e abuso de álcool, que são os problemas mais recorrentes. Quando a verdadeira demanda na consulta não é reconhecida e o diagnóstico não é feito, o manejo dessas condições "invisíveis" frequentemente não é realizado, ou é levado a cabo de forma inadequada e ineficaz. Resistências por parte dos médicos clínicos quanto à responsabilidade pelos cuidados de saúde mental são comuns, e a implantação de programas de saúde pública que levem em conta os transtornos mentais e sua repercussão coletiva ainda está aquém do desejável.

A experiência da Organização Mundial da Saúde (OMS) nessa área deve ser reconhecida e considerada, pelos vários estudos já produzidos que investigaram a integração entre cuidados à saúde mental das populações e cuidados primários de saúde, uma estratégia sabidamente eficaz para atender grandes contingentes de pessoas, especialmente as que não conseguem ou não podem ter acesso ao sistema privado de saúde. Em um documento de 1990, a OMS já constatava que a atenção à saúde mental tinha sido grandemente negligenciada. Uma das consequências disso é o fato de que cada vez mais pacientes se queixavam de uma excessiva preocupação com a tecnologia em detrimento das considerações humanas. Eles se sentiam alienados dos prestadores de serviço e das instituições e, em regra, não aderiam aos tratamentos e às medidas de saúde pública propostas. Esse quadro só se agravou com a ênfase nos avanços da tecnologia médica.

A OMS reconhece que nenhum serviço ou sistema de atendimento à saúde estará completo sem a atenção às necessidades de saúde mental do indivíduo e das populações, e que a introdução de um componente de saúde mental na atenção primária é fundamental. Isso, por sua vez, requer que todos os trabalhadores de saúde sejam treinados na aplicação de princípios psicológicos, incluídos como elementos importantes dos cuidados primários. É justamente aí que se insere o aprendizado, o treinamento e a prática da psicoterapia médica.

Para a OMS, há três pontos fundamentais a serem compreendidos pelos trabalhadores da saúde: primeiro, doenças mentais são muito comuns no seu dia a dia ou de uma equipe de saúde; segundo, nem sempre elas precisam de tratamento dado pelo especialista em saúde mental; terceiro, que mesmo doenças mentais severas podem ser manejadas fora dos hospitais por médicos gerais e demais trabalhadores em saúde.

As dificuldades para a implantação desse tipo de sistema de cuidado têm revelado que é fácil demonstrar a necessidade, mas é complicado implementar. As resistências à implantação desse modelo, em nível individual ou coletivo, têm sido onipresentes, embora nem sempre ostensivas, pois muitas vezes o boicote se dá de forma subliminar ou mesmo inconsciente. No nível das decisões de políticas de saúde, é comum encontrarmos o discurso de reconhecimento da importância da saúde mental, paradoxalmente acompanhado da não disponibilização de recursos para essa área, ou para a área da educação continuada dos clínicos em temas de saúde mental.

No nível da realização das ações pelos profissionais que trabalham em atenção primária, encontra-se a mesma dissociação entre teoria e prática. Médicos que defendem a visão do paciente como um todo biopsicossocial, por vezes, mostram pouco desejo e aptidão para serem capacitados na área da saúde mental e a integrarem à sua prática, mesmo quando afirmam taxativamente o contrário.

Um amplo estudo multicêntrico internacional da OMS (Üstün & Sartorius, 1995) evidenciou que problemas psicológicos bem definidos são comuns em cuidados primários, numa média de 24%, sendo mais prevalentes os transtornos depressivos, transtornos ansiosos, transtornos pelo uso de álcool e transtornos somatoformes. Além destes, sabe-se agora que uma significativa proporção de pacientes sofre de uma condição subliminar de sofrimento psíquico que não satisfaz os critérios diagnósticos da Classificação Internacional de Doenças (CID) para transtorno mental, mas seus sintomas são clinicamente significativos e trazem prejuízo funcional, no âmbito pessoal e social.

Os níveis de incapacidade entre os pacientes de cuidados primários com um transtorno psicológico são maiores, em média, do que os níveis de incapacidade entre os pacientes com doenças crônicas comuns, como hipertensão, diabetes, artrite e dor nas costas. Nesse estudo da OMS, os médicos gerais identificaram os pacientes como tendo uma doença psicológica significativa e forneceram algum tipo de tratamento. Os tratamentos mais comumente fornecidos foram aconselhamento, medicações sedativas e medicações antidepressivas. Percebe-se que a psicoterapia médica não está entre eles.

O que se discute hoje em dia é a qualidade e a efetividade desses tratamentos. Mesmo em serviços que recebem doutorandos e oferecem residência médica nas áreas de clínica ou medicina de família, a qualidade e a efetividade dos cuidados de saúde mental oferecidos é abaixo do recomendável, ficando restritas mais às iniciativas individuais de alguns profissionais.

Sabe-se agora que os transtornos mentais são um grande e grave problema de saúde pública, produzindo uma importante sobrecarga nos indivíduos, em suas famílias, nos serviços de atenção à saúde, no trabalho e na sociedade como um todo. Por isso, os cuidados à saúde mental precisam se tornar parte integral dos cuidados de saúde, primários ou não, e esses cuidados devem ser fornecidos em ambientes onde a maioria dos pacientes busca ajuda, realizados por médicos não especialistas em saúde mental.

Em outro importante estudo, uma parceria da OMS com a Harvard University e o Banco Mundial, intitulado *The Global Burden of Disease*, os achados indicaram que a incapacidade (*disabi-*

lity) ocasionada pelas doenças mentais é muito importante. Esses achados demonstraram claramente que a incapacidade desempenhava um papel central em determinar o estado geral de saúde de uma população, ainda que esse papel até agora tivesse sido invisível para a saúde pública. As principais causas de incapacidade são substancialmente diferentes das principais causas de mortalidade, lançando assim sérias dúvidas sobre a prática de julgar a saúde da população apenas pelas suas estatísticas de mortalidade, sem levar em conta a morbidade potencial de certas condições, como a depressão.

Uma constatação importante desse estudo foi que as doenças psiquiátricas têm sobre a saúde humana uma sobrecarga "invisível" que tem sido fortemente subestimada. Das dez principais causas de incapacidade no mundo todo, em 1990, medidas em anos vividos com uma incapacidade, cinco eram condições psiquiátricas: depressão unipolar, uso de álcool, transtorno afetivo bipolar, esquizofrenia e transtorno obsessivo-compulsivo.

Estudos no mundo todo mostram que médicos gerais já fornecem grande parte dos cuidados de saúde mental e podem ser os primeiros e, às vezes, os únicos contatos de saúde mental para muitos pacientes. Além disso, como os médicos gerais geralmente assumem uma responsabilidade de longo prazo pelo cuidado dos pacientes, é útil integrar esse atendimento continuado ao atendimento das doenças mentais. No entanto, esses estudos também mostram o quanto é preocupante o despreparo dos médicos gerais em temas de saúde mental. Os médicos costumam se sentir despreparados para tratar problemas de saúde mental, o que aumenta sua tendência a não reconhecer tais problemas. Além disso, uma vez que um problema de saúde mental não é identificado, o tratamento do paciente pelo médico geral tenderá a ser menos efetivo e satisfatório, levando a problemas como consultas repetidas, não adesão a tratamentos propostos ou iatrogenia.

O impacto da doença mental não reconhecida e não tratada é significativo em termos de capacidades funcionais diminuídas e custos de saúde aumentados. Um dado alarmante trazido por Badger et al. (1994) mostra que, em média, 50% de pacientes deprimidos passam em consulta sem serem reconhecidos por médicos gerais, e o tratamento psiquiátrico, quando é feito em ambientes de medicina geral, é comumente inadequado.

Kelleher (1996) afirma que doenças mentais não reconhecidas representam entre 30% e 80% de todos os casos vistos em cuidados primários. Esse autor assinala que estudos de prescrições feitas, falhas no tratamento e padrões de encaminhamento para doenças mentais em cuidados primários sugerem que pouquíssimos pacientes estão recebendo cuidados adequados. É estimado que menos de 50% dos pacientes deprimidos vistos em atendimento primário recebam um curso de antidepressivo que atenda aos padrões em termos de dose e tempo de uso do medicamento.

Esse não reconhecimento das doenças mentais em cuidados primários pode ter inúmeras razões. As atitudes dos médicos gerais para com os problemas psicossociais de seus pacientes podem explicar parcialmente esse fenômeno. Embora, na teoria, aceitem o papel psicossocial como parte da missão dos médicos gerais, na prática evitam ou são ambivalentes a respeito de essa tarefa clínica fazer parte de seu trabalho cotidiano.

A evitação e a resistência de reconhecer os problemas psicossociais dos pacientes estavam ligados a três fatores maiores em relação à atitude. Primeiro: os residentes viam como sua primeira prioridade a resolução dos problemas biomédicos de seus pacientes. Segundo: eles acreditavam que cuidados psicossociais não eram necessariamente procurados por seus pacientes. Terceiro: os residentes não se sentiam competentes para cuidar dos problemas psicossociais de seus pacientes e tornavam-se frustrados e ansiosos quando confrontados com problemas que os faziam se sentir inadequados ou inseguros. Este último tópico, comum em nosso meio, deve-se especialmente à precariedade do currículo de saúde mental das faculdades de medicina, dos programas de residência médica em clínica médica, medicina geral e medicina de família.

Os estudos mencionados apontam com muita clareza para a importância e a necessidade do treinamento em temas de saúde mental e manejo psicoterápico para médicos em geral e, mais ainda, para os que trabalham em cuidados primários e medicina de família. Esse reconhecimento da importância e do treinamento adequado para lidar com o problema idealmente deveria começar já na graduação, o que não acontece na prática, mas ganha importância maior nas residências de clínica médica, medicina geral e medicina de família, nas quais tal processo ainda é pouco valorizado na prática, apesar de aceito no discurso oficial.

O diagnóstico e o manejo adequado das doenças mentais pelos médicos gerais, mediante treinamento adequado e educação continuada, inegavelmente trariam uma formidável economia aos serviços de saúde públicos ou privados, por diminuir as internações hospitalares, os encaminhamentos aos especialistas, a solicitação de exames complementares, as consultas clínicas de retorno, o absenteísmo ao trabalho, os suicídios, as crises familiares, os divórcios, e assim por diante. Por outro lado, a eficácia nos cuidados primários em saúde mental aumentaria muito os aspectos subjetivos da satisfação dos profissionais e dos pacientes, fator facilitador e gerador de saúde mental.

É nesse contexto que a psicoterapia médica se acha plenamente justificada, como uma ferramenta valiosa não só de recuperação, mas de produção de saúde mental para pacientes e profissionais.

Referências

Badger, L. W., DeGruy, F. V., Hartman, J., Plant, M. A., Leeper, J., Anderson, R., Ficken, R., Gaskins, S., Maxwell, A., Rand, E., & Tietze, P. (1994). Patient presentation, interview content, and the detection of depression by primary care physicians. *Psychosomatic Medicine, 56*(2), 128-135.

Balint, M. (1954). Training general practitioners in psychotherapy. *British Medical Journal, 1*(4854), 115-120.

Kelleher, K. (1996). *Mental Health in Primary Care: Trends and Issues*. PIE Online World Wide Web Server; Policy Resource Center, Policy in Perspective.

Peabody, F. W. (1927). The care of the patient. *JAMA, 88*(12), 877--882. doi:10.1001/jama.1927.02680380001001

Shepherd, M., Cooper, B., Brown, A. C., & Kalton, G. (1966). *Psychiatric illness in general practice*. Oxford University Press.

Üstün, T. B., & Sartorius, N. (1995). *Mental illness in general health care: an international study*. Wiley.

World Health Organization (1990). *The introduction of a mental health component into primary health care*. World Health Organization.

3. O paciente, esse desconhecido

> *Por incrível que pareça, a verdade é que o médico sai da Faculdade sem ter presente em seu espírito que o paciente é um ser humano, semelhante a ele.*
>
> (Gigante, 1983)

Quem é esse desconhecido que chega para nós?

O óbvio, por vezes, não é tão óbvio assim e nos escapa, como no conto "A carta roubada", de Edgar Allan Poe. Que lugar melhor para esconder a correspondência comprometedora do que bem à vista, num porta-cartas, disfarçada em meio a outras, como se não tivesse importância alguma? O engenhoso detetive Auguste Lupin recuperou a preciosa carta porque imaginou, acertadamente, que a polícia teria procurado nos lugares mais difíceis e improváveis.

A referência que faço a esse conto foi por ter lido, certa vez, uma afirmativa que me fez perceber algo que nunca tinha pensado, apesar de estar diante dos meus olhos o tempo todo, como a carta roubada. Foi uma frase de Perestrello (1982), a mesma que coloquei na epígrafe, que diz: "Por incrível que pareça, a verdade é que o médico sai da Faculdade sem ter presente em seu espírito que o paciente é um ser humano, semelhante a ele" (p. 95). É fundamental aprender sobre as doenças e, na escola de medicina, aprende-se muito sobre elas, mas aprende-se bem menos sobre a pessoa do doente, esse desconhecido.

Quem é ele? O que deseja quando nos procura? Quais suas expectativas, temores, verdades? Como ajudá-lo melhor? A pessoa que entra no consultório é um ser humano em busca de ajuda, mas não se sabe exatamente qual. Pode ser de qualquer idade, estado civil, sexo, identificado ou não com seu sexo biológico, profissão, pode ser neurótico ou psicótico etc. Chega com uma história prévia, individual e familiar, uma configuração própria de personalidade, com um determinado nível de integração, baseada na genética, nos fatores congênitos e na soma de suas experiências de vida, nos relacionamentos com os demais, desde a primeira infância. São alguns desses aspectos, e a combinação entre eles, que determinarão a natureza de sua personalidade e a maneira pela qual reagirá às situações estressoras da vida, às perdas, à doença e ao médico e suas recomendações, aos tratamentos que terá que fazer.

É essa combinação muito particular de elementos hereditários, congênitos, desenvolvimentais, pessoais, familiares, culturais e sociais que fazem do adoecer uma experiência que varia tanto de pessoa para pessoa. Dentro de um grupo etário, cada pessoa experimentará de forma diversa o evento de uma mesma doença.

Uma pneumonia, quando diagnosticada numa criança, num adulto jovem ou num idoso, tem expressões diferentes do ponto de vista clínico, demandas diferentes ao médico de família e significados diferentes para os envolvidos.

A mãe da criança ficará preocupada com a saúde do filho, se a doença é grave ou não ("Doutor, isso é muito grave? Tem perigo de morrer dessa doença?"), necessitará de um reasseguramento quanto ao prognóstico. O jovem poderá experimentar a pneumonia como algo que apenas o impedirá de ir a uma festa no final de semana ("Ah, fala sério! Tem certeza mesmo que eu não vou poder ir à festa?"), precisando de um aconselhamento a respeito da necessidade do repouso nos primeiros dias de tratamento. O idoso, por sua vez, ficará com muito medo de morrer, expressando ansiedades diretas ou disfarçadas a esse respeito ("Doutor, eu posso morrer disso?"), que podem não ser verbalizadas, mas que precisarão ser reconhecidas e abordadas em suas diferenças.

De que forma o leigo percebe a doença?

Enquanto o médico busca a explicação para os problemas na fisiopatologia e na ciência, o leigo busca a explicação em diferentes universos: no próprio indivíduo, nas causas naturais, na sociedade, no mundo sobrenatural ou numa combinação entre esses universos. Helman (1994) é da opinião de que

> *Médicos e pacientes veem os problemas de saúde de maneiras muito diferentes, ainda que possuam o mesmo background cultural. Suas perspectivas estão baseadas em premissas diferentes; empregam diferentes sistemas de prova e avaliação da eficácia do tratamento . . . O problema consiste em como garantir alguma comunicação entre eles no encontro clínico entre médico e paciente. (p. 100)*

Cassell, citado por Helman (1994, p. 104), utiliza o termo "doença" (*illness*) para se referir a "o que o paciente está sentindo enquanto se dirige ao consultório médico", e "enfermidade" (*disease*) para "o que ele tem ao retornar, para casa, do consultório". "A enfermidade (*disease*), portanto, é o que o órgão tem; a doença (*illness*) é o que o homem tem." A doença (*illness*) é a resposta do paciente, e de todos os que o cercam, ao seu mal-estar. Particularmente, é a maneira como ele interpreta a origem e a importância do evento, o efeito deste sobre seu comportamento e relacionamento com outras pessoas, assim como as diversas providências tomadas por ele para remediar a situação. A definição de doença (*illness*) inclui a experiência pessoal do problema de saúde e também o significado que o indivíduo confere a ela.

Por exemplo, uma pessoa que adoeceu de forma repentina, provavelmente, perguntará a si mesma: "Por que aconteceu isto comigo?" ou "O que eu fiz de errado?" ou, ainda, em determinadas sociedades: "Será que alguém provocou minha doença?". Tanto o significado conferido aos sintomas quanto a resposta emocional a eles são influenciados pelo *background* do paciente e sua personalidade, bem como pelo contexto cultural, social e econômico a que pertence. Em outras palavras, a mesma enfermidade (como a tuberculose) ou o mesmo sintoma (dor) podem ser interpretados de maneiras diferentes por dois pacientes provenientes de culturas e contextos distintos. Essas diferenças influenciam também seu comportamento subsequente e os tipos de tratamento procurados por eles. A perspectiva do paciente sobre os problemas de saúde geralmente é parte de um modelo conceitual muito mais amplo, utilizado para explicar infortúnios em geral. Pode haver variações individuais entre pacientes de uma mesma cultura ou mesmo ambiente.

Na mesma linha de raciocínio, Helman (1984) acrescenta que

A doença (illness), portanto, assim como outra adversidade qualquer, é, normalmente, parte integrante das dimensões psicológica, moral e social de uma cultura em particular. É um conceito mais abrangente – embora mais difuso do que o de enfermidade (disease) e deve ser considerado para a compreensão da maneira como as pessoas interpretam seus problemas de saúde e respondem aos mesmos. (p. 105)

Helman postula uma outra maneira de considerar as explicações leigas para os problemas de saúde, examinando os tipos de perguntas feitas pelas pessoas quando elas percebem que estão doentes e como elas elaboram as respostas de acordo com a história ou a narrativa de sua doença. As perguntas que ele sumariza visando entender melhor a percepção e as crenças dos pacientes sobre os episódios de doenças são as seguintes:

- O que aconteceu? – Essa indagação implica organização dos sintomas e dos sinais dentro de um padrão identificável, atribuindo-lhes um nome ou identidade.
- Por que isto aconteceu? – Ajuda a entender a etiologia da doença.
- Por que isto aconteceu comigo? – Essa pergunta tenta relacionar a doença aos aspectos do paciente: comportamento, alimentação, estrutura corporal, personalidade ou hereditariedade.
- Por que agora? – Diz respeito ao surgimento da doença e às características de seu início (repentino ou gradual).
- O que poderia me acontecer se eu não tivesse tomado nenhuma providência? – Aqui, são considerados o curso, o resultado, o prognóstico e os riscos prováveis.

- Quais são os prováveis efeitos sobre as outras pessoas (família, amigos, superiores no trabalho, colegas de trabalho) se nenhuma providência for tomada? – Essa pergunta inclui perda de renda ou de emprego e tensão nas relações familiares.
- O que eu devo fazer, a quem devo recorrer para pedir auxílio? – Dentre as estratégias para o tratamento da doença estão: automedicação, consulta a amigos ou familiares, consulta ao médico.

Por que buscou o médico agora?

Para que alguém tome a decisão de buscar ajuda, é preciso ter havido um rompimento no equilíbrio pessoal, familiar, social ou laboral na forma como vinha vivendo.

Para Helman (1994), muitas doenças simbolizam grande parte das ansiedades mais comuns das pessoas, como o medo (da morte), o colapso da ordem social (como na recente pandemia de coronavírus) ou uma punição divina. Na mente de muitas pessoas, essas três situações são mais do que uma simples condição clínica: tornam-se metáforas para diversos perigos da vida cotidiana. Portanto, as formas usadas para descrever os problemas de saúde – particularmente no que se refere a condições graves, como o câncer – trazem consigo uma série de associações simbólicas, que podem afetar profundamente a maneira como as pessoas e os outros percebem a sua doença, assim como sua relação com o médico. O profissional pode não estar percebendo o cenário por trás daquela dor no peito que parece não ter gravidade alguma, mas para a qual o paciente exige diversos exames radiológicos, mesmo sem verbalizar que o medo é ter o mesmo câncer que matou um familiar.

Ao mesmo tempo que pode representar uma forma simbólica de comunicação de ansiedades mais comuns, a doença confronta a pessoa com outras ansiedades mais profundas (sensação de aniquilamento, perda da integridade, dependência). Pode provocar nela uma regressão a padrões mais anteriores de comportamento, na tentativa de lidar com isso, lançando mão de mecanismos de defesa do ego, como negação, dissociação, projeção etc., que, se fracassam, deixam a descoberto uma área sensível, de dor psíquica, que pode ser transformada em dor física, ou vice-versa.

Esses mecanismos adaptativos de natureza defensiva podem ser mais ou menos coerentes com a realidade, mais maduros e adaptados ou mais infantis e mal adaptados, realizando um ajuste melhor ou pior para cada situação, definindo uma forma de reagir a ela. Regressões acentuadas por problemas menores indicam um mau funcionamento psíquico, uma personalidade menos integrada e pior prognóstico.

A correlação entre a severidade de uma doença física e a decisão de procurar auxílio médico é pequena e relativa. Helman (1994) diz que há muitos estudos que examinam as razões pelas quais algumas pessoas consultam um médico e outras, com sintomas semelhantes, não o fazem, demonstrando que os sintomas podem ser comuns em grande parte da população, mas apenas uma pequena porcentagem é levada ao conhecimento dos médicos. Portanto, há uma série de fatores não fisiológicos que influenciam o que Zola (1973) chamou de "caminhos que conduzem ao médico". Dentre eles, estão:

- A disponibilidade real de assistência.
- A possibilidade de o paciente pagar por ela (no Brasil, o acesso via SUS permite esse acesso aos que não podem pagar).
- O fracasso ou o sucesso dos tratamentos informais ou populares.

- A maneira como o paciente percebe o problema.
- O modo como as outras pessoas percebem o problema.

Se o sintoma é muito comum, provavelmente será considerado "normal" (embora não necessariamente "bom") e, por conseguinte, aceito de forma fatalista.

Sintomas ou sinais devem estar de acordo com o que a sociedade define como "doença" (*illness*), para que o doente possa receber atenção e apoio de terceiros, e para que seja providenciado o tratamento adequado. Um mesmo sintoma ou sinal pode ser interpretado distintamente nos diferentes grupos humanos – como doença em um, e como normalidade em outro. Em ambos os casos, a definição de um problema de saúde depende do conceito de saúde subjacente, que, como já foi observado, geralmente inclui elementos sociais, emocionais e comportamentais.

Um exemplo bastante comum são as diferenças entre manchas causadas pela exposição à luz solar no rosto e braços de agricultores que trabalham de sol a sol e as de uma modelo de moda. O que nesses trabalhadores rurais seria considerado normal, já que muitos deles apresentam tais manchas em alguma medida, numa modelo profissional seria um problema sério de saúde, pondo em risco contratos de trabalho baseados numa cútis perfeita. Esta perceberia a mancha em sua pele como um sintoma grave, para o qual buscaria ajuda imediatamente, enquanto um agricultor só iria ao médico por esse sintoma em último caso.

Zola (1973) identificou cinco fatores não fisiológicos que desencadeiam a busca de ajuda médica:

- Crise interpessoal.
- Percepção de interferência nos relacionamentos pessoais.

- "Sancionamento", isto é, transferência de responsabilidade sobre a decisão inicial de procurar auxílio médico para outra pessoa (que autoriza e incentiva a busca de ajuda).
- Interferência percebida no trabalho ou no funcionamento fisiológico.
- Estabelecimento de critérios de tempo ("Se não melhorar em três dias... Então, eu vou tratar disso.").

Tanto o primeiro fator quanto o segundo concentram a atenção no sintoma, por este significar que há "algo errado" na rotina do paciente. O número 3 ilustra as dimensões sociais da doença. Os números 4 (uma definição "funcional" de saúde) e 5 (o critério temporal) são comuns a vários grupos populacionais.

Esse estudo demonstra que a decisão de consultar o médico depende mais de fatores socioculturais – como conceitos mais amplos de saúde – do que da severidade da doença. Segundo ressalta Zola (1973), a falta de explicação para as diferenças epidemiológicas em qualquer comunidade pode decorrer mais da ocorrência variável desses fatores "do que de qualquer diferença real na prevalência e na incidência de um problema em particular" (p. 686).

Ainda de acordo com Helman (1994), a procura de atendimento médico – uma vez que este seja oferecido pelo serviço público e acessível financeiramente – também depende da percepção da etiologia da condição, ou seja, acredita-se que a origem dela está no indivíduo ou no mundo natural, social ou sobrenatural. Alguns grupos sociais acreditam que a medicina seja melhor como tratamento dos sintomas do que como cura da causa, especialmente se esta é sobrenatural.

Em termos psicológicos, na base do desencadeante de uma doença e da busca de ajuda para ela, em geral estão situações de perda, nas suas várias formas: de pessoas, da relação com pessoas, de fonte de gratificações, de sonhos, da integridade física etc. Todavia, só perdas não implicam necessariamente adoecimento, uma vez que todos têm perdas inevitáveis e nem sempre se adoece por causa delas. É preciso que haja também uma incapacidade de lidar e elaborar essas perdas para que o resultado seja uma doença.

Um paciente costuma ir ao médico porque se sente doente, como consequência de uma enfermidade somática, de problemas psicossociais ou, mais frequentemente, da presença simultânea dos dois e da interação entre eles. No entanto, os pacientes têm um ponto de partida diferente do nosso ao buscar atendimento médico, fato do qual nem sempre nos damos conta, por isso cometemos o erro óbvio de acreditarmos que temos o mesmo ponto de partida, os mesmos interesses e os mesmos objetivos. Nada mais enganoso. O doente é nosso semelhante, mas nossos pontos de partida podem não ser tão semelhantes quanto acreditamos.

Isso porque o paciente pode abrigar ideias realistas ou fantasiosas, seja a respeito da doença, seja ao nosso respeito, e assim nos colocam nos mais variados papéis, que por vezes compreendemos e aceitamos, outras vezes nem sequer nos damos conta, como quando pedimos vários exames invasivos a um paciente marcadamente masoquista ou portador da síndrome de Munchausen, que nos usa para satisfazer seus desejos de sofrimento e punição, enquanto nos parece que estamos apenas investigando em detalhes alguma queixa orgânica, supostamente preocupante. Outras vezes podemos aceitar o papel que ele nos atribui, de um deus onipotente, que tudo pode curar.

Em algumas situações, encontramos o que se chama de "reversão de perspectiva", significando que nós podemos ter uma perspectiva sobre o paciente e seus problemas, enquanto ele tem uma perspectiva diferente ou mesmo contrária à nossa, dificultando ou criando impasses no tratamento.

Outro ângulo da questão é que o médico se programa para procurar e encontrar a doença, o outro para procurar ajuda e encontrar alívio, e aqui podemos ter importantes problemas de comunicação, com pontos de partida, objetivos e desfechos diferentes. Às vezes, o médico quer oferecer alívio para problemas emocionais, e o paciente espera que uma doença orgânica seja encontrada, justificando tudo que sente.

Também é preciso ter bem nítida a diferença entre querer se curar e querer se livrar dos sintomas sem pagar o preço para isso, desejando que o médico faça uma mágica. Outros ainda nos procuram, por alguma razão obscura, querendo manter a sua doença ou mesmo piorar. Em relação a isso, costumo dizer que os pacientes consultam por várias razões, às vezes até para melhorar.

Além dos fatores de natureza pessoal, os fatores socioculturais também desempenham um papel considerável na forma de buscar atendimento médico. Helman (1984) enfatiza a importância da seguinte maneira:

> *Tanto a apresentação da doença (illness) quanto a reação dos outros à mesma são, em grande parte, determinadas por fatores socioculturais. Cada cultura possui sua linguagem de sofrimento própria, que faz a ligação entre as experiências subjetivas de mal-estar e o seu reconhecimento social. Os fatores culturais determinam quais sinais ou sintomas são percebidos como anormais; eles também ajudam a dar forma às mudanças físicas e emocionais difusas, colocando-as dentro de um padrão identificável tanto para a vítima quanto para as pessoas que a cercam. O padrão resultante dos sintomas e sinais pode ser denominado de "entidade doença" (illness), e representa o primeiro estágio do adoecimento. (p. 107)*

Outras questões relevantes, que precisam ser levadas em conta, é se o paciente já havia adoecido antes e como reagiu ou lidou com essa experiência; se ele se recuperou completamente ou ficou com sequelas físicas ou mentais, na forma de incapacidades e traumas. Apesar de serem questões relativas, ajudam-nos em termos indicativos de um prognóstico melhor ou pior.

O que se comunica por meio da doença?

Um dos erros mais comuns que se pode cometer é esperar que todo paciente tenha uma boa capacidade de pensamento simbólico ou de verbalização de seus aspectos subjetivos. Adoecer também é uma forma de se comunicar, ou comunicar estados físicos e mentais em busca de compreensão e ajuda. Com frequência, a pessoa pode usar a linguagem concreta dos sintomas físicos para queixar-se de problemas de outra natureza, como bem aponta Balint, citado por Tähkä (1988):

> *para alguns pacientes, os sintomas corporais subjetivamente experimentados representam primariamente uma autorização, um direito, a procurar o médico. O homem cada vez mais urbanizado de hoje não mais desfruta do apoio da família numerosa do passado, dos relacionamentos estreitos com vizinhos, sacerdotes e médicos da família, sendo amiúde solitário e precisando muito de alguém que seja confidente e conselheiro ao mesmo tempo. De acordo com a opinião comum, contudo, uma pessoa tem de estar corporalmente doente para poder consultar um médico e, consequentemente, um paciente pode desenvolver, digamos, dor nas costas, insônia ou dor de cabeça, e disso queixar-se ao*

médico, quando, em realidade, sua necessidade real é falar a respeito de suas dificuldades no trabalho ou das desavenças com o cônjuge. (cf. Balint, 1955, p. 31).

Os pacientes aprenderam que era preciso alguma queixa física para ter acesso ao atendimento, o que funcionaria como um bilhete de admissão à sala de consulta. Porém, mesmo quando o paciente tem de fato um problema orgânico objetivo, este será mais bem tratado se for bem compreendido, se puder ser associado aos significados psicológicos e emocionais que aquela determinada patologia pode acarretar.

É importante destacar que os pacientes se comunicam ou se queixam da maneira que aprenderam ou conseguem. Um estudante de medicina queixou-se a um experiente professor de clínica, no posto de saúde em que trabalhávamos, de que o paciente era confuso, pouco coerente e não informava bem. Ouviu do mestre que o paciente não havia feito seis anos de medicina para aprender a se queixar de forma organizada e cronológica e que ele, estudante, é que deveria procurar compreender e organizar as queixas desordenadas do paciente, transformando-as numa história clínica coerente.

Como reagirá ao adoecer?

No campo das vivências, os sentimentos despertados por estar doente também variam muito, podendo ser apropriados ou inapropriados. O prejuízo à imagem corporal e a importância simbólica dos sintomas ou do órgão doente contam muito para o tipo de reação apresentada. Além do medo realista, soma-se ao quadro um medo fantasiado, ligado a essas representações.

A seguir, são resumidos os fatores que influenciam as possíveis reações do paciente à doença, de acordo com Tähkä (1988):

- Disposição herdada e congênita (existência de uma predisposição biológica).
- Potencial individual de reação, inato.
- Base psicossocial (família, grupos nos quais se insere ou não).
- Natureza das primeiras interações humanas, com efeitos estruturantes ou traumáticos sobre a futura personalidade.
- Integração da personalidade, tanto para seu funcionamento interno quanto para a adaptação, por parte do indivíduo, ao mundo externo.
- Mecanismos disponíveis de adaptação e defesa (funções do ego).
- Idade (a adaptação aos eventos estressores é pior na infância e na velhice).
- Problemas psicológicos prévios, que contribuam não apenas para a doença subjetiva, mas também para o surgimento da doença orgânica.
- Ocorrência de uma mudança de vida que tenha perturbado a adaptação costumeira do indivíduo. O risco de se cair doente durante os dois anos seguintes a uma mudança importante de vida aumenta para um grau estatisticamente significativo, e quanto maior a mudança, maior o risco de isso acontecer.
- Padrões de comportamento ao longo do desenvolvimento (para os quais poderá regredir sob estresse).
- As previsões do paciente com referência a seu futuro (mais otimistas ou mais pessimistas).

- Experiências prévias com médicos, que podem ter sido positivas ou negativas, gerando confiança ou desconfiança.
- Perdas de diferentes naturezas e a forma de lidar com cada uma delas.
- A imagem corporal, isto é, a percepção da estrutura e da função de seu próprio corpo, e suas modificações. Jamais esquecer que a imagem corporal é sempre uma formação subjetiva, que nunca é igual à imagem "objetiva" que o médico forma do corpo do paciente.
- A localização de um sintoma influencia intensamente o grau de alarme que ele causa, sua importância simbólica, os sentimentos que evoca no paciente e a intensidade deles. Distúrbios da função cardíaca ou da respiração são em geral mais assustadores do que distúrbios musculares, por exemplo.
- O significado simbólico dos sintomas, dependendo do sexo do paciente, do órgão ou da área do corpo afetada.
- Reações de medo, preocupação, vergonha, culpa, desamparo, perigo ou perda diante de uma doença desconhecida, e se tais reações são apropriadas (realistas) ou não ao problema, se a intensidade não é demasiada.
- Natureza da enfermidade aos olhos dos outros, que pode estar associada com estigmas de fraqueza, dependência, passividade, inferioridade, imoralidade, loucura, desvio de conduta ou pecado, punição ou castigo. Tais doenças são negadas ou escondidas, do próprio paciente e do médico de família.
- Traços de personalidade que não suportem bem abalos na autoestima. As consequências serão piores quanto maiores forem as ambições do paciente no que diz respeito à aparência e ao desempenho, e o prejuízo ocasionado pela doença.

- Medos e fantasias que podem ser irrealistas e irracionais, mas que nem sempre são sinais de um transtorno mental.
- Reações regressivas e infantis, mesmo em pessoas adultas, com aumento da irritabilidade, perda do pensamento lógico, surgimento de fantasias ameaçadoras e uma retirada dos investimentos afetivos no mundo externo, concentrando-se no mundo interno e nas partes ou órgãos afetados.
- Surgimento de aspectos da personalidade, de comportamento e de formas de se relacionar diferentes dos habituais da pessoa, como parte da reação regressiva da pessoa à ameaça à sua saúde, com repercussões na relação médico-paciente.
- Necessidade de, na transferência, ver o médico de forma irrealista, como onisciente e onipotente, assim como na infância percebia os pais.

Tähkä (1988) ainda diz que:

> *Se os recursos inatos de uma pessoa, ou os seus primeiros relacionamentos humanos, foram deficientes ou desviados, as consequências disso serão distúrbios de personalidade e do seu funcionamento, de vários graus e espécies. Deficiências variadas no desenvolvimento da função da personalidade, e a existência de persistentes conflitos internos que posteriormente se tornam inconscientes, conduzem a uma integração global mais frágil e a uma vulnerabilidade psíquica maior do que em personalidades desenvolvidas em condições ótimas. Os mecanismos de adaptação e defesa são, então, em menor número e, em emergências, a pessoa tende a valer-se de reações mais infantis do que aconteceria se um rol maior de padrões alternativos tivesse sido desenvolvido. Os conflitos internos e a manutenção da*

frágil integridade da personalidade consomem, assim, tanta energia mental que pouco sobra para as funções que servem à adaptação. (p. 26)

Não é o objetivo deste capítulo, mas muito ainda poderia ser escrito sobre os problemas da relação médico-paciente, com base nas diferenças de vocabulário, problemas de terminologia, linguagens simbólicas da dor e do sofrimento, compreensão do contexto em que a doença ocorre, as diferenças entre doença e enfermidade, as expectativas diferentes sobre os resultados de melhora e cura etc. Isso será abordado no Capítulo 5. Aqui fica o estímulo à curiosidade que se deve ter sempre diante desse desconhecido que ingressa na sala de consulta, para descobrirmos o que ele quer ou necessita.

Referências

Balint, M. (1955). The doctor, his patient, and the illness. *Lancet, 268*(681).

Gigante, A. (1983). *Um momento, doutorandos.* Publicação do autor.

Helman, C. G. (1994). *Cultura, saúde e doença* (2a ed.). Artes Médicas.

Perestrello, D. (1982). *A medicina da pessoa* (3a ed.). Atheneu.

Tähkä, V. (1988). *O relacionamento médico-paciente.* Artes Médicas.

Zola, I. K. (1973). Pathways to the doctor: from person to patient. *Social Science & Medicine, 7*(9), 677-689.

4. A estrutura psíquica

É bom saber com que boi se está lavrando.

(ditado popular)

A estrutura psíquica

Se, por diferentes razões, o doente é um desconhecido para o médico de família, qual é a importância de conhecer, ainda que sem a profundidade do especialista, a estrutura psíquica do paciente em atendimento? Esse não seria um tema de interesse exclusivo dos especialistas em saúde mental? Não exigiria um conhecimento teórico mais específico e aprofundado?

Obviamente, o especialista está mais preparado teórica e tecnicamente. Entretanto, se um médico se dispõe a estudar e consegue entender os complexos mecanismos bioquímicos implicados nos problemas renais, endócrinos ou cardiovasculares, ao menos deveria tentar compreender a estrutura psíquica de quem está diante de si.

É importante saber como a pessoa se estruturou psiquicamente, porque a constituição, a organização, a estabilidade e a maturidade dessa estrutura farão o paciente ter um funcionamento mais saudável ou menos saudável, do ponto de vista da saúde global. Esse conhecimento ajuda a ter uma ideia de como o indivíduo se percebe como pessoa, seu lugar no mundo, seus antecedentes familiares e desenvolvimento na infância, como interage com os demais, como sente e como expressa seus afetos, como pensa e reage às intempéries da vida, aos traumas, às perdas, aos lutos e aos bons sucessos na sua trajetória. Também auxilia a compreender como ele reage ao adoecer, físico ou psíquico, que tipo de vínculo estabelecerá com o médico etc. Tudo isso ajuda a direcionar a avaliação diagnóstica dinâmica, a definir a estratégia e as táticas para o seu tratamento, além de dar algumas noções da evolução esperada e do prognóstico, o que esperar em curto, médio e longo prazo. Uma estrutura psíquica mais frágil apresenta alterações significativas ao exame do estado mental, com pensamento menos realista, um controle de impulsos deficiente, resultando em expressão direta e pouco modulada dos afetos, e pode ter, com mais frequência, alterações comportamentais que poderão impactar sua maneira de compreender e de aderir ao tratamento proposto.

Pode-se descrever o desenvolvimento emocional como proveniente de um *efeito em cascata*, que começa antes do nascimento. São aspectos importantes dessa época pré-natal a gestação ter sido desejada e planejada ou não, se teve condições de vida intrauterina saudáveis, se a gestação não foi afetada por eventos traumáticos para a mãe ou para os genitores. Depois do nascimento, os aspectos estruturantes sobre a personalidade são se o bebê nasceu com boa saúde física, o papel dos instintos inatos, a qualidade das primeiras relações objetais, o grau de acolhimento amoroso e compreensivo dos pais etc.

O desenvolvimento mental e emocional evolui à medida que o cérebro e outros órgãos vão maturando, enquanto aumenta o contato com novos objetos,[1] que são experimentados em função das vivências do bebê na relação com eles. Esses novos objetos, ao mesmo tempo, vão servindo de tela de projeção e reintrojeção, acrescentando elementos ao mundo do bebê, permitindo ampliações ou transformações, novas experiências (nascimento de irmãos, amizades, professores etc.).

Nesse meio-tempo, o desenvolvimento humano pode sofrer a interferência de eventos da realidade e traumas, de diferentes magnitudes, que exigem assimilações, adaptações, elaborações e formas de descarga. Ao mesmo tempo, os objetos primários vão se modificando também (por exemplo, um bom pai ou mãe para o bebê poderá não ser um bom pai ou mãe para um filho adolescente), vão passando por suas próprias vicissitudes e traumas (perdas, lutos, transformações etc.).

Além de existirem muitos fatores constitutivos na vida mental, suas formas de combinação são infinitas, o que dá uma dimensão da diversidade da personalidade humana e suas expressões, da mais alta criatividade à doença mental mais devastadora.

A construção gradativa dessa estrutura psíquica se dá pelo acúmulo e pela interação desses diversos fatores, influenciando o presente, moldando o futuro e ressignificando o passado. Basicamente, a estrutura psíquica é composta pelos seguintes elementos:

- Constituição hereditária (fatores genéticos herdados).

---

[1] "Objeto", no sentido psicanalítico, refere-se não a coisas, mas a pessoas com as quais nos relacionamos. A mãe é o primeiro objeto do bebê, o primeiro a ser internalizado. Esse conceito será retomado no Capítulo 8, em que explico como ocorrem essas relações com os objetos externos e internos, do ponto de vista psicodinâmico.

- Pulsões.
- Mecanismos de defesa do ego.
- Relações de objeto (intrapsíquicas, interpessoais).
- Eventos traumáticos (objetivos ou subjetivos).
- Fatores ambientais (familiares, sociais).
- Fatores transgeracionais (mundo fantasmático inconsciente familiar).

Esses fatores influenciam uns aos outros nas mais diferentes combinações, gerando a diversidade de pessoas com as quais é preciso lidar no dia a dia. Se é verdade que nenhum ser humano é uma ilha, também é verdade que cada um é um continente.

A Figura 4.1 é uma síntese que uso nas aulas sobre os constituintes da estrutura psíquica e sua inter-relação dinâmica.

ESTRUTURA PSÍQUICA

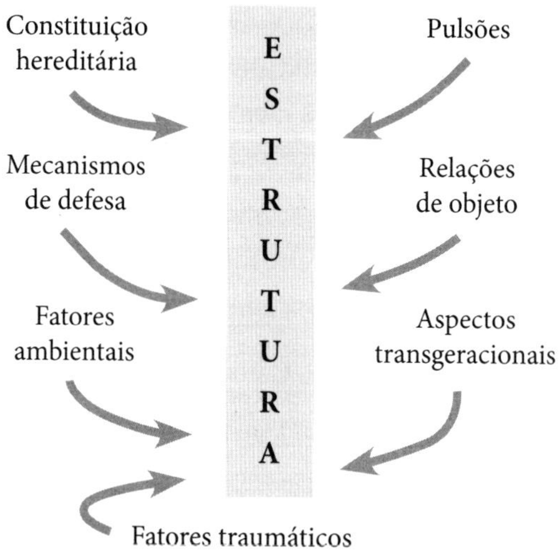

Constituição hereditária → ESTRUTURA ← Pulsões
Mecanismos de defesa → ESTRUTURA ← Relações de objeto
Fatores ambientais → ESTRUTURA ← Aspectos transgeracionais
Fatores traumáticos →

Figura 4.1 *Estrutura psíquica esquematizada.*

Constituição hereditária (fatores genéticos herdados)

A constituição hereditária é composta pelos fatores genéticos da pessoa, com suas forças e fragilidades, tanto físicas quanto psíquicas. Sabe-se que há patologias fortemente influenciadas pela carga genética dos antecessores, como alguns tipos de câncer, doenças metabólicas, transtornos mentais etc. Em relação à formação da estrutura psíquica, os pacientes com uma carga genética sugestiva de patologia mental familiar, como alguns transtornos severos de humor, apresentam uma constituição mais vulnerável ao problema e reagem de forma menos saudável aos traumas pelos quais passarão ao longo da vida, sendo mais propensos a desenvolverem quadro semelhante diante de perdas que outros, sem esse histórico genético, suportariam melhor.

Pulsões

As pulsões são oriundas do campo somático, fontes internas de energia para o organismo, o fator propulsor do funcionamento do aparelho psíquico. Pulsão é diferente de instinto; este qualifica um comportamento fixado por hereditariedade, característico da espécie, pré-formado no seu desenvolvimento e adaptado ao seu objeto.

O termo pulsão remete ao sentido de um impulso em direção a algo ou alguém, carregado de uma certa quantidade de energia em busca de descarga, que ativa e põe em marcha o aparelho psíquico e suas funções de pensamento e afeto, assim como aciona os atos motores que darão conta da ação específica exigida para a descarga dessa energia (sentir fome, perceber mentalmente que isso é fome, experimentar uma sensação desagradável por causa disso, buscar comida, comer). A pulsão é a ligação entre o somático e o psíquico, ou seja, ela vem do corpo e se expressa psiquicamente. Por exemplo, o instinto de sobrevivência se expressa, como pulsão, na forma de agressividade (como defesa contra os perigos da vida) e da sexualidade (procriação, manutenção da espécie).

As principais pulsões que teremos que reconhecer e lidar, em nós e em nossos pacientes, são as de autoconservação (a pulsão de vida), as sexuais e as de agressão e destruição (também chamada de pulsão de morte), contra a própria pessoa ou contra o mundo externo. Um paciente, diagnosticado com uma doença grave lutará para vencê-la com todas as suas forças, enquanto outro se abandonará diante da doença, deixando-se morrer. A resiliência é um dos aspectos que depende da capacidade pulsional da pessoa, demonstrando que há pessoas com mais energia pulsional que outras.

Mecanismos de defesa do ego

O conceito de um componente da estrutura mental chamado *ego* faz parte de uma construção teórica de Freud (1980), em que ele descreve três instâncias (ou estruturas) da mente humana: id, ego e superego. Esse aspecto da sua teoria ficou conhecido como o *modelo estrutural* (em contraposição ao modelo anterior, chamado de *topográfico*, que tinha também três instâncias, divididas em camadas (inconsciente, pré-consciente e consciente).

O ego, no modelo estrutural, é parte consciente e parte inconsciente (como um iceberg, com uma ponta visível e grande parte invisível à percepção dos sentidos). Freud postulou que o ego seria a instância responsável por funções como a recepção, a integração e a transformação de estímulos sensoriais biopsicossociais com representações mentais internas, geração de emoções, formação de percepções e concepções e produção de linguagem verbal. Também é o responsável pela formação, pelo armazenamento e pela lembrança de memórias, utilização de mecanismos de defesa, geração de reações de transferência e ativação de todos os comportamentos superficiais.

Ainda mais importante foi Freud ter reconhecido as implicações que as operações defensivas do ego teriam no comportamento humano e como podiam ser detectadas e abordadas no tratamento. O terapeuta já não poderia mais simplesmente esperar que os desejos inaceitáveis provenientes do id se revelassem. Era necessário dar igual atenção aos esforços defensivos realizados pelo ego, que se manifestariam como resistências ao tratamento.

Para lidar com as pulsões vindas do id e os conflitos criados por elas, de forma a manter a homeostase do sistema, o ego lança mão de mecanismos mentais, chamados de mecanismos de defesa. Embora não precise decorar cada um deles, o médico de família deveria ao menos estar familiarizado com os principais e com o uso que o paciente pode fazer dessas defesas. Isso tem grande utilidade na compreensão dos problemas neuróticos e dos transtornos da personalidade dos pacientes, se não para tratá-los, pelo menos para melhor compreender determinados comportamentos e reações e/ou referenciar ao especialista.

Todas as defesas têm em comum a proteção do ego contra as demandas instintivas do id, ou seja, contra aquilo que vem de dentro. Por outro lado, também ajuda a lidar com os estímulos externos que chegam ao ego, exigindo uma resposta, seja de reflexão, seja de ação. Todos têm mecanismos de defesa, e as defesas utilizadas revelam muito sobre o indivíduo. Com frequência, elas são classificadas segundo uma hierarquia que vai da mais imatura, ou patológica, até a mais madura, ou saudável, e um perfil dos mecanismos de defesa de um indivíduo é um bom indicador de sua saúde psicológica. No Apêndice ao final deste capítulo, há uma breve descrição dos principais mecanismos, como compilados por Gabbard (2016).

Relações de objeto (intrapsíquicas, interpessoais)

Para colocar de maneira simples, a *teoria das relações objetais* engloba a transformação de relações interpessoais com os outros sujeitos em representações internalizadas dessas relações. Conforme as crianças se desenvolvem, elas não internalizam simplesmente um objeto ou uma pessoa; em vez disso, elas internalizam a relação inteira com essa pessoa. Em outras palavras, não apenas a mãe ou o pai serão internalizados, mas a relação deles com a criança. Isso explica, por exemplo, por que, numa família de diversos filhos, cada um tem um sentimento e uma ideia da sua relação com os pais, diferentes dos de seus irmãos.

A experiência positiva com os primeiros objetos, geralmente o casal parental, é um protótipo da capacidade de amar, formada durante os períodos em que o bebê está sendo amamentado. O protótipo inclui uma experiência positiva do self (o bebê sendo amamentado), uma experiência positiva do objeto (a mãe atenta e cuidadosa) e uma experiência afetiva positiva do resultado dessa relação (saciedade, prazer). Quando a fome retorna e a mãe do bebê não está imediatamente disponível, um protótipo de experiência negativa ocorre, incluindo uma experiência negativa do self (o bebê frustrado e reivindicante), um objeto desatento e frustrante (a mãe indisponível) e uma experiência afetiva negativa (fome, ira).

Essas duas experiências, positivas e negativas, são internalizadas como dois conjuntos opostos de relações objetais, consistindo em uma representação do self, uma representação do objeto e um afeto – positivo ou negativo – que liga ambas.

As relações de objeto interessam e importam porque são a essência do material da transferência, da relação atual que o paciente desenvolverá com seu médico, influenciada inconscientemente pelas experiências e pelas relações de objeto de sua infância, com os pais e outras figuras significativas, que foram internalizadas.[2]

Eventos traumáticos (objetivos ou subjetivos)

De acordo com o DSM-5 (American Psychiatric Association, 2014), trauma é qualquer situação em que uma pessoa se veja exposta a cenas de morte real ou iminente, lesões físicas graves ou agressão sexual, seja como a própria vítima, alguém próximo da vítima ou testemunha do fato. No CID-10 (World Health Organization, 2004), o trauma é definido como qualquer exposição a uma situação estressante de natureza excepcionalmente ameaçadora ou causadora de horror, que provavelmente produzirá um mal-estar profundo na maioria das pessoas.

Além dos custos individuais (transtorno de estresse pós-traumático, depressão, transtornos de ansiedade etc.), as sequelas emocionais produzem múltiplas dificuldades psicossociais, problemas conjugais, disfunção familiar, desemprego, abuso de álcool (e outras drogas) e suicídio.

O conceito de trauma enfatiza situações negativas, de grande intensidade, como causadoras de sofrimento psíquico. Por outro lado, um conceito mais dinâmico de trauma diz respeito a todo e qualquer evento, inclusive positivo, que impacte o psiquismo de tal forma que exija deste uma assimilação, um trabalho mental de elaboração, para que encontre um destino dentro da economia psíquica do sujeito. Esse destino pode ser descarregado por meio de

---

[2] No Capítulo 8, retomarei o tema do mundo interno e seus objetos.

atos, transformado em sintomas (físicos ou mentais) ou vivenciado como aprendizado emocional (a resposta mais madura).

Uma pequena situação negativa pode ser um fator traumático, muitas vezes benigno e autolimitado, enquanto um grande evento positivo, mas carregado de intensidade (ganhar na loteria e ficar milionário da noite para o dia), pode ter um efeito às vezes desestruturador para o aparelho psíquico, caso este não tenha as ferramentas psicológicas para processar tal evento.

Importante ressaltar que só a intensidade do fator traumático não causa, necessariamente, uma descompensação mental patológica. O resultado final depende da complexa interação de outros fatores, como os já descritos na constituição da estrutura psíquica.

Além dos eventos traumáticos externos, há também eventos estressores internos, em que o estresse, nesse modelo, refere-se a demandas internas, inclusive o estresse psicológico autoinduzido por cobranças e expectativas não realísticas e o estresse fisiológico, como fome, sede, privação de sono. Demandas externas podem incluir demandas de outras pessoas (as quais serão internamente processadas) ou estressores ambientais, como barulho, calor, poluição ou uma combinação de fatores. O estresse pode ser crônico ou agudo: pode consistir em um evento maior ou no resultado do acúmulo de pequenas irritações e incomodações diárias, que demandem a atenção da pessoa.

Uma mãe busca atendimento, preocupada com a saúde mental de seu filho de seis anos de idade, que só quer brincar, e é diferente do irmão mais velho, de 9 anos, que só estuda e odeia brincar. Ela me diz, com convicção, que exige dos filhos o domínio de pelo menos quatro idiomas, acrescentando que quem não souber isso será um fracassado na vida, e por isso teme pelo sucesso futuro do mais jovem. Essa mulher já traumatizou o filho mais velho com suas cobranças excessivas e está frustrada porque o mais jovem (e mais saudável) não a escuta. Queria que eu medicasse o pequeno para que ele brincasse menos e estudasse mais, e saiu furiosa do consultório quando avaliei a saúde mental da criança e apontei que o mais velho talvez precisasse de ajuda.

Fatores ambientais (familiares, sociais)

Não há mais dúvidas do efeito estruturante sobre a personalidade que um bom ambiente familiar pode prover, assim como os efeitos negativos, desestruturantes, de sua falta, como no exemplo anterior. Nos primeiros meses de vida do bebê, o papel da mãe como cuidadora principal ou, na sua ausência, de alguém que execute as funções maternas é vital para a constituição do sujeito e as bases para uma estruturação psíquica saudável, tanto da criança quanto do futuro adulto.

A paternagem, a participação física e emocional do pai ou, na sua ausência, alguém que execute as funções paternas, desde o apoio à mãe durante e depois da gestação, e o amor do pai pelo bebê também serão elementos fundamentais para uma estruturação psíquica estável e bem constituída. A falta da função paterna na infância está ligada a diversos problemas, como o desenvolvimento de inseguranças, condutas antissociais e alcoolismo no futuro.

Esse conjunto de funções de maternagem/paternagem, o bom cuidado parental, tanto nos quesitos da presença física quanto da disponibilidade emocional para com as necessidades próprias do bebê, constitui-se num ótimo ambiente inicial para a vida, apto para criar e fornecer um meio estável para uma boa estruturação psíquica do ser humano ao longo de seu desenvolvimento mais precoce, assim como favorecer a existência de boas identificações com os cuidadores e suas funções e propiciar o desenvolvimento de uma confiança básica e autonomia pessoal, que refletirão em melhor qualidade das relações objetais futuras. O acompanhamento de puericultura é um momento privilegiado para detectar e abordar problemas iniciais na relação, e assim promover saúde mental.

A ausência ou a precariedade dessas funções no início da vida leva a deficiências importantes, que prejudicam desde a formação anatômica das estruturas cerebrais até a aquisição e a evolução das funções mentais mais sofisticadas, com impactos tanto na capacidade cognitiva quanto na capacidade de pensar simbolicamente, levando a pobreza emocional, relações de objeto instáveis ou conturbadas, um controle deficiente dos impulsos e assim por diante.

É comum os médicos acusarem ou se queixarem dos pacientes que não os entendem ou não seguem as recomendações, sem se darem conta das falhas básicas na estruturação da personalidade dessas pessoas.

Fatores transgeracionais (mundo fantasmático inconsciente familiar)

Chama-se "transgeracional" aquele conteúdo do mundo das fantasias inconscientes, passado pelas gerações dentro de um grupo familiar, sem ser elaborado psiquicamente. Por isso acaba sempre repetido, ainda que de forma inconsciente ou involuntária, pelos descendentes. É uma espécie de ideologia familiar inconsciente, não falada, mas atuada pelo grupo.

O melhor exemplo desse conhecido (inconscientemente) não sabido (conscientemente) são os segredos familiares que, quando não bem compreendidos, nem elaborados ou verbalizados, transformam-se numa espécie de "cripta" misteriosa e acabam se traduzindo em comportamentos repetidos por um descendente, sem que este tenha noção da origem daquela demanda psíquica ou dos sintomas que ela produz.

Um exemplo simples é a gestante da história "Uma gravidez problemática" (Capítulo 1), que entrou num misto de depressão e ansiedade ao saber que esperava um menino. Até ali, estava feliz com a gestação; o problema começou ao saber o sexo do bebê. Também referia problemas no casamento, com desejos de se separar do marido, mesmo estando grávida dele, mas sem nenhuma razão objetiva para isso, a não ser a sensação de que, ao engravidar, perdera seu amor por ele.

Ao examinar com minúcias sua história, todas as mulheres da família, desde uma trisavó, tinham um comportamento repetido de, ao engravidar de um bebê do sexo feminino, separarem-se de seus companheiros e ficarem apenas entre elas, uma família matriarcal sem homens por perto. Ela era a primeira em várias gerações a engravidar de um menino e, em razão disso, sentia-se inadequada em relação às outras, como se tivesse algum defeito por não ter gerado uma menina, ao mesmo tempo que se sentia num conflito grande, pois gostaria de ter esse filho, o que romperia essa tradição inconsciente de desprezo pelos homens e de sua ausência no núcleo familiar, composto só de mulheres.

Em resumo, a estrutura psíquica pode ser mais estável e equilibrada ou instável e sem equilíbrio, mas não é imutável. Os fatores descritos se inter-relacionam dinamicamente o tempo todo, tensionando o conjunto. O resultado desse tensionamento pode ser em direção a uma melhora da saúde mental (como nos casos em que a estrutura psíquica é ajudada pela psicoterapia, ou sendo reforçada ou sendo reestruturada) ou a uma piora, na forma de descompensação psicológica.

A equação etiológica das neuroses aplicada à clínica médica

Em psicanálise, chama-se de "equação etiológica das neuroses" (Figura 4.2) a interação dinâmica que acontece entre os fatores hereditários, os fatores ambientais e os fatores traumáticos.

Figura 4.2 *A equação etiológica das neuroses.*

A interação dinâmica e equilibrada entre esses três fatores contribui para a saúde mental. Um desequilíbrio entre eles, em qualquer dos vértices, favorece o surgimento de sintomas ou a eclosão de doenças mentais.

O relacionamento entre os vértices é dinâmico. Quanto piores forem os fatores hereditários (forte história familiar de esquizofrenia) e os fatores ambientais (pobreza, abandono afetivo por parte dos cuidadores, baixa escolaridade), menor precisará ser o fator traumático para causar um desequilíbrio e produzir sintomas de doença mental. Por exemplo, um paciente com transtorno bipolar, criado por uma família com histórico de transtorno de humor severo, em péssimas condições socioeconômicas e de cuidados afetivos maternos e paternos, que sofra um trauma ou enfrente um fator estressor, mesmo que de pequena intensidade, terá muito mais probabilidade de uma descompensação psíquica.

Outro exemplo interessante, no qual se vê a importância da equação etiológica, é que cerca de um terço apenas dos pacientes que passam por uma situação traumática significativa desenvolvem transtorno de estresse pós-traumático, o que sugere que esse grupo minoritário tem uma constituição hereditária deficitária e que os fatores ambientais (socioeconômicos, afetivos etc.) foram insatisfatórios em etapas anteriores da vida. O trauma que incide nessa estrutura psíquica será sentido de forma muito mais intensa e sintomática, com pior prognóstico.

Ter uma doença orgânica (grave ou não) diagnosticada pode ser um fator traumático importante para o surgimento de sintomas clínicos, frequentemente ansiosos ou depressivos. Pode-se esperar o surgimento de tais sintomas ao comunicar, por exemplo, o diagnóstico de diabetes melito, que implicará numa mudança às vezes radical de hábitos e de dieta de uma determinada pessoa pelo resto de sua existência. Poucos clínicos percebem que a vida dessa pessoa, como ela a vivia até esse dia, não existe mais, portanto, há um luto a ser compreendido e abordado pelo médico e elaborado pelo paciente, para que este possa aderir ao tratamento e aos cuidados necessários.

Muitos pacientes crônicos, com baixa adesão aos tratamentos propostos ou prescritos, nunca tiveram esse cuidado, que vai muito além da comunicação pura e simples do diagnóstico, abrangendo a compreensão do impacto profundo que terá sobre a vida daquela pessoa e seu manejo.

Apêndice

Mecanismos de defesa do ego

Gabbard (2016) descreve uma hierarquia dos mecanismos de defesa do ego, dividindo-os em níveis, dos mais infantis aos mais adultos. Assim, temos três grupos principais: as defesas primitivas, as defesas neuróticas de nível mais elevado e as defesas maduras. Esses mecanismos não são excludentes, podendo coexistir num mesmo indivíduo.

Defesas primitivas

Cisão: é uma compartimentalização do self, de modo a manter separados aspectos do self ou do objeto, porque sua reunião produz ansiedades para as quais a pessoa não está preparada para lidar. Desse modo, aspectos contraditórios da pessoa ou do outro podem ser mantidos sem contradição aparente.

Identificação projetiva: mecanismo de defesa descrito primeiro por Melanie Klein. Ela o descreveu como um mecanismo intrapsíquico de proteção do ego. Mais tarde, Bion postulou que ele também era uma forma primitiva de comunicação interpessoal usada pelo bebê para comunicar estados internos à mãe. Na verdade, o mecanismo, em português, deveria se chamar projeção identificatória, porque a pessoa que utiliza esse mecanismo primeiro projeta aspectos do seu self sobre o outro, forçando que este se identifique com os aspectos projetados e passe a funcionar de acordo com o que lhe foi projetado, de uma forma estranha ao próprio self. A pessoa que é o alvo da projeção começa, então, a se comportar, pensar e sentir de acordo com aquilo que foi projetado nela, experimentando com frequência uma sensação de desconforto ou estranheza.[3]

Projeção: os aspectos não tolerados da pessoa (agressivos, sexuais) são projetados nos outros e percebidos como vindo deles, e não da própria pessoa. É diferente da identificação projetiva pelo fato de o alvo da projeção não ser modificado pelos elementos projetados (o outro não se identifica com o projetado, sente o projetado como "isso não me pertence").

Negação: é a evitação da consciência de aspectos da realidade exterior que sejam difíceis de encarar, pela desconsideração de dados sensoriais.

Dissociação: é a perturbação do sentido de continuidade do indivíduo nas áreas da identidade, da memória, da consciência ou da percepção, como forma de reter uma ilusão de controle psicológico diante do desamparo e da perda de controle. Apesar de se parecer com a cisão, a dissociação pode, em casos extremos, envolver a alteração da memória de eventos em decorrência da desconexão entre o self e o evento. Um dos sintomas da dissociação pode ser a despersonalização, na qual a pessoa não se sente mais ela mesma.

Idealização: atribuir qualidades perfeitas ou quase perfeitas a outras pessoas ou deuses, como forma de evitar a ansiedade ou os sentimentos negativos, como desprezo, raiva ou inveja da pessoa idealizada. A pessoa acaba por se tornar um elemento perseguidor, pois sente que jamais alcançará aquele nível de perfeição, e o ser idealizado permanece como uma lembrança acusatória das imperfeições do outro.

---

3 É comum o médico, que até ali estava calmo, ir se irritando durante uma consulta, sem se dar conta de que é seu paciente que está irritado e agressivo, e que é ele que está fazendo com que seu médico se identifique com esse estado mental, passando a sentir uma irritação que não era sua.

Atuação: é a encenação impulsiva de uma fantasia ou um desejo inconsciente, como forma de evitar um afeto doloroso.

Somatização: é a conversão da dor emocional, ou de outros estados afetivos, em sintomas físicos, bem como desviar o foco da atenção do indivíduo para preocupações somáticas (em vez de intrapsíquicas).

Regressão: é o retorno a uma fase anterior do desenvolvimento ou do funcionamento para evitar conflitos e tensões associados ao nível atual de desenvolvimento do indivíduo. Todo paciente com uma doença física experimenta algum grau de regressão, expressando necessidades infantis de ser cuidado e protegido, necessidades essas projetadas na figura de seu médico.

Defesas neuróticas de nível mais elevado

Introjeção: é a internalização de aspectos de uma pessoa significativa, como forma de lidar com a perda dessa pessoa. Também pode ser introjetado um objeto mau ou hostil, como forma de obter a ilusão de controle sobre o objeto. A introjeção ocorre de maneiras não defensivas, como parte normal do desenvolvimento, nos filhos que introjetam os modelos parentais.

Identificação: é a internalização das qualidades de outra pessoa, tornando-se parecida a ela. Enquanto a introjeção leva a uma representação internalizada que é vivenciada como pertencendo a um "outro", a identificação é vivenciada como sendo uma parte do próprio self. Isso também pode desempenhar funções não defensivas no desenvolvimento normal, como o filho que, por admiração ao pai, identifica-se com o time de futebol dele.

Deslocamento: é a transferência de sentimentos associados a uma ideia ou um objeto para outro que se parece, de alguma forma, com o original.

Intelectualização: diz respeito ao uso de ideação excessiva e abstrata para evitar sentimentos difíceis. Para algumas pessoas, é mais fácil falar de um afeto do que experimentá-lo.

Isolamento afetivo: é a separação de uma ideia do seu estado afetivo associado, a fim de evitar turbulência emocional.

Racionalização: é a justificação de atitudes, crenças ou comportamentos inaceitáveis para torná-las aceitáveis para si mesmo. A pessoa comete um erro, mas justifica-o por uma necessidade imperiosa, e assim se livra da culpa.

Sexualização: é a concessão de significado sexual a um objeto ou comportamento para transformar uma experiência negativa em uma outra, que seja excitante e estimulante, ou para debelar ansiedades associadas ao objeto.

Formação reativa: é a transformação de um impulso ou desejo inaceitável em seu oposto. Tal como a pessoa que se torna excessivamente prestativa para encobrir a raiva.

Repressão: é a expulsão de impulsos ou ideias inaceitáveis, ou o impedimento de que estes entrem na consciência. Essa defesa difere da negação, uma vez que esta está associada a dados sensoriais externos, enquanto a repressão está associada a estados internos. Reprimem-se aquelas percepções inaceitáveis que vêm de dentro.

Anulação: é a tentativa de negar implicações sexuais, agressivas ou vergonhosas de um comentário ou comportamento anterior elaborando, esclarecendo ou fazendo o oposto. Corresponde à pessoa que diz ou faz algo negativo e depois diz que não é bem assim, que não foi entendida, que não foi aquilo que quis dizer.

Defesas maduras

Humor: trata-se da descoberta de elementos cômicos e/ou irônicos em situações difíceis, a fim de reduzir afetos desagradáveis e desconforto pessoal. Esse mecanismo também permite alguma distância e objetividade dos eventos, de modo que o indivíduo possa refletir sobre o que está acontecendo.

Supressão: é a decisão consciente de não dar vazão a um sentimento, estado ou impulso em particular. Essa defesa tem a ver com o controle dos impulsos e difere da repressão e da negação, uma vez que é consciente, em vez de inconsciente.

Ascetismo: é a tentativa de eliminar aspectos prazerosos da experiência por causa de conflitos produzidos por esse prazer. Esse mecanismo pode estar a serviço de metas transcendentais ou espirituais, como é o caso do celibato ou da dedicação a causas.

Altruísmo: caracteriza-se como o comprometimento do indivíduo com as necessidades dos outros mais do que com as próprias. O comportamento altruísta pode ser usado a serviço de conflitos narcisistas, mas pode, também, ser a fonte de grandes realizações e contribuições construtivas para a sociedade.

Antecipação: é o retardo de gratificação imediata ao planejar e pensar sobre conquistas e realizações futuras.

Sublimação: é a transformação de impulsos socialmente reprováveis ou internamente inaceitáveis em objetivos que sejam socialmente aceitáveis.

Referências

American Psychiatric Association. (2014). *Manual diagnóstico e estatístico de transtornos mentais. DSM-5.* Artmed.

Freud, S. (1980). O ego e o id. In *Edição standard brasileira das obras psicológicas completas de Sigmund Freud* (Vol. 19). Imago.

Gabbard, G. O. (2016). *Psiquiatria psicodinâmica na prática clínica* (5a ed.). [recurso eletrônico]. Artmed.

World Health Organization (2004). *International classification of diseases for mortality and morbidity statistics – ICD-10* (10a rev.). World Health Organization.

5. Notas sobre a comunicação médico-paciente

> *As palavras são o elemento mais valioso do médico. Mas as palavras, como uma espada de dois gumes, podem fazer tanto mal como bem.*
>
> (Lown, 1997)

Uma boa maneira de o médico de família ser psicoterapêutico começa por uma comunicação interpessoal de boa qualidade com seu paciente. Muitas das dificuldades do dia a dia, dos impasses na relação com o paciente, fracassos terapêuticos e mesmo iatrogenias acontecem justamente por problemas nessa área, de importância fundamental para a prática médica.

Dent e Harden (2009) dizem que essas habilidades não são complementares nem opcionais, mas o centro de uma prática efetiva no cuidado em saúde, enquanto Kurtz, Silverman e Draper (2005) assinalam que a comunicação médica deveria ser ensinada com o mesmo rigor de uma habilidade clínica, inclusive aprendendo a trabalhar os próprios sentimentos e os dos outros envolvidos na relação, não apenas dos aspectos cognitivos.

Apesar de não haver mais dúvidas sobre a importância da comunicação médica, as faculdades de medicina ainda dão pouca ênfase ao seu ensino e ao treinamento, ao aprendizado de técnicas de entrevista que levem em conta não só a doença, mas o doente na totalidade de sua história pessoal, familiar, social e laboral.

No entanto, mesmo quando há essa visão mais ampla da importância da comunicação médica, falta na literatura um elemento-chave: o registro da vida mental que se dá no campo do inconsciente. A psicanálise e, mais recentemente, as neurociências já mostraram que a maior parte da vida mental não acontece no campo consciente da experiência. Para melhor compreensão e comunicação também com os aspectos inconscientes da vida mental, os tais problemas não falados, citados na epígrafe, é que servirão os conhecimentos teóricos e os instrumentos técnicos que serão apresentados em outros capítulos. Vamos por partes, do mais simples ao mais complexo. Comecemos pela comunicação com a esfera mais consciente da vida mental.

Beeson (1979) ensina que, muitas vezes, um bom médico é bem-sucedido onde outros falharam simplesmente por ouvir o paciente e fazer as perguntas certas. Ele cita como Trotter (1941), um grande neurocirurgião inglês, colocou a questão:

> *Uma vez que a medicina é uma arte, seu principal e mais característico instrumento deve ser a capacidade humana. Chegamos, portanto, à questão muito prática de quais aspectos da capacidade humana devem ser cultivados pelos bons médicos... O primeiro a ser nomeado deve ser sempre o poder da atenção, de dar toda a sua mente ao paciente, sem a interposição de si mesmo. Parece simples, mas apenas os maiores médicos já o alcançaram plenamente. É um processo ativo e não*

> *apenas uma escuta resignada até que se possa interrompê-lo. A doença muitas vezes conta seus segredos em um parêntese casual. (pp. 97-98)*

Pickering, citado por Beeson nesse mesmo trabalho, descreveu uma observação de Trotter no trabalho:

> *Pedi a Trotter para ver uma paciente notoriamente difícil, e fiquei maravilhado como a mulher ansiosa e dura se tornou macia como argila nas mãos de Trotter. Ele havia deixado claro para ela que havia escutado, e que não só havia escutado como entendido. Suspeito que isso nunca lhe havia acontecido antes e foi por esta razão que ela tinha sido, até então, uma paciente difícil; esta foi a primeira vez que sua mensagem foi ouvida. Ouvir a mensagem da paciente é a condição sine qua non de um grande médico. Ouvir essa mensagem requer primeiro o interesse do médico, segundo sua compreensão do significado da linguagem, e terceiro sua simpatia e seu conhecimento e compreensão das circunstâncias da vida daquele paciente; estas novamente ele aprende melhor ao ouvir o paciente. (p. 3)*

Beeson (1979) termina orientando alguns preceitos que devem sempre ser considerados: "Dê a cada paciente o suficiente de seu tempo. Sente-se; escute; faça perguntas adequadas; examine cuidadosamente; volte e faça de novo" (p. 3).

Em termos ideais, na medicina, as habilidades de comunicação deveriam ser tão valorizadas quanto o ensino das técnicas específicas de cada especialidade. É possível ser um bom médico com habilidades pobres de comunicação? Provavelmente não. Um médico que saiba se comunicar de forma eficaz e empática com seus pacientes leva muita vantagem, principalmente nas especialidades clínicas, em que essa capacidade é um diferencial significativo, para um diagnóstico mais acurado, manejo mais eficaz e prognóstico melhor de várias condições.

Entre as vantagens já conhecidas estão as correlações positivas entre satisfação do paciente e alguns aspectos do comportamento do médico, como: demonstrar interesse, escutar com atenção, fornecer mais informações, expressar sentimentos afetuosos e cortesia, utilizar o humor, facilitar a comunicação do paciente, abordar preocupações e expressar apoio, confirmar e mostrar entendimento e preocupação.

Stewart et al. (2010) demonstraram também que

> *as consultas centradas na pessoa estão associadas a vantagens da seguinte ordem: menos reclamações por negligência médica; maior satisfação do médico; maior satisfação dos doentes; maior adesão ao tratamento; redução das preocupações; melhor autoavaliação de saúde e melhores condições fisiológicas. (p. 33)*

Em resumo, o bom médico de família é aquele capaz de compreender com mais amplitude e profundidade, de se comunicar bem e se fazer entender com mais clareza, levar os pacientes a compreenderem melhor sua condição e aderirem mais aos tratamentos, ficarem mais satisfeitos com o atendimento, obtendo melhores resultados no curto e no longo prazo.

O *Currículo baseado em competências para medicina de família e comunidade* (SBMFC, 2016) (ver Capítulo 16), utilizado como referência para o treinamento dos médicos de família e comunidade (MFC), descreve as habilidades de comunicação necessárias a esses médicos:

- Adaptação de sua linguagem ao ambiente, ao contexto cultural e ao ciclo vital de cada paciente.
- Explicação de seus achados e suas impressões sobre o que está acontecendo com seu paciente.
- Exploração adequada das ideias (crenças, causas), preocupações relacionadas aos problemas identificados e expectativas (objetivos; quais ajudas o paciente espera para cada um dos problemas) do paciente.
- Comunicação adequada de notícias difíceis, avaliando judiciosamente a condição do interlocutor, no sentido de averiguar o momento oportuno, qual informação prestar e de que maneira.
- Explicação clara de prescrições, indicações de procedimentos, cirurgias e referenciamento a outros especialistas.
- Garantia de que as informações foram compreendidas pelo paciente.
- Relato adequado de um caso clínico ao seu preceptor.
- Fornecimento e recebimento adequados de *feedback*.
- Utilização de recursos de mídia relevantes para a sua prática.

Essas habilidades são muito importantes, porém amplas e genéricas demais, sem entrar em detalhes do que seria necessário dominar em cada item. A seguir, algumas dessas habilidades são examinadas a partir de um referencial ampliado pela compreensão psicodinâmica.

Adaptação da linguagem ao ambiente, ao contexto cultural e ao ciclo vital do paciente

Adaptar a linguagem a essas variáveis é importante, mas não é suficiente se não detectarmos e reconhecermos a menos compreendida delas, a linguagem do inconsciente. Esta se expressa de diferentes maneiras, com atos falhos, negações, projeções, expectativas mágicas, medos não revelados e pouco realistas etc. Mais do que adaptar sua linguagem ao supostamente conhecido, o médico precisa descobrir o que mais o paciente está contando de forma não consciente, e como trabalhar com o não falado, como revelar as ligações nem sempre conhecidas entre as origens e os sintomas.

Por isso, é preciso escutar em "estéreo", para decodificar a dupla comunicação daquilo que ouve. Também é fundamental saber escolher as palavras que usará, pois cada uma delas importa. Sabendo que o paciente tem uma estrutura psíquica integrada de maneira melhor ou pior, diferentes tipos de personalidade, um mundo interno com mais ou menos conflitos, diferentes recursos de ego para lidar com perdas e frustrações, a linguagem do médico deve cuidar de se dirigir a esse interlocutor "oculto". Um fóbico pode não revelar seus temores irracionais na hora da consulta, mas depois não tomar a medicação por medo dos efeitos colaterais. Já um paranoide pode não aderir ao tratamento por desconfiar do médico. Um obsessivo se preocupa em ser informado sobre a hora exata em que deverá tomar a medicação e em que dia e hora passará a sentir os efeitos do tratamento, e assim por diante. Ao paciente fóbico, o médico pode dizer algo como "Sei que você pode ficar preocupado e, às vezes, ter alguns medos sobre os efeitos colaterais dos remédios, essa é uma preocupação bastante comum. Há algo que você queira perguntar agora sobre isso? Algum aspecto sobre o qual eu possa lhe dar mais algum esclarecimento?". Seria inútil dizer a esse paciente "Fique tranquilo, não há razão para temer os efeitos da medicação". Um fóbico não teme por razões racionais, muito pelo contrário; é preciso antes entender seus temores inconscientes para poder tranquilizá-lo. Ao paciente paranoide, que dá uma olhada desconfiada para a receita em mãos, o médico pode dizer algo como "Entendo que você tenha razões para desconfiar dos médicos e dos tratamentos, pode ser que você já tenha tido problemas com isso antes. Há algo mais que você gostaria de *conversar* comigo hoje, que possa contribuir para confiar um pouco mais em mim e no tratamento que estou lhe propondo?". Coloquei "conversar" em itálico porque, para uma pessoa paranoide, com gosto pela discussão e pelo contraditório, jamais deveríamos dizer "há algo mais que gostaria de *discutir* comigo?". A isso me refiro quando digo que as palavras precisam ser escolhidas com cuidado. A comunicação com o paciente pode até parecer uma conversa casual, mas é sempre uma conversa profissional.

Explicação dos achados e impressões sobre a condição do paciente

As coisas não costumam ser tão simples assim. Como diz uma frase da internet (não descobri o autor): "Entre o que eu penso, o que eu quero dizer, o que eu acho que digo, o que eu digo, o que você quer ouvir, o que você ouve, o que você acha que entende, o que você quer entender e o que você entende, há nove possibilidades de não entendimento".

Mesmo sabendo o que estamos dizendo, não se pode dar por garantido que o paciente tenha nos compreendido, nem saber o exato impacto causado pelas informações. É óbvio que precisamos nos dirigir à capacidade cognitiva e racional do paciente, mas sabendo que também estamos falando com alguém que reage emocionalmente, que pode fazer uma negação do que ouviu, ter medos e fantasias irracionais sobre o que lhe acontece. A explicação correta e racional "Após lhe examinar e olhar os exames, posso lhe dizer que você não está com câncer" pode não ter impacto algum sobre a fantasia de ter uma doença grave. Talvez fosse melhor dizer "Percebo que, ainda que os exames nada tenham comprovado nesse sentido, você parece ter medo de estar com uma doença grave. Poderia me falar um pouco mais sobre esse temor?".

Exploração adequada das ideias, preocupações e expectativas do paciente

A forma de fazer isso pode ser assim: "Você tem esse(s) sintoma(s) já há algum tempo, deve ter pensado sobre eles. Na sua ideia, o que está causando isso? Como imagina ter esse(s) problema(s) resolvido(s)?".

No entanto, ninguém explica nem orienta como conversar com o paciente quando as crenças dele são mágicas, ao invés de lógicas, as preocupações ou explicações para as causas são fantasiosas e não realistas, quando as expectativas também são mágicas e a ajuda esperada está fora da alçada objetiva do médico. A compreensão psicodinâmica desses aspectos inconscientes fornece pistas sobre o modo de abordar tais problemas a partir de suas causas inconscientes.

Comunicação adequada de notícias difíceis: condição do interlocutor, momento oportuno, tipo de informação e modo de comunicar

Mesmo quando há um bom desempenho na comunicação, ainda assim as pessoas recebem, filtram e reagem de formas muito diferentes ao que ouviram. Certa vez, precisei comunicar por telefone à filha de uma paciente que sua mãe havia falecido no residencial geriátrico onde estava institucionalizada, e o fiz de maneira adequada e respeitosa, levando em conta possíveis sentimentos de dor e perda do ente querido. Contudo, em vez de ente querido, a mãe era um ente odiado, e a filha me agradeceu com alegria a notícia, acrescentando "finalmente aquela cobra cascavel vai nos dar algum descanso!". Apesar de chocado com a reação da filha, perguntei se havia algo mais com o que eu pudesse lhe ajudar, e sua resposta veio na mesma linha: "Não se preocupe com isso doutor, o senhor me deu a melhor notícia do ano! Essa mulher sempre foi má, agora que apodreça no inferno". Outro familiar poderia reagir de maneira diferente, acusando os médicos que cuidaram do caso de não terem feito tudo que estava ao alcance para salvar a vida da paciente etc.

Um paciente com câncer, acompanhado da filha na consulta, ouviu do oncologista que sua doença era mesmo câncer e teve as explicações adequadas sobre a doença, a continuação do tratamento e as opções a serem tentadas. Após sair do consultório do médico, comentou com a filha: "Ainda bem que não é câncer".

Conhecer os mecanismos de defesa que um paciente comumente usa também é útil para entender futuras reações. De um paciente que usa muito a negação, seria irreal esperar que aceitasse rapidamente uma informação, sobretudo se ela for negativa.

Explicação clara de prescrições, indicações de procedimentos, cirurgias e referenciamento a outros especialistas

Nem sempre tais orientações são suficientes. O médico pode explicar com clareza e contar com acenos afirmativos de cabeça do paciente, dizendo que compreendeu tudo, que seguirá as orientações e este, ao sair da consulta, esquecer, distorcer, negar ou discordar de tudo que ouviu, colocar a receita no lixo, por várias razões: não compreender de fato o significado do que ouviu, pelo impacto emocional da informação etc. Uma parcela significativa dos pacientes encaminhados ao psiquiatra sequer o procura, por não entender a razão do encaminhamento. Ou o contrário: já ouvi vários pacientes comunicarem que não sabiam o motivo de estarem ali. Nessas ocasiões, costumo perguntar "o que o seu médico falou sobre a necessidade de consultar um psiquiatra?", e com frequência ouço que "ele só disse que eu precisava de um psiquiatra porque o meu problema era de nervos", algo completamente inespecífico e pouco útil.

Em busca de maior clareza, uma intervenção que costuma ajudar é perguntar ao paciente, após uma explicação, se aquilo fez sentido para ele, o que pensa sobre o que foi dito, que sentimentos tem a esse respeito. Só a clareza (unilateral) do médico não basta; é preciso compreender de que maneira o paciente entendeu o que foi comunicado.

Garantia de que as informações foram compreendidas pelo paciente

Isso decorre da competência anterior, pois trata-se de explorar a escuta que o paciente fez do que foi falado. Aqui, precisamos saber a que tipo de compreensão nos referimos, mas sempre levando em conta os dois campos da vida mental: o consciente e o inconsciente. Conscientemente, o paciente pode ter entendido a explicação racional do médico, mas, se não compreendermos os aspectos inconscientes de sua reação emocional, pode ser que a racionalidade se perca, pelo uso dos mecanismos de defesa (como a negação) ou por gerar fantasias que vão além da compreensão racional ("Ele disse que eu não tinha nada, mas pediu cinco exames!").

Por exemplo, ao explicarmos a uma paciente sobre o tratamento de sua depressão, é preciso considerar: transmitimos uma compreensão puramente consciente e racional do diagnóstico ("Você tem a patologia X que trataremos com o remédio Y") ou uma compreensão mais aprofundada, que ligue aspectos conscientes e inconscientes de seus sintomas ou condutas? O paciente compreende apenas que os sintomas que apresenta são de depressão, para a qual irá tomar um medicamento, ou compreende também a ligação entre os sintomas depressivos e sua origem? Essa origem pode estar numa perda significativa que o paciente ainda não conseguiu elaborar, ou ser consequência de uma culpa produzida por sentimentos ambivalentes em relação ao morto, mudando a indicação, o transcorrer e o prognóstico do tratamento. As duas maneiras de dialogar com o paciente estão corretas, mas uma delas é mais qualificada. Por exemplo, uma paciente recebeu o diagnóstico de transtorno bipolar, porém jamais fez os tratamentos prescritos porque, como disse, "ninguém nunca me falou sobre isso", ou seja, ninguém talvez tenha explorado a compreensão dela sobre a doença e o impacto que tinha sobre sua vida. Então, ela sabia de sua condição, mas não entendia o significado dela. Mais adiante, descreverei melhor o atendimento e a comunicação que foram eficazes com essa paciente.

Seguem alguns exemplos para ilustrar melhor a diferença entre diferentes tipos de comunicação.

Claudete, 36 anos, solteira, vem encaminhada pelo seu médico de família com a seguinte história no prontuário: "Vem avaliar exames e avaliar tratamento ansiolítico; refere estar com depressão e quer rever tratamento. Realiza tratamento para depressão com Venlafaxina 37,5 mg, 2 comprimidos ao dia, há quase um ano. Refere estar sobrecarregada, refere conflitos por estar divorciada e cuidar dos filhos. Sonolência excessiva, é técnica em nutrição, trabalha em 2 escolas da prefeitura. Paciente não aceita ter HIV. Conduta: mantenho tratamento, encaminho ao psiquiatra".

Esse encaminhamento é um modelo de como a coleta de dados e seu registro continuam sendo uma vulnerabilidade dos serviços de saúde, em qualquer nível de atenção. Nele, há algumas informações relevantes, mas nenhuma articulação ou elaboração entre os dados fornecidos, nada que informe como o caso vem sendo conduzido além da prescrição de medicamentos. Não há qualquer menção à origem do quadro depressivo, nem detalhes de como o tratamento vem evoluindo, o que melhorou com a medicação e o que não melhorou, se houve ou não alguma abordagem psicoterapêutica.

O quadro clínico era típico, o diagnóstico estava correto e a medicação bem indicada, mas devemos ter claro que *medicar não é tratar*. Faltava descobrir o que havia produzido o quadro atual, qual o fator desencadeante e os motivos para essa falta de resposta ao tratamento, além de estabelecer metas futuras para o tratamento, que permitissem avaliar se estava sendo benéfico ou não, se necessitaria de outras medidas terapêuticas.

Depois de me relatar uma série de sintomas depressivos, a paciente disse não entender por que não melhorava, uma vez que tomava o remédio corretamente. Esse é um raciocínio do senso comum que costuma trazer problemas a médicos e pacientes. Como já destacado, tomar remédios e fazer tratamento não são a mesma coisa. Alguém pode tomar uma medicação sem estar de fato se tratando, por faltarem outros componentes importantes (mudança de hábitos, dietas, psicoterapia). Essa paciente de fato estava tomando medicação, mas não fazia tratamento.

Eis o problema central: ela não sabia por que estava deprimida, e o médico que prescreveu o antidepressivo também não. O médico a diagnosticou e medicou para a doença, mas sem entender e tratar a paciente. Aliás, esse é um erro bastante frequente na prática médica: acreditar que, ao diagnosticar e medicar um paciente, ele já está sendo tratado. Tratamento é algo mais abrangente e complexo do que isso.

Um elemento básico para compreender a pessoa diante de nós é descobrir o fator desencadeante ou agravante dos seus problemas, geralmente uma situação de perda, seja emocional, seja da própria saúde física. Esses fatores nos dão pistas preciosas sobre a origem, a natureza e a complexidade dos problemas com que temos que lidar.

O paciente sempre tem ideias, fantasiosas ou não, das causas de seus problemas. Além disso, por trás de toda depressão, há algum tipo de perda, portanto, de acordo com essa dupla premissa, perguntei qual era sua visão do problema, a que atribuía o fato de estar tão deprimida. Ela respondeu que não sabia, que nunca havia sido uma pessoa depressiva antes. Fácil de imaginar que depressões não são eventos aleatórios, sem causa definida. Contudo, antes mesmo que eu perguntasse o que poderia ter produzido essa mudança, acrescentou espontaneamente que, na mesma semana, há cerca de oito meses, havia perdido o pai e descoberto que havia contraído HIV. Impossível deixar de perceber que situações desse porte são perdas de potencial devastador, tanto pela ligação afetiva com o familiar que morreu como pela perda da própria saúde física, tendo que viver o resto da vida com uma doença crônica, que exige tomar medicamentos continuamente, além de ainda ser bastante estigmatizada. O choque que ela teve foi daqueles eventos traumáticos que mudam a vida de qualquer um. Como não falar sobre isso?

Comentei que esses seriam dois episódios de grande impacto na vida de qualquer um, daqueles que mudam a vida de uma pessoa para sempre, e perguntei-lhe o que isso havia causado nela, como havia se sentido dali em diante. Sua resposta foi que os dois eventos, ainda mais na mesma semana, haviam destruído sua vida, acabado com ela, uma vez que o pai era o único familiar com quem se relacionava bem, de quem sentia muita falta e que, para piorar as coisas, soube que era HIV positivo por ter contraído o vírus em relações sexuais com um namorado, fato que havia lhe deixado muito mal, por jamais esperar isso dele. O companheiro havia contraído o vírus antes de se relacionar com ela, e não fruto de uma traição enquanto estavam juntos. Isso, no entanto, não impediu que se sentisse traída do mesmo jeito, pela forma absolutamente inesperada como descobriu, um achado casual em exames de rotina. Decepcionada, optou por romper o relacionamento com ele, apesar da tristeza pela decisão tomada, o que configurou mais uma perda. Disse que ainda não havia "engolido" bem tudo isso que lhe aconteceu, isto é, em termos mentais ainda não havia "digerido", elaborado, essas experiências traumáticas e dolorosas. Passou a se isolar, deixou de sair e abandonou toda a sua vida social, pois passou a ter medo de ser discriminada e malvista, tanto pela família quanto pelas amigas e vizinhas, por ter aids.

Relacionei para ela o efeito traumático dessas perdas grandes na mesma semana: perda do pai, perda da saúde física, perda do companheiro e, como consequência, a perda da vida social, da capacidade laboral, todos eventos capazes de deixar qualquer um deprimido. Surpresa, ela disse que não tinha se dado conta que era por isso que se sentia tão mal, e acrescentou que nem era o caso de perder só a saúde, era perder a própria vida como tinha sido vivida até ali.

Seria razoável esperar que tivesse conversado sobre esses assuntos tão dolorosos em consultas anteriores. Perguntei-lhe então se já havia conversado sobre as perdas com algum médico, e ela respondeu que não, que ninguém havia lhe perguntado sobre o início da sua depressão, e, como ela não sabia que essas perdas poderiam ser a causa, também nunca falou nada.

Indaguei como se sentia nesse momento, falando sobre isso, e se fazia algum sentido para ela a ligação que tínhamos constatado, entre as perdas e seu estado emocional posterior. Ela disse que se sentia muito aliviada, que agora ao menos sabia como o problema tinha começado, que era bom poder conversar com alguém sobre isso pela primeira vez. Conversamos um pouco mais sobre essas perdas e seus significados, e ela pôde chorar ao lembrar e falar delas, do vazio que sua vida se tornou. Combinamos manter a medicação, até que ela se sentisse bem o suficiente para interrompê-la, e conversar novamente no próximo mês.

No retorno, relatou uma boa melhora da sintomatologia depressiva e ansiosa, com um melhor grau de funcionamento pessoal e social; já conseguia sair de casa e havia voltado a interagir com as amigas e vizinhas, além de estar retomando suas atividades profissionais.

A primeira competência citada, "Adaptação da linguagem ao ambiente, ao contexto cultural e ao ciclo vital do paciente", também merece ampliação. Um médico de família deveria, de maneira ideal, compreender não só os contextos de seus pacientes, mas também os diferentes significados e as nuances que as palavras assumem, na língua portuguesa, dependendo do contexto e da entonação com que são ditas.

Como é o caso de Ana Maria, 48 anos, que veio ao posto para fazer o exame citopatológico de rotina, uma consulta preventiva. Referia um bom estado de saúde, nenhuma patologia em tratamento, sem queixas ginecológicas atuais, mas com história de ter feito uma histerectomia há dois anos, por miomatose uterina, que lhe causava sangramentos e muitas dores pélvicas. A ginecologista que a operou explicou o que havia feito e acrescentou que ela não sentiria mais nada "lá embaixo". Ana Maria ficou curada das dores, mas depois da cirurgia não teve mais prazer sexual, já que entendeu que não sentir mais nada "lá embaixo" incluía não sentir mais prazer sexual.

Casos como esse mostram o quanto é importante percebermos a relevância e o peso das palavras na comunicação com o paciente, podendo melhorá-lo ou piorá-lo. Essas habilidades comunicativas podem ser inatas em alguns e uma grande dificuldade para outros, mas com certeza são uma arte a ser aprendida, treinada e dominada. O que se diz para o paciente não pode ser algo casual, precisa ser pensado, avaliado, e então falado, porque poderá ter um peso muito grande para a vida dele daí em diante. Quando disse que a paciente nunca mais sentiria nada, logicamente a ginecologista referia-se às dores causadas pela patologia uterina, porém, a forma que escolheu para essa comunicação soou para a paciente como um veredito de que não teria mais nenhuma sensibilidade nos órgãos genitais. O conteúdo da comunicação precisa estar correto, mas a forma também, ou pode pôr tudo a perder.

Mesmo quando adaptamos nossa linguagem ao contexto e à cultura do paciente, a consulta médica não é uma conversa social, é *uma conversa profissional*, tudo nela precisa ter e fazer sentido, ela é direcionada a compreender e ajudar quem busca atendimento médico. Um dito popular ensina, de forma muito sábia e sensível, que "não se fala de corda em casa de enforcado", para nos dizer o quanto a escolha das palavras é importante nas relações humanas. Essa habilidade, um misto de conhecimento e sensibilidade, é uma daquelas artes médicas paradoxais, que não pode ser ensinada, mas precisa ser aprendida, o que acontece gradativamente por meio das vivências.

O médico competente desenvolve a capacidade de conversar com seu paciente de forma espontânea e natural, não para parecer simpático e amistoso, mas como parte da sua tarefa, que é cuidar de pessoas doentes, mais do que apenas doenças. Caso não perceba essa diferença, ou esteja em busca de aprovação para regular uma insegurança ou autoestima baixa, poderá incorrer no erro de confundir o cuidado da pessoa, o vínculo com ela como sendo de outra natureza que não a profissional. Por isso, expressões coloquiais que usamos no dia a dia com amigos e conhecidos, como chamar o paciente de "meu querido", "meu bem", dificilmente teriam lugar no relacionamento profissional, podendo criar problemas transferenciais significativos.

Por exemplo, uma médica residente, dirigindo-se a um paciente que era muito agressivo com ela, chamou-o de "meu querido", num tom de voz que evidenciava uma formação reativa (mecanismo de defesa que encobre a agressividade), porque estava, de maneira contratransferencial, com muita raiva dele. Caso ele não percebesse a raiva contida da médica, o que já seria ruim para a relação, ainda assim poderia interpretar a expressão usada por ela como um sinal de interesse extraprofissional, um convite sedutor a um tipo de vínculo com intimidades inapropriadas para a relação médico-paciente. Conversando com a colega sobre o acontecido, ela se deu conta de que usava com frequência essa expressão no cotidiano, com as pessoas das suas relações de amizade, mas também com alguns pacientes, e não tinha percebido o quão inadequado poderia ser usá-la numa interação profissional.

Se, como já assinalado, as faculdades de medicina ainda dão mais ênfase à doença do que ao doente, elas dão ainda menos ênfase à compreensão dos aspectos inconscientes e psicodinâmicos envolvidos na relação, tanto por parte do paciente quanto do médico.

Nem todo médico se sente à vontade ou habilitado para investigar e abordar sintomas emocionais, ainda mais aqueles que podem mexer com o seu próprio estado emocional. No entanto, engana-se quem pensa que não falar com o paciente sobre a sua doença, suas causas e significados seja um problema dos médicos de família apenas, ou dos médicos não especialistas em saúde mental. Alguns especialistas em saúde mental também não o fazem, preferindo a zona de conforto do binômio doença bem diagnosticada/medicação bem prescrita como sinônimos de tratamento bem-feito. A história a seguir ilustra essa situação.

Cristina, de 40 anos, veio encaminhada pelo seu médico de família com o diagnóstico de transtorno afetivo bipolar, correto por sinal, mas sem melhora alguma do quadro, sendo que uma das razões era porque jamais havia feito os tratamentos propostos. O problema não era a falta de melhora; era descobrir a causa da falta de melhora, ou seja, a não adesão aos tratamentos, aspecto que nunca tinha sido abordado antes, por ninguém.

É comum os médicos se irritarem com os pacientes que não aderem ao tratamento em vez de buscarem as causas para isso, que nunca são aleatórias ou desprezíveis. Uma razão para a não adesão é o que se chama, tecnicamente, de *resistência*, ou seja, todo comportamento contrário ao tratamento ou ao bom sucesso terapêutico deste. Pode se expressar de inúmeras maneiras, como atrasar ou faltar às consultas marcadas, perder a receita, esquecer as orientações recebidas, entendê-las ao contrário, esquecer de tomar a medicação etc.

Ao perceber que esse tipo de resistência era o problema inicial a ser abordado, e não o diagnóstico em si, optei por assinalar que, revisando seu prontuário, chamou minha atenção o fato de ela nunca ter feito corretamente os tratamentos, que havia interrompido todos ou nem começado alguns. Mais do que o conteúdo (diagnóstico da patologia e medicação), o importante era trabalhar a forma (resistência, não adesão ao tratamento).

Ela me disse que não iria tomar remédios sem saber para quê, o que soou estranho, uma vez que já tinha diagnóstico e histórico de tratamentos para a patologia em questão. Posto isso, a pergunta óbvia foi se sabia mesmo o que tinha, se haviam lhe explicado o que era essa doença e o porquê de se tratar. Respondeu que não, que só lhe haviam dito que era bipolar e que aqueles remédios eram para tratar essa doença, mas sem maiores explicações.

Fiz então um desenho esquemático numa folha de receituário, mostrando como eram as oscilações de humor normais e as aumentadas pelo transtorno bipolar, assinalando os dois polos do humor e que, por isso, era chamada de bipolar, "bi" significando "dois" e "polos", assim como "polo sul" e "polo norte", e como os remédios atuariam sobre cada um desses polos – o polo A em cima, da agitação, e o polo D embaixo, da depressão, diminuindo as oscilações e permitindo-lhe um controle da impulsividade e da agressividade, com maior estabilidade de humor. Perguntei se o que havia lhe mostrado agora fazia sentido para ela, e sua resposta foi: "Doutor, o senhor desenhou a minha vida, agora entendi o que eu tenho".

Logo a seguir disse, num tom de irritação, que tinha uma pergunta a me fazer: "Eu me trato com médicos e psiquiatras há quinze anos, por que ninguém nunca conversou comigo e me explicou isso que o senhor explicou agora?". Disse-lhe que entendia a razão da sua irritação, mas não tinha essa resposta, que o importante agora era, uma vez que tinha entendido o problema, poder controlá-lo melhor com a ajuda da medicação, e lhe perguntei se estava disposta a isso. Sua resposta foi que, agora que sabia o que tinha, para o que servia e como funcionava a medicação, usaria sem problema algum. Agradeceu as minhas explicações e pediu para levar a folha de papel com o desenho para mostrar em casa, uma prova de que não era louca, como era constantemente acusada pelo marido.

Minha atitude, de investigar e abordar as causas da não adesão, e meu desenho acompanhado da explicação do quadro fizeram a paciente se perceber como uma pessoa que tinha uma doença, não mais como uma "louca, doente da cabeça", o que são coisas bem diferentes. Sentiu-se entendida por um psiquiatra pela primeira vez em quinze anos, sem que eu tivesse feito nada extraordinário para isso; apenas escolhi corretamente o ponto de entrada da abordagem, sua resistência aos tratamentos propostos, seguida de uma comunicação clara e empática, bem como uma explicação adequada ao seu nível de entendimento.

Cristina passou a usar corretamente a medicação, com ótima melhora do quadro, segundo relatou na consulta de retorno, no mês seguinte. O problema nunca havia sido o diagnóstico ou os medicamentos prescritos, mas sim a falta de uma comunicação clara com a paciente. Isso teria sido terapêutico, porque abordaria e contornaria a resistência da paciente ao tratamento.

Veremos situações como essa no Capítulo 7, mas aqui cabe assinalar que cada uma das pacientes mencionadas foi vista apenas duas vezes por mim, sem indicação de psicoterapia, de qualquer orientação teórica. Os próprios encontros foram psicoterapêuticos, reforçando o que diz Perestrello (1982):

> *A relação transpessoal é uma relação viva. Todo o ato médico é, consequentemente, um ato vivo, por mais que se lhe queira emprestar caráter exclusivamente técnico. Não existe ato puramente diagnóstico. Todas as atitudes do médico repercutem sobre a pessoa doente e têm significado terapêutico ou antiterapêutico segundo vivências que despertarão no paciente e nele, médico, também.*
>
> *A isso me referi anos passados, quando em um trabalho denominei psicoterapia implícita as atitudes do clínico no seu relacionamento com o doente, dirigidas a um fim terapêutico, independentemente da natureza das medidas de ordem material que tivesse de recomendar.*
>
> *Aliás, o pensamento de que todo o médico, consciente ou inconscientemente, faz psicoterapia, velha frase já proferida por Freud em 1905, não quer dizer outra coisa; nos últimos tempos, porém, com o que hoje já se sabe, as implicações são muitíssimo mais numerosas. Através do que diz e do que não diz, do que faz e do que não faz, do que expressa ou não expressa em sua fisionomia, o médico está fazendo psicoterapia, boa ou má, mas estará praticando-a. Melhor dizendo: através disso tudo, estará encaixando-se no doente, ou permitindo que este se encaixe nele, de forma benéfica ou maléfica. (p. 120)*

Malek et al. (2020) concordam que a arte da escolha das palavras é de fundamental importância, precisa ser aprendida, desenvolvida e levada em conta, sempre. "Sabemos agora dizer: 'Este tratamento não será benéfico' em vez de 'o cuidado contínuo é inútil', para evitar enviar a mensagem às famílias de que não vale a pena cuidar de seu ente querido" (p. 896).

Na Tabela 5.1, os autores identificam algumas frases comumente invocadas que podem ser enganosas ou desmotivadoras e sugerem alternativas para uma melhor comunicação com os pacientes.

Tabela 5.1 Linguagem sugerida para conversas críticas

Diga isso	**Não diga isso**
"Nós não acreditamos que um tratamento adicional beneficiará seu marido."	"Continuar o cuidado é inútil neste caso."
"O que a equipe tem dito acerca da condição de seu pai e as opções de tratamento?"	"O que você sabe sobre a condição de seu pai?"
"Sua mãe não está respondendo ao tratamento da maneira que esperávamos. Não acreditamos que ela irá sobreviver."	"Sua mãe está muito doente."
"Ajude-me a entender o que é importante para você e veremos o que fazer juntos."	"A decisão é sua. É tudo com você agora."
"Nós poderíamos mantê-lo na UTI no respirador e dar mais medicamentos se ele necessitar, ou poderíamos focar mais em garantir que ele se sinta confortável do que mantê-lo vivo por mais tempo."	"Você quer que a gente 'faça tudo'?"
"Não temos mais nenhum tratamento que diminua o ritmo da doença de sua esposa, mas podemos tratar a dor e nos certificarmos que ela esteja tão confortável quanto possível."	"Não há nada mais que nós possamos fazer."
"Baseado na minha experiência clínica, o melhor que podemos esperar para isso é [X]. Eu penso que o mais provável seja [Y]."	"Eu não tenho bola de cristal."
"Que outras questões eu posso lhe responder?" ou "O que mais posso fazer por você?"	"Você tem mais alguma questão?"

Fonte: Malek et al. (2020, p. 897).

Embora esses diálogos refiram-se a conversas com doentes e seus familiares em fase avançada da sua patologia, são bons exemplos de como uma escolha correta das palavras faz muita diferença na comunicação.

O exemplo de má comunicação mais próximo do médico de família, na área da saúde mental, acontece nos pacientes com depressão. É comum o uso de frases como "Não fique dessa maneira, afinal, você tem uma família que o ama"; "Por que tanta tristeza? Você tem netos lindos!"; "Não se deixe abater, procure sair e se divertir", entre outros aconselhamentos insensíveis. Frases assim demonstram a falta de compreensão dos mecanismos que causam a depressão, bem como uma completa ausência de empatia pelo sofrimento alheio. Seria como dizer a um asmático que vá para o campo, respirar ar puro, quando o broncoespasmo não permite a livre saída de ar dos pulmões.

O paciente não está deprimido porque assim o deseja; odiar algum familiar, ter ou não netos lindos não faz a menor diferença para quem está deprimido, e a vontade pode ser de se suicidar, em vez de sair para assistir a uma comédia ou dançar. Seria mais útil procurar se colocar no lugar da pessoa e dizer algo como: "Acho que consigo imaginar como deve estar sendo difícil para você" ou "Situações como essa que você vem passando costumam levar um tempo até se resolverem, até lá vamos ver como posso ajudar" etc. Da mesma forma, dizer a um ansioso que não há razão para tanta preocupação é inócuo e pouco empático, uma vez que as razões para a ansiedade são, na maior parte dos casos, resultado de conflitos psíquicos inconscientes.

O final da consulta é outro momento importante para checar se a comunicação aconteceu e se foi bem-sucedida. Uma forma empregada com frequência é "Você tem mais alguma pergunta?". Essa pergunta visa a assegurar que os pacientes ou as famílias tenham a oportunidade de pedir informações e mais esclarecimentos sobre o que ouviram.

Malek et al. (2020) dizem que

> *O enquadramento fechado, no entanto, pode ser ouvido como um sinal de que a conversa terminou e que lhes foram dadas todas as informações que precisam saber. Além disso, pacientes e famílias podem ficar sobrecarregados e confusos com o jargão médico e podem se sentir culpados ou envergonhados se não souberem que perguntas devem fazer. Um enquadramento aberto como "Que perguntas posso lhe responder sobre o plano de tratamento?" ou "O que mais posso lhe dizer?" estabelece a expectativa de que há mais coisas que eles podem gostar de saber, convidando-os sinceramente a perguntar. (p. 897)*

O final da consulta é um momento muito importante, que não pode ser menosprezado, e nele também a escolha das palavras precisa ser bem pensada. No encerramento, caso eu perguntasse "Tem alguma coisa que você não entendeu e quer que eu explique de novo?", a responsabilidade pela compreensão passaria para o paciente, que poderia se sentir intimidado pela minha pergunta e dizer que compreendeu tudo, para não dar uma impressão de que não entendeu por ser ignorante ou ter algum déficit cognitivo etc. Ao contrário, costumo aproveitar esse último momento para checar se me fiz entender. Faço isso perguntando se há algo no que eu expliquei que possa não ter ficado bem claro, se tem algo que eu poderia explicar melhor. Essa escolha das palavras, a forma como me expresso, não é por acaso, mas para colocar em mim a responsabilidade da comunicação adequada e compreensível, não sobre o paciente.

Referências

Beeson, P. B. (1979). On becoming a clinician. In *Cecil-Loeb Textbook of medicine* (15a ed., pp. 1-3). Saunders.

Dent, J. A., & Harden, H. A. (2009). *Practical guide for medical teachers* (3a ed.). Elsevier.

Kurtz, S., Silverman, J., & Draper, J. (2005). *Teaching and learning communication skills in medicine* (2a ed.). Radcliffe Medical Press.

Lown, B. A. (1997). *A arte perdida de curar*. Peirópolis.

Malek, J., Bibler, T., Childress, A. M., Crist, J., Fedson, M., Horner, C., Moore, B., & Nelson, R. H. (2020). Critical conversations: say this, not that. *Chest, 158*(3), 896-898.

Perestrello, D. (1982). *A medicina da pessoa* (3a ed.). Atheneu.

Sociedade Brasileira de Medicina de Família e Comunidade. (2016). *Currículo baseado em competências para medicina de família e comunidade* (pp. 23-24). Sociedade Brasileira de Medicina de Família.

Stewart, M., Brown, J. B., Weston, W. W., McWhinney, I. R., McWilliam, C. L., & Freeman, T. R. (2010). *Medicina centrada na pessoa: transformando o método clínico* (2a. ed.). Artmed.

Trotter, W. (1941). *Collected papers*. Oxford University Press.

Parte 2

Psicoterapia médica

6. O conceito de psicoterapia

*Conheça todas as teorias, domine todas as técnicas,
mas, ao tocar uma alma humana,
seja apenas outra alma humana.*

(frase de autor anônimo, atribuída a Carl Jung)

Definições de psicoterapia

É importante primeiro conceituar *psicoterapia*, conhecer alguns de seus tipos principais e os elementos básicos que compõem essa forma de tratamento, para depois diferenciar e definir um campo específico de sua aplicação – a psicoterapia médica, tema central deste livro – com aquilo que lhe é próprio e distintivo das demais.

Há quase tantas definições de psicoterapia quanto o número de autores consultados e, entre eles, os mais diferentes aportes teóricos, em campos variados, que ainda se subdividem em psicoterapias individuais, familiares e grupais.

Muitos autores concordam que psicoterapia é uma palavra ambígua, usada com um número de significados tão diferentes quanto ajudar, tratar, aconselhar, guiar, educar, influenciar etc. Rakel e Rakel (2007) dizem que, de forma mais específica, ela é um tratamento, por meios psicológicos, de problemas de natureza emocional ou mental, no qual um profissional treinado estabelece uma relação profissional com uma pessoa, ou um grupo de pessoas, com os objetivos de:

- Remover, modificar ou retardar sintomas existentes.
- Compreender, mediar e modificar padrões perturbados de comportamento.
- Promover crescimento e desenvolvimento positivos da personalidade e da qualidade das relações internas e externas.

Uma conversa sem parâmetros técnicos definidos entre duas ou mais pessoas, sobre problemas emocionais, não é uma psicoterapia, por mais terapêutica que possa resultar. A psicoterapia é, portanto, uma forma específica de tratamento de problemas emocionais ou transtornos mentais por meio do diálogo. Os meios psicológicos dos quais se vale dizem respeito ao reconhecimento de que há uma vida mental interna e inconsciente, dinâmica, com efeitos nos afetos, nos comportamentos e nos sintomas. Também se refere à compreensão da relação especial entre transferência e contratransferência no encontro com o paciente, bem como das adversidades do tratamento, as chamadas de resistências.

Esse interjogo entre a transferência (do paciente) e a contratransferência (do médico) é o aspecto psicológico central em torno do qual toda e qualquer relação médico-paciente se articula, mesmo que esta não tenha como fim específico uma psicoterapia médica, no sentido estrito do conceito. No sentido ampliado do termo (Capítulo 7), o médico sempre pratica psicoterapia, mesmo quando não percebe que o está fazendo.

Para além das teorias, as questões técnicas numa psicoterapia dizem respeito às estratégias e às táticas utilizadas em cada um desses enfoques. Elas vão desde a compreensão psicanalítica, que visa a abordar processos intrapsíquicos para descobrir e modificar conflitos inconscientes e questionar sistemas de valores, até o uso de técnicas cognitivas, comportamentais, motivacionais, de apoio ou de condicionamento para alterar circuitos neurais etc. Para que qualquer dessas técnicas funcione, é necessário o adequado estabelecimento de uma relação de respeito, confiança e suficiente intimidade, dentro de um enquadre apropriado de privacidade, para que possa acontecer uma comunicação verbal e não verbal dos problemas, alicerçada na responsabilidade mútua pela compreensão e solução deles.

Esse alicerce é fundamental porque, muitas vezes, o paciente espera ser curado pelo médico de forma unilateral, mas, nas psicoterapias, essa responsabilidade é sempre compartilhada, e isso precisa ser comunicado e combinado. O melhor exemplo é quando os pacientes perguntam: "Sobre o que gostaria que eu falasse?", como se fosse tarefa do médico a escolha do assunto da consulta, a adivinhação da dor psíquica do outro. Claro que o profissional pode pedir esclarecimentos diretos sobre determinados aspectos ou temas da vida do paciente, mas não escolher por ele.

Para fins didáticos, a psicoterapia pode ser dividida em dois grandes grupos: as terapias de supressão e as de transformação. As primeiras visam à remoção de conteúdos sintomáticos ou problemáticos, o que dá sentido ao uso de palavras como resolução, cura, medicação etc. A ênfase não está nos aspectos subjetivos do sujeito, levando mais em conta o predomínio das vivências concretas e de suas repercussões. É uma forma de terapia que não tem como compromisso principal a geração de novos conteúdos mentais ou transformação das subjetividades, embora isso possa ocorrer. Na terapia de supressão, não há muito o que aprender do paciente, este é que deve aprender do terapeuta. O conhecimento está no profissional e ele vai implementá-lo, via aplicação de estratégias e táticas previamente testadas, detectando e alterando conceitos "equivocados" e fornecendo novas maneiras de compreensão consciente dos acontecimentos, acabando com as "distorções".

Já as terapias de transformação visam a compreensão, elaboração e aceitação dos conteúdos, com o objetivo de colocá-los num movimento dinâmico, que propicie a criação de sentido e representação para esses conteúdos na mente. Assim, pode acontecer uma geração e uma transformação das subjetividades, ou fornecer acesso a elas caso ele não exista. Nessa terapia, é como se tivéssemos que ver o paciente como um estrangeiro, sobre quem vamos ter que aprender seus códigos de linguagem, suas representações corporais e culturais, sua psicologia e fisiologia própria etc. Nessa forma de compreensão, o corpo imaginário não é necessariamente equivalente ao corpo biológico, e os sintomas físicos ou psicossomáticos podem ser a chave para compreendermos a representação de fantasias primitivas e de conflitos psíquicos traduzidos numa linguagem corporal.

Nenhuma psicoterapia, no entanto, é pura supressão ou pura transformação, sendo comum que exista, na prática, alguma combinação entre ambas as formas. Wollberg (1968) dividiu a grande variedade de psicoterapias em três grupos principais: terapias reconstrutivas, terapias reeducativas e terapias de apoio.

A psicoterapia reconstrutiva distingue-se da terapia reeducativa e da terapia de apoio pelo grau e pela qualidade da visão mobilizada sobre os processos internos do sujeito. Na terapia reeducativa, os objetivos de *insight* (compreensão interna) são mais extensos, mas estão focados em problemas relativamente conscientes, uma nova tomada de consciência. Já na terapia de apoio, os esforços para que aconteça um *insight* são mínimos. As escolas de psicoterapia se cristalizaram em torno das várias abordagens, cada uma das quais com seus discípulos e seus críticos. As divergências radicais na técnica são mais aparentes do que reais, mas é claro que existem algumas diferenças.

Os objetivos dos três principais tipos de tratamento são diferentes. A psicoterapia reconstrutiva proporciona o exame e a modificação da estrutura básica do caráter, com a criação de potencialidades que foram bloqueadas ou frustradas no curso do desenvolvimento do indivíduo. A terapia reeducativa, por outro lado, concentra-se em uma reorganização de atitudes e valores com expansão de aspectos positivos da personalidade e minimização dos negativos. Já a psicoterapia de apoio visa ao alívio dos sintomas e a uma melhor adaptação nas áreas da vida em que o paciente falhou. Qualquer que seja a modalidade escolhida, ela será mais eficaz se tiver como base uma compreensão psicodinâmica ampliada.

Em virtude dessas diferenças, os tipos de relações entre terapeuta e paciente serão necessariamente diferentes. Há algumas relações, derivadas do modelo médico, deliberadamente estabelecidas pelo terapeuta nas quais este assume um papel de autoridade, dominador, diretivo e disciplinar. Há outras que são não autoritárias, permissivas, não diretivas e não disciplinadoras. Mesmo nessas cabe ao profissional presidir o enquadre da consulta, determinando alguns de seus aspectos formais, como o local e o tempo disponível para a conversa.

As formas de verbalização do paciente podem ser bastante diferentes, dependendo do seu nível cognitivo, meio social, cultura, capacidade de subjetivação e tipo de terapia utilizada. O foco da entrevista depende do problema trazido, mas muito da abordagem empregada. As atitudes do terapeuta também apresentam variações extremas, dependendo do tipo de terapia utilizada. Ele pode ser mais ou menos falante, mais ou menos reflexivo ou encorajador, e assim por diante.

Wallerstein (2014) diz que, num sentido amplo, a psicoterapia abarca qualquer esforço para influenciar o pensamento ou o sentimento ou a conduta humana, por preceito ou por exemplo, por arte ou por humor, por exortação ou por apelo à razão, por distração ou por desvio, por recompensas ou por punições, por caridade ou por serviço social e por educação. O autor menciona três grupos principais de atividade psicoterapêutica:

- Apoio prático – Constituído principalmente de conselhos, orientação e assistência na gestão de situações de vida e dificuldades ambientais.
- Apoio emocional – Constituído principalmente de simpatia, exortação, admoestação, validação de afetos e vivências, estímulo, humor, arte, recreação, companheirismo etc.
- Reorientação da educação – Constituído principalmente de esforços para alterar as atitudes habituais do paciente de culpa, medo, ódio e depressão, educando-o a tolerar suas próprias necessidades e anseios conscientes e inconscientes, suas ânsias instintivas, seus ciúmes, ódio familiar etc.

O terceiro grupo requer um conhecimento amplo e mais especializado dos aspectos inconscientes, mas os três podem ser utilizados pelos médicos de família sem contraindicação.

Características comuns às psicoterapias

A despeito da ambiguidade do termo e da multiplicidade de significados, Rakel e Rakel (2007) descrevem quatro características compartilhadas em todas as psicoterapias. A primeira é que essa ciência é um tipo particular de relação entre o paciente e o médico. O ingrediente essencial dessa relação é que o paciente tem confiança na competência do médico e deve sentir que o médico se preocupa genuinamente com seu bem-estar, enquanto este confia no desejo consciente do paciente de receber ajuda.

Uma segunda característica comum a todas as psicoterapias é que os locais onde elas acontecem são designados pela sociedade como lugares para os cuidados com a saúde. Assim, o cenário em si desperta a expectativa de ajuda do paciente e se distingue nitidamente dos demais ambientes do paciente por suas qualidades especiais, incluindo limites temporais e espaciais claramente delineados.

Em terceiro lugar, todas as psicoterapias baseiam-se em uma lógica que inclui uma compreensão e uma tentativa de explicação da doença e da saúde, da normalidade e de seus desvios.

O quarto ingrediente é a tarefa ou o procedimento prescrito pela teoria. Alguns procedimentos terapêuticos guiam de perto as atividades do doente, enquanto outros o impulsionam a tomar a iniciativa. A relação terapêutica, o cenário, a lógica e a tarefa, quando bem estabelecidos, influenciam os pacientes de cinco maneiras inter-relacionadas que são necessárias para proporcionar uma mudança de atitude de benefício terapêutico:

- Proporcionar ao paciente novas oportunidades de aprendizagem tanto no nível cognitivo quanto no nível das experiências.
- Aumentar a esperança de alívio para o paciente.
- Proporcionar experiências de sucesso que melhoram o senso de domínio, a competência interpessoal ou a capacidade do paciente.

- Ajudar o paciente a superar seu sentimento desmoralizante de alienação em relação aos seus semelhantes.
- Despertar o paciente emocionalmente.

Zimmermann (1996) sintetiza os aspectos centrais e comuns a todos os procedimentos psicoterapêuticos, independentemente de questões teóricas e técnicas de cada um. Para ele, seria completo o conceito que mencionasse todos os itens a seguir:

- Tratamento de problemas de natureza emocional.
- Tratamento por meios psicológicos.
- Relação bipessoal.
- Comunicação verbal e não verbal.
- Treinamento adequado do terapeuta.
- Contrato terapêutico.
- Reconhecimento mútuo da necessidade de se iniciar o tratamento.
- Ambiente presidido pelo terapeuta.
- Remoção, modificação ou retardo de sintomas existentes.
- Mediação de padrões perturbados de comportamento.
- Promoção do crescimento de um ou de ambos os participantes.

De acordo com esse autor, o conjunto desses itens configuraria um conceito geral de psicoterapia, aplicável a todos os tipos de psicoterapia, porque busca destacar aquilo que lhe é essencial e que, portanto, independe da diversidade de métodos que se possa empregar para realizá-la.

Essa lista exigiria a adaptação de alguns itens para o uso do médico de família. Nem sempre o paciente reconhece a origem emocional de seus problemas. A relação, por vezes, não é bipessoal, quando requer uma abordagem familiar ou grupal. O contrato terapêutico pode ser dispensado quando o atendimento não envolve uma série de muitas consultas. E, quando acontece em um ou dois encontros, não necessita do reconhecimento mútuo da necessidade de se iniciar o tratamento nem de uma motivação especial para ele.

Em resumo, quando bem-sucedidas, todas as formas de psicoterapia têm o potencial de aliviar sintomas físicos, sentimentos disfóricos, reacender as esperanças do paciente, aumentar seu senso de domínio sobre si mesmo e sobre o ambiente e melhorar a qualidade das relações com os demais.

Como resultado, os pacientes tornam-se capazes de enfrentar os problemas que evitavam e de experimentar novas e melhores maneiras de lidar com eles. Essas novas capacidades, com boa sorte, permitirão que eles continuem a obter ganhos após o término da psicoterapia.

Referências

Rakel, R. E., & Rakel, D. P. (2007). *Textbook of family medicine.* Saunders.

Wallerstein, R. (2014). *The talking cure.* [e-book]. International Psychotherapy Institute.

Wollberg, L. R. (1968). *Psicoterapia breve* (pp. 186-198). Gredos.

Zimmermann, D. (1996). *Estudos de psicoterapia* (2a ed.). Fundação Universitária Mário Martins.

7. A psicoterapia médica

> *A relação transpessoal é uma relação viva. Todo o ato médico é, consequentemente, um ato vivo, por mais que se lhe queira emprestar caráter exclusivamente técnico. Não existe ato puramente diagnóstico.*
>
> (Perestrello, 1982)

Princípios básicos

O Capítulo 6 mostrou que as terapias podem ser de supressão ou transformação. Ambas podem ser utilizadas na psicoterapia médica, dependendo da indicação, dos objetivos a serem alcançados, da estratégia montada para o tratamento e das táticas utilizadas (Capítulo 9). Mostrou também como nenhuma psicoterapia, no entanto, é pura supressão ou pura transformação, sendo comum que exista alguma combinação entre ambas, e mesmo as terapias de supressão envolvem algum tipo de transformação, pela via do apoio ou educação, ainda que não envolvam grandes mudanças no mundo interno do paciente.

Portanto, a transformação, em maior ou menor escala, é um objetivo da maioria delas e o ponto em comum das terapias mais eficazes. Por essa razão, abordarei a psicoterapia médica por esse ângulo de visão, o das terapias de transformação, que se caracterizam por aprender códigos de linguagem e representações corporais e culturais próprias de cada paciente, em que o corpo imaginário não é necessariamente equivalente ao corpo biológico, e os sintomas físicos ou psicossomáticos podem ser a expressão de fantasias primitivas e de conflitos psíquicos traduzidos numa linguagem corporal. Esse conjunto de pressupostos é dinâmico porque esses aspectos não estão juntos lado a lado, de forma estática, mas se articulam e se relacionam, há um interjogo contínuo entre eles, influenciando-se mutuamente o tempo todo. O alívio de um sintoma físico diminui a tensão psíquica, assim como o aumento da tensão psíquica pode causar sintomas físicos, e assim por diante. Esse interjogo é que será examinado com o paciente, levando-o a perceber com maior compreensão a complexa articulação entre os conflitos psíquicos e o corpo, na produção de vivências, sintomas ou doenças.

De maneira geral, os pressupostos para uma conversa orientada levando em conta essa dinâmica psíquica (daí o nome "psicodinâmica") iniciam pela *aceitação da existência dos aspectos psicológicos da vida, conscientes e inconscientes*, causando, participando e interagindo com sintomas e manifestações da doença, seja ela física e/ou mental, e sendo afetados por ela. A percepção dos *fenômenos de transferência e contratransferência* na relação médico-paciente, o entendimento e o manejo adequado das *resistências* inevitáveis ao tratamento, a descoberta das *fantasias* que estão presentes, a detecção e a abordagem dos *mecanismos de defesa*, o estabelecimento de uma *aliança de trabalho ou terapêutica*, o *uso de intervenções verbais* dirigidas à compreensão e à comunicação também são pontos-chave da teoria e da técnica. Esses elementos serão vistos com mais detalhes no Capítulo 8.

Aqui, de maneira resumida, por enquanto, é importante saber que *transferência* se refere a um padrão de atitudes e reações emocionais do paciente em relação ao médico baseadas, inconscientemente, no seu modelo de relações com as figuras cuidadoras do passado (pais, avós, familiares próximos, professores etc.). A transferência ocorre de forma automática, espontânea e inconsciente, na relação com o profissional, transpondo modelos relacionais do passado para o presente. O que é muito útil para a compreensão e o manejo atual dos problemas, uma vez que o passado não pode ser alterado, mas seus significados, sim, podem ser reconhecidos e reinterpretados à luz do momento atual de vida. As formas mais comuns de transferência são a positiva (na qual predominam os aspectos amorosos e expectativas positivas do paciente em relação a seu médico) e a negativa (na qual predominam os aspectos agressivos para com o outro e expectativas negativas).

Assim, é natural que todas as demandas do paciente incluam um componente transferencial, geralmente em termos de espera de uma gratificação, de cuidado ou proteção, mas também em termos de queixas e reclamações contra o médico e tudo aquilo que ele representa; queixas e expectativas que já foram dirigidas aos pais do passado.

Por *contratransferência* entende-se a resposta transferencial do terapeuta à transferência do paciente, sua resposta ao ser tocado emocionalmente pela transferência do paciente. Inicialmente compreendida como algo que atrapalhava a relação, hoje a contratransferência é considerada um instrumento a mais no manejo psicoterapêutico. Para que isso seja possível, é necessário que o profissional conheça minimamente suas reações contratransferenciais, para não as atuar com o paciente, ou contra ele.

A contratransferência é um dos maiores obstáculos à utilização, pelos médicos, dos elementos psicológicos naturais da relação médico-paciente. Suas angústias contratransferenciais podem se expressar como medo ao paciente e suas problemáticas, especialmente as emocionais, levando o médico a se refugiar numa falsa objetividade orgânica ou científica, proteção defensiva contra suas próprias ansiedades. Sono, tédio, rechaço, irritação ou raiva são reações contratransferenciais comuns do dia a dia, que devem ser reconhecidas para poderem ser trabalhadas. O oposto também ocorre, uma necessidade de gratificar as demandas do paciente para obter sua admiração e afeto, ter a necessidade de agradar para evitar a desaprovação, a crítica ou a raiva deste.

A *resistência* refere-se às forças internas mobilizadas em oposição às aquisições do tratamento e às mudanças, mesmo quando para melhor. Isso costuma se expressar naquelas ações que se opõem ao tratamento, de forma consciente ou não. Costumam se apresentar na clínica como atitudes de incompreensão (sobre o que lhe foi explicado quanto a procedimentos ou medicações), de esquecimento das medidas terapêuticas, de falsa aquiescência ou franca oposição ao que foi proposto, pelo uso dos afetos (agressivos ou sedutores), não adesão ao tratamento etc. As diferentes formas assumidas pelas resistências frequentemente causam diversas reações contratransferenciais no médico, que – caso ele não as compreenda adequadamente – pode fazê-lo entrar em discussões infrutíferas com o paciente, impor obediência pelo poder profissional, rechaçar o paciente, aceitar ser seduzido, e assim por diante.

Ocasionalmente, o próprio médico pode colaborar para a criação de resistências por meio do que diz ou faz, por exemplo, atender com a porta do consultório aberta, desencorajando ativamente a livre expressão do paciente sobre temas que possam ser mais íntimos ou delicados para ele, ou se omitindo de abordar temas psicológicos abertos ou latentes, confirmando para o paciente que tais temas não são bem-vindos na consulta médica.

Talvez a forma mais comum de resistência encontrada na clínica seja a não adesão ao tratamento. Compreender a onipresença da resistência deve poder levar a um manejo diferenciado da situação, não apenas com exortações sobre a importância de aderir ao tratamento, mas também buscando entender as causas dessa dificuldade de adesão. O menosprezo jocoso das dificuldades do paciente com o tratamento é outra maneira de expressar o não reconhecimento ou a não compreensão das resistências por parte dos médicos.

Fantasias são definidas como a expressão mental dos nossos instintos. Portanto, as necessidades instintivas, emocionais e afetivas de cada pessoa, assim como as angústias relacionadas com esses temas, são representadas na mente como fantasias. Estas se expressam na vida consciente no pensamento, por meio de devaneios, ideias mais ou menos realísticas, ou na conduta, por meio de alguma atividade ou comportamento que busca a realização dessas necessidades. Os pacientes podem ter fantasias persecutórias sobre certos medicamentos e se recusarem a tomá-los ("ouvi falar que dá câncer"), fantasias de uma gratificação mágica sobre outros ("uma prima minha tomou e ficou curada da diabete"), sobre o papel onipotente do médico ("o senhor vai resolver o meu problema" ou "o senhor não resolveu o meu problema") etc.

Outro pressuposto necessário para o manejo eficiente é o conhecimento dos *mecanismos de defesa* e sua utilização. Eles são definidos como mecanismos mentais (como repressão, formação reativa, isolamento dos afetos, anulação, negação, projeção, dissociação) pelos quais, isoladamente ou em combinação de mecanismos, o ego se protege contra os impulsos instintivos considerados, por alguma razão, ameaçadores do equilíbrio psíquico. Na prática, o uso dos mecanismos de defesa diz respeito a como uma pessoa lida, inconscientemente, com as diversas situações da vida. Trata-se de como ela organiza, maneja ou se protege de impulsos, afetos, sentimentos ou ideias vindas de seu mundo interno, ou suas formas de reagir aos estímulos externos. O uso continuado e preferencial de determinados mecanismos de defesa acaba por se constituir num estilo defensivo próprio para cada pessoa, que pode ser adequado ou inadequado do ponto de vista adaptativo, e dentro de um determinado contexto. Esse estilo estável torna-se a estrutura de personalidade da pessoa, o que lhe confere um senso de coesão do self, uma identidade própria. Aquilo que dizemos sobre a pessoa ser boazinha, medrosa, desconfiada, chata, exagerada – ou combinações dessas características – corresponde a essa organização inconsciente predominante, em nós e nos outros.

Todos conhecemos pessoas que, sistematicamente, usam da projeção para atribuir tudo que lhes acontece aos outros ou a eventos externos, como se não tivessem responsabilidade alguma pelos ocorridos; outros negam fatos que são evidentes para todos, menos para aquela pessoa; outros se tornam excessivamente prestativos para encobrir uma agressividade que não querem que ninguém descubra etc.

Finalmente, a *aliança terapêutica*, ou aliança de trabalho, é definida como um acordo entre aquela parte consciente e não resistencial do paciente que busca ajuda e a contrapartida do profissional que aceita esse pedido e se dispõe a colaborar na busca dos objetivos comuns do tratamento. Dela fazem parte aspectos do enquadre, como a frequência e a duração dos contatos, a confidencialidade, os objetivos comuns etc. Na prática, é preciso pensar que o ego é capaz de se dividir em "partes": a parte saudável do ego do paciente busca ajuda e aceita ser ajudada por nós; é com ela que teremos que nos aliar para cuidar das partes doentes, do corpo ou da mente.

O domínio desses princípios básicos não é fácil nem automático, e só acontece lenta e progressivamente por meio da percepção e do reconhecimento de sua ocorrência na prática, do estudo teórico, de discussões de caso com especialistas, de supervisões ou consultorias do atendimento de pacientes no dia a dia. No entanto, sua compreensão e utilização adequadas qualifica e amplia enormemente as capacidades e as possibilidades terapêuticas do médico, tornando essa aquisição uma conquista significativa para o próprio profissional e, consequentemente, com ganho para seus pacientes.

A pergunta que surge a essa altura é se seria possível fazer psicoterapia médica sem o conhecimento de tais princípios. A resposta mais honesta é que, sim, é possível fazer psicoterapia médica, ou qualquer tipo de terapia, sem os conhecimentos psicodinâmicos básicos, mas essa lacuna teórica deixará de incorporar à técnica dados preciosos e fundamentais para a compreensão e a ajuda mais ampla do ser humano que sofre. No Capítulo 8, é mostrado um exemplo do problema causado por uma abordagem técnica que não levou em conta a avaliação dos aspectos psicodinâmicos.

Claro que nenhuma técnica funcionará a menos que alguma coisa no próprio médico o faça. Nem a teoria nem a técnica por si criam a habilidade do diálogo e somente irão funcionar em médicos que tenham um sentido de empatia com a vida interior do paciente, com seus medos e temores, sua amargura e ressentimento, seu sofrimento e angústia, suas esperanças e expectativas. E que reconheçam e aceitem esses aspectos em si mesmos, o que permitirá que trabalhem melhor seus aspectos contratransferenciais durante as consultas. Para Bird (1978), a posição assumida pelo médico diante das pessoas que lhe pedem ajuda exige um senso excepcional de responsabilidade pela vida humana, capacidade esta que não é alcançada com facilidade. Como criar esse discernimento? Como ensiná-lo? Ele mesmo responde que um estudante não aprende isso, nem se pode ensiná-lo, pois leva um tempo para que alguém "se torne" médico, isto é, para que adquira essa identidade.

O que caracteriza uma psicoterapia como psicoterapia médica?

A psicoterapia médica acontece dentro do espaço subjetivo chamado de relação médico-paciente. Em termos simples, é aquela psicoterapia feita pelo médico que não seja psiquiatra ou psicólogo. Ela será realizada por alguém com algum conhecimento dos transtornos mentais, mas sem um treinamento especializado ou específico nas teorias e/ou técnicas psicoterapêuticas conhecidas/utilizadas pelos especialistas.

Stuart e Liebermann (1993) assinalam que

> *Como a atenção primária representa uma abordagem abrangente e pessoal ao atendimento ao paciente, os problemas físicos e psicológicos devem ser abordados de maneira integrada. Muitas vezes, os problemas emocionais são tão difíceis quanto os problemas físicos e, inversamente, os problemas físicos têm consequências emocionais. O tratamento adequado não é possível sem abordar os aspectos psicológicos. Quer o médico convide ou mesmo deseje fornecê-la, os pacientes geralmente esperam ajuda com problemas emocionais, juntamente com suas doenças físicas. O médico, portanto, se torna um psicoterapeuta quase por padrão.* (p. 33)

Esses autores também apontam para alguns fatores que influenciam a tomada de decisão do médico de família para que ele mesmo faça uma abordagem psicoterápica. Deve-se levar em conta que os pacientes podem ser relutantes em admitir que precisam de tratamento psiquiátrico, pelo preconceito que ainda existe em relação às doenças mentais, de forma que o próprio encaminhamento ao psiquiatra pode ser sentido como algo que prejudica a já frágil autoestima do paciente. Para alguns pacientes, sair do consultório do médico de família com um encaminhamento ao psiquiatra pode ser inesperado, vergonhoso ou humilhante, então ele preferirá ser tratado pelo médico que o atende rotineiramente. O estigma da doença mental pode ser usado, dentro da família, para atribuir o papel de "doente mental" a um determinado membro, mesmo quando é o funcionamento familiar que está doente. O tratamento feito pelo médico de família é uma forma de evitar esse preconceito. Um professor meu de clínica médica costumava dizer que, se o paciente quisesse um psiquiatra, teria procurado um.

Talvez ele tivesse razão, e por isso seja comum que pacientes encaminhados não compareçam à consulta com o especialista. Alguns estudos, citados por Stuart e Liebermann (1993), mostraram que entre 15% e 75% dos pacientes encaminhados para a psicoterapia não compareceram à entrevista agendada, mais uma razão para os cuidados de saúde mental serem prestados pelo médico de família do paciente. Para complicar ainda mais, aqueles pacientes que são mais resistentes ao encaminhamento também são aqueles que visitam mais frequentemente o médico, apresentando sintomas somáticos difíceis de explicar.

É lógico que nem todo paciente com problemas emocionais, muitas vezes em momentos de crises vitais, precisa ser encaminhado a um especialista em saúde mental. É possível que não tenha sequer uma doença mental, por isso cabe ao médico de família fazer algumas intervenções psicoterapêuticas muito importantes e efetivas, diferentes daquelas feitas pelos especialistas.

Além das questões relativas à supressão e à transformação, existem dois modelos de psicoterapia para uso do médico de família, diferentes, mas não excludentes. O primeiro, o *modelo clássico*, mais estrito, é aquele em que é feito o diagnóstico da necessidade de uma abordagem psicoterapêutica, isto é, o tratamento, por meios psicológicos, de problemas de natureza emocional ou mental, no qual o médico estabelece uma relação profissional com o paciente, com o objetivo de remover, modificar ou retardar sintomas existentes, compreender, mediar ou modificar padrões perturbados de comportamento, e promover um crescimento e o desenvolvimento positivo da personalidade e da qualidade das relações, internas e externas (ver Capítulo 6). O médico fará a indicação da necessidade de uma psicoterapia, planejada e feita por ele mesmo, levando em conta alguns pré-requisitos específicos, como uma espécie de contrato de tratamento, propondo um enquadre que defina o local do atendimento, o tempo de duração das consultas e do tratamento e os objetivos a serem alcançados antes do término da terapia. Inteligência, capacidade de introspecção e tolerância à frustração são bons marcadores de um melhor desempenho numa psicoterapia nesse modelo. Eventos traumáticos e crises vitais são bons momentos para uma psicoterapia médica, visando a aliviar os sintomas e reequilibrar o estado emocional anterior, bem como se adaptar à nova situação, como veremos no caso a seguir.

Lúcia, 25 anos, solteira, mas vivendo há quase um ano com um companheiro fixo, em uma casa nos fundos do terreno da mãe, consulta por sentir-se culpada de estar depressiva, quando supostamente deveria estar feliz com sua primeira gravidez, de 20 semanas. Desejava muito essa gestação e, no início, foi motivo de alegria. No entanto, ao fazer uma ultrassonografia de rotina, descobriu que o feto era do sexo masculino, o que a perturbou porque desejava muito uma menina. Desse dia em diante, passou a brigar muito com seu companheiro, que estava feliz por vir a ser pai de um menino, e não entendia por que Lúcia agia assim com ele. Ela sofria por estar com muita raiva do companheiro, a quem amava, pondo em risco uma relação que até ali era satisfatória, e não entendia o que estava lhe acontecendo.

Na primeira consulta, não ficaram claras as razões do episódio depressivo, e o médico – diante do quadro de depressão leve durante a gravidez –, em vez de medicar, propôs que conversassem por meia hora, uma vez por semana, por um mês ou dois, até que pudessem entender o que havia acontecido, e como resolver o problema, proposta bem-aceita pela paciente, que era contra o uso de medicamentos no período de gestação.

O profissional planejava abordar com mais profundidade, nas consultas seguintes, o fator desencadeante (a ultrassonografia) que a fez perder a alegria com a gestação ao saber que era um menino, compreender quais fantasias eram essas sobre o sexo do futuro filho, o porquê da raiva e da agressividade para com o companheiro, a quem amava.

Ao longo de seis consultas surgiram e foram abordados os dados que faltavam. Na sua família, há várias gerações, era comum as mulheres engravidarem de uma menina e, ainda durante a gestação, romperem com seus maridos ou companheiros e criarem a bebê num mundo exclusivamente feminino, sem a presença da figura masculina. O fato de Lúcia estar grávida de um menino a fazia experimentar sentimentos ambivalentes e a colocava em rota de colisão com as outras mulheres da família. Inconscientemente, culpava o companheiro por ele ter lhe dado um menino em vez da menina desejada, que não teria produzido esses conflitos; e tinha sentimentos ambivalentes por desejar manter a gestação, contra a vontade da mãe e da avó, que exigiam um aborto. Essa situação gerou duas crises, uma interna e uma externa, originadas pelo fato de o companheiro estar morando com ela no mesmo terreno, uma presença masculina em pleno feudo feminino, algo que nunca havia acontecido e incomodava muito as mulheres da família.

Ela experimentava sentimentos de culpa e ansiedade por quebrar a linhagem exclusivamente feminina. Temia perder o amor das outras mulheres da casa ou ser expulsa. Por outro lado, não queria perder seu companheiro, a quem amava. Porém, para ficar com ele e o menino, teria que romper essa cadeia transgeracional que excluía os homens, o que era um peso grande para seus ombros.

Quando pôde, ao longo dos encontros, compreender essa ligação entre as emoções ambivalentes que experimentava e suas causas inconscientes, foi se aliviando, melhorou dos sintomas depressivos e decidiu que iria sair do terreno da mãe e viver a vida com seu companheiro em outro lugar. Isso não diminuiu os conflitos, pelo contrário, mas a paciente se sentiu capaz de enfrentá-los de uma outra maneira, com soluções próprias, e a terapia se encerrou.

Esse caso ajuda a compreender um pouco mais a *escuta em estéreo* (explicada no Capítulo 9) e a valorizar a ambivalência de sentimentos dos pacientes em relação a um determinado evento, que o senso comum gostaria que fosse simples. Que desejos e que fantasias estavam ocultas na exigência de que o feto fosse de sexo feminino? No caso de Lúcia, eram sentimentos de estar traindo uma tradição de matriarcado transgeracional na família, na qual os homens eram desconsiderados e descartados assim que engravidavam as mulheres.

O segundo modelo, utilizado com muito mais frequência, é o que chamo de *modelo ampliado*, ou seja, aquela terapia feita no cotidiano, sem os pré-requisitos específicos já descritos, que nos abre a possibilidade de uma definição ampla e mais abrangente de psicoterapia, como sendo *toda e qualquer interferência positiva sobre o estado de saúde mental do paciente, exercida pelo médico por meio da fala*. Essa definição vai além do enquadre tradicional das psicoterapias especializadas, feitas por psiquiatras ou psicólogos, por entender que, na consulta médica, todo contato entre o profissional de saúde e seu paciente pode se transformar numa oportunidade potencialmente psicoterapêutica, independentemente da razão da consulta ou do número de encontros.

Leila, 42 anos, solteira e sem filhos, vem encaminhada a mim com uma solicitação de avaliação psiquiátrica por vertigens que não cessam. Seu médico de família, na primeira consulta com ela para esse problema, há mais de um ano, não detectou alterações no exame físico nem nos exames complementares básicos. Na época, prescreveu-lhe um antivertiginoso, dizendo que provavelmente o quadro era benigno e iria se resolver em alguns dias, o que não aconteceu.

Como os sintomas persistiram, a paciente retornou a ele e foi então encaminhada a um otorrinolaringologista pelo SUS, consulta que levou vários meses até ser realizada. Esse especialista a examinou, não solicitou exames complementares e prescreveu-lhe outra medicação antivertiginosa, que ela não lembrava qual era, mas que também não fez os sintomas desaparecerem.

Insatisfeita com a falta de melhora, resolveu pagar do próprio bolso um otorrinolaringologista particular, e fez gastos que nem poderia ter feito para realizar os exames complementares caros que ele solicitou, entre eles tomografia computadorizada do crânio e audiometria, todos normais. Seguiu com a receita de antivertiginoso, sem qualquer melhora.

Após mais de um ano de persistência dos sintomas, apelou a outro otorrinolaringologista particular, e esse, após mais uma bateria de exames, todos normais, disse-lhe que "não tinha nada", e que o problema era "dos nervos", tendo prescrito diazepam 10 mg à noite e sugerido que deveria consultar um psiquiatra, razão pela qual me foi encaminhada pelo seu médico de família, sem que ele tivesse aprofundado a pesquisa dos tais fatores "nervosos".

Depois de ouvir esse relato inicial sobre a peregrinação da paciente pelos especialistas, a primeira pergunta que lhe fiz foi se ela saberia me dizer quando os sintomas começaram. Ela respondeu rápido e sem hesitar: "Sim, lembro que a primeira crise foi no dia do velório da minha mãe, eu estava ao lado do caixão quando me senti tonta e precisei me apoiar para não cair. Desse dia em diante, as tonturas não pararam mais".

Revelou espontaneamente o fator desencadeante que ninguém investigou antes: a morte de sua mãe. Era óbvio que os sintomas tinham relação direta com o fato e a data, assim como seria razoável reconhecer algo muito comum: perdas de entes queridos geram cargas emocionais nem sempre bem compreendidas ou bem elaboradas pelos familiares. Essas sobrecargas e perdas, quando não conseguem ser processadas mentalmente, podem gerar sintomas de natureza conversiva ou psicossomática.

A segunda pergunta, para avaliar melhor o significado da perda, foi se ela sentia muita falta da mãe. Nesse momento, começou a chorar compulsivamente. Após um tempo, Leila se recompôs e pediu desculpas pelo choro. Eu lhe disse que o choro indicava que essa perda parecia ser ainda muito dolorosa para ela, com o que concordou. Perguntei sobre como era o relacionamento das duas. Confessou que nem sempre havia sido bom e disse que, na data do falecimento, estavam brigadas, o que até hoje a deixava muito culpada, sem chances de pedir desculpas e fazer as pazes, porque no fundo amava muito a mãe.

Seria a tontura a expressão de um sintoma de luto não bem resolvido? Sentimentos ambivalentes de amor e ódio para com o morto são a causa número um de lutos difíceis de resolver, que alguns chamam de luto patológico, para diferenciar do luto normal.

Incentivei-a a falar mais da relação das duas, ressaltando que era natural, em relações muito próximas entre mães e filhas, a existência de conflitos, e que não foram esses que causaram a morte da mãe, mas sim um câncer em fase terminal. Acrescentei que ela, agora, pelo menos já podia dizer que amava a mãe, apesar dos desentendimentos eventuais entre elas. E que também poderia dizer isso para a mãe, nas conversas que tinha com ela em seu pensamento. Com isso, busquei diminuir a culpa pelos sentimentos agressivos, assinalando e reforçando a presença dos afetos amorosos que ela era capaz de nutrir.

A paciente saiu parecendo bastante aliviada com a conversa, e marcamos um retorno dali a sete dias. Na reconsulta, relatou que as tonturas tinham desaparecido completamente, de maneira que suspendemos o benzodiazepínico que vinha usando e combinamos que retornaria com seu clínico, caso os sintomas voltassem, o que não aconteceu.

A história de Leila exemplifica uma das diferenças da psicoterapia médica para as demais psicoterapias, feitas por especialistas. Ela pode acontecer em um único encontro, sem um contrato específico para essa finalidade, e, mesmo assim, ser eficaz e resolutiva.

Outro ponto que comprova a necessidade da aquisição de habilidades psicoterapêuticas no cotidiano da clínica é entender as diferentes formas de comunicação entre o médico e seu paciente, aquelas que facilitam a compreensão e aquelas que a dificultam. Comunicar a um paciente o diagnóstico de uma doença crônica e problemática (diabetes, hipertensão, artrite reumatoide etc.) por vezes é feito de forma casual, com a mesma naturalidade de quem dá um diagnóstico de gripe, sem considerar o previsível efeito patogênico e desestruturante sobre sua vida que isso produzirá. A experiência mostra que, em especial nas doenças crônicas, o diagnóstico é comunicado, condutas para lidar com ele são ensinadas ou prescritas, dietas ou modificações no estilo de vida são sugeridas etc., tudo isso sem que se avalie nem se examine com o paciente as consequências sobre sua vida no futuro. Algo como "faça tudo isso que estou lhe ensinando e você ficará bem", o que está longe de ser verdade.

Num primeiro momento, o paciente pode até reconhecer o nome daquilo que tem e dizer que seguirá as recomendações, mas não entender a origem nem os significados e desdobramentos daquele diagnóstico em sua vida, no longo prazo. Infelizmente, poucos médicos percebem que o simples diagnóstico de uma condição crônica ou grave produzirá uma reação emocional significativa, podendo ser de negação, de perda, de revolta, de recusa etc. As reações podem ser contidas ou intensas, realísticas ou fantasiosas, afinal, estamos dizendo a um paciente que a vida dele, como era vivida até ali, passará por drásticas modificações, muitas das quais ele sequer imagina ou dimensiona ainda. Também devemos levar em conta que o paciente pode estar internamente atônito, chocado com a descoberta, enquanto parece escutar com atenção o que lhe está sendo explicado, sem entender ou fixar nada do que ouve.

Tais desdobramentos, se não forem previstos, entendidos e adequadamente manejados pelo médico de família desde o primeiro momento, poderão resultar em diversas complicações; do ponto de vista físico, por exemplo, pode haver piora do quadro orgânico pela dificuldade de adesão ao tratamento, em função da não compreensão racional, emocional ou não aceitação do diagnóstico. Do ponto de vista mental, a reação emocional não compreendida nem abordada pode resultar na eclosão de quadros ansiosos, depressivos ou psicossomáticos, como reação ao impacto não processado do diagnóstico.

Com o olhar e a prática ampliados pelos conhecimentos psicodinâmicos, o médico de família poderá trabalhar em atenção primária realizando alguma forma de psicoterapia cotidiana, independentemente de o motivo da consulta ser um problema físico, emocional, psicossomático ou do número de encontros entre o profissional e o paciente. Mesmo quando o quadro parece puramente orgânico e objetivo, o paciente ainda assim apresentará aspectos psicológicos com os quais é impossível não se defrontar, aspectos para os quais muitas vezes ele espera a ajuda do seu médico.

Portanto, dentro desse modelo ampliado, o fato de comunicar a uma pessoa que ela tem uma condição crônica tratável, mas nem sempre curável, é um momento psicoterapêutico precioso, que o médico não pode deixar passar, pensando inclusive na profilaxia não só de problemas futuros de saúde mental, mas do próprio agravamento do quadro orgânico. Para isso, torna-se imperativo possuir algum conhecimento dos princípios psicológicos básicos, que serão abordados e aprofundados nos capítulos seguintes.

A história da mulher com vertigem exemplifica como uma entrevista simples, mas orientada pela compreensão psicodinâmica, contribuiu para que a causa da tontura e dos insucessos ao tratá-la ficasse aparente e pudesse ser abordada de forma bem-sucedida num único encontro. Isso não só é fazer psicoterapia médica, mas também fazer algo com potencial de mudar para melhor a vida do paciente daí em diante, evitando consultas e gastos desnecessários.

O uso dessa definição ampliada de psicoterapia não contraria nem exclui alguns pressupostos básicos de outras psicoterapias tradicionais conduzidas por especialistas, como a descoberta e a abordagem dos fatores desencadeantes do problema, os aspectos conscientes e inconscientes envolvidos, a compreensão do significado profundo dos conflitos, a comunicação empática etc.

O caso de Leila, em que não foi necessário qualquer diagnóstico psiquiátrico, evidencia também uma das grandes vantagens da psicoterapia feita pelo médico de família: poder tratar sintomas sem taxar o paciente como portador de uma doença psiquiátrica. O paciente recebe uma ajuda direcionada ao que ele deseja (alívio dos sintomas) e não precisa lidar com a ideia de ter uma doença mental ou ter que consultar com um psiquiatra. A vantagem adicional dessa abordagem é que, quando for necessário referenciar o paciente ao especialista, ele já estará preparado pelo médico de família para essa necessidade.

Stuart e Liebermann (1993) assinalam também outras diferenças importantes de uma psicoterapia feita pelo médico de família, e não pelo especialista:

- Para muitos pacientes, a intervenção adequada do médico restaura ou mesmo melhora o funcionamento normal, numa extensão que não necessita de outros tratamentos.
- O paciente pode receber pequenas doses de psicoterapia como parte do tratamento médico regular. Cada parte da interação com o médico é potencialmente terapêutica. Por causa desse poder, as trocas interpessoais, tanto verbais quanto não verbais, que ocorrem durante uma consulta normal, podem ter um grande impacto sobre o paciente.
- O paciente não se sente rejeitado pelo seu médico de família, como acontece às vezes. Se ele não se sentir bem e confortável e não confiar no seu médico, haverá uma relutância natural em ver um novo profissional. Em contraste, o comprometimento do médico em ajudar o paciente é interpretado como uma indicação de que a situação não é tão séria quanto o paciente pensava e que ele ou ela são merecedores de ajuda. Isso também ajuda a convencer o paciente da conexão entre seu corpo e sua mente, especialmente nos casos de doenças psicossomáticas, em que não adianta dizer ao paciente que ele não tem nada.

Outro elemento interessante é que há muitas diferenças no relacionamento entre o paciente e o seu médico de família e o paciente e seu psiquiatra. O médico de família tem a oportunidade e a responsabilidade especial de se relacionar com o paciente, tanto do ponto de vista fisiológico quanto psicológico, além do acompanhamento longitudinal dele e de sua família. Talvez por isso esse relacionamento próximo e continuado seja o responsável pela preferência dos pacientes tratarem desses problemas com seu médico de família, não com o especialista. Stuart e Liebermann (1993) ainda citam que, mesmo quando o encaminhamento é bem-sucedido, 30% a 60% dos pacientes abandonam o tratamento com o especialista após duas a cinco sessões, deixando implícito que os encaminhamentos devem ser considerados muito cuidadosamente, como ferramenta para o cuidado, e não como solução mágica.

Quando ainda trabalhava como médico de família, até meados dos anos de 1990, parei de encaminhar pacientes ao psiquiatra porque, no retorno, muitos me diziam que tinham sido atendidos no ambulatório do hospital, em cinco minutos, e saído com uma receita de benzodiazepínico ou antidepressivo, sem nem entender o porquê. Isso quando o psiquiatra permitia que eles fechassem a porta e se sentassem! Eu não tinha grandes conhecimentos psiquiátricos na época, além dos aprendidos na graduação, mas dispunha de pelo menos vinte a trinta minutos com o paciente, uma dose de empatia para com o sofrimento alheio e um interesse genuíno em compreender e ajudar. O resultado é que os próprios pacientes preferiam conversar comigo, no posto de saúde, a ir ao especialista no hospital. E, por meio do vínculo, melhoravam.

Dessa forma, *a psicoterapia pode e deve ser praticada pelos médicos de família no seu cotidiano*. Querendo ou não, há uma psicoterapia implícita nas atitudes do médico para com seu paciente, independentemente da natureza das medidas terapêuticas concretas que este precisar tomar. Perestrello (1982) lembra que Freud já dizia que todo médico, consciente ou inconscientemente, está fazendo psicoterapia. Assim, por meio do que diz e do que não diz, do que faz e do que deixa de fazer, do que expressa ou não expressa em sua fisionomia, o médico faz psicoterapia, de boa ou de má qualidade, mas faz. Portanto, seria inteligente se preparar para que seja boa. Mesmo quando realizada em uma única consulta, a psicoterapia precisa ser uma tarefa pensada e planejada para promover o alívio dos sintomas, o exame dos conflitos e problemas que os causaram e o aprendizado construtivo de novos modos de enfrentamento das dificuldades físicas e/ou emocionais pelas quais o paciente nos procurou.

Indicações

Quando decidimos propor uma psicoterapia médica ao paciente (e já vimos que nem sempre ela precisará ser proposta formalmente), é preciso primeiramente ter claras suas indicações e contraindicações em cada caso, qual seu tempo de duração (em medicina de família, geralmente é breve) e quais objetivos alcançar. De acordo com esses fatores, monta-se uma estratégia e uma tática adequadas para sua realização, definindo a frequência das consultas e o tempo necessário estimado para alcançar os objetivos planejados, mesmo que para poucos encontros. Se a abordagem for planejada para três ou seis encontros, ainda assim precisará de um plano e de objetivos claros a serem alcançados. Por vezes, o objetivo será criar um entendimento no paciente das origens de sua condição e que, para tratá-las, será necessário acompanhamento de um especialista por um período mais longo, tornando o encaminhamento compreensível e aceitável.

Os maiores benefícios alcançados por uma abordagem psicoterápica programada pelo médico se dão nas crises agudas (eventos traumáticos que produzem uma perda dos mecanismos homeostáticos utilizados previamente), nas situações de mudanças como aquelas que ocorrem nas crises vitais (nascimento de filho, casamento, separação etc.), e naqueles distúrbios reativos a um evento traumático, independentemente de sua natureza (perda de emprego, acidentes, doenças etc.). Os benefícios são menores (mas ocorrem) em casos de distúrbios psiquiátricos crônicos (como depressão), quadros de transtorno de personalidade graves (como transtorno paranoide ou obsessivo-compulsivo), pacientes psicossomáticos e psicoses. Nesses casos, o que muda não são as indicações, mas os objetivos em relação ao que se espera obter, não se priorizando mudanças de base como um objetivo alcançável e tendo em vista objetivos mais modestos, de conforto e alívio.

É lógico que a indicação de qualquer psicoterapia, ou mesmo sua contraindicação, será mais bem-feita quanto mais conhecimentos tivermos da estrutura psíquica da pessoa, dos aspectos psicodinâmicos da personalidade, envolvidos na produção de sintomas e na expressão dos déficits ou conflitos existentes. Naturalmente, deve-se levar em conta que não estão em jogo apenas problemas da estrutura psíquica e dinâmica psicológica, mas que pode haver, em associação, limitações cognitivas, educacionais, culturais, de informação, de capacidade de compreensão interna (*insight*) etc.

Objetivos terapêuticos

Os objetivos são os mesmos de qualquer outro tipo de psicoterapia. Colby (2015) diz que um objetivo é aliviar o paciente de sintomas angustiantes ou características de personalidade prejudiciais, que interferem em sua adaptação satisfatória a um mundo de pessoas e eventos. Cabe aqui lembrar o que diz Dewald (1981), que o tipo de psicoterapia aconselhada e tentada seja apropriada às necessidades e à capacidade do paciente em particular, e que este tenha condições de atingir os objetivos visados. Para esse autor, a psicoterapia é sempre um trabalho de reparo, e um psicoterapeuta não deve esperar grandes transformações, equivalentes a um renascimento psicológico ou a uma completa reorganização da personalidade do paciente. Os resultados que podem ser alcançados nesse trabalho de reparo são limitados pela qualidade do material original (constituição + ego jovem), pelo grau de dano (quantidade e qualidade dos traumas infantis e frustrações adultas) e pelo que resta a ser trabalhado (ego adulto + situações estressoras da realidade). Nas pessoas, como nas roupas, alguns materiais são mais sensíveis ou frágeis, e um artigo reparado nunca fica igual ao novo. Como a psicoterapia tem um papel de reparo, esse objetivo limitado pode entrar em conflito com as ambições do terapeuta (curar um transtorno de personalidade severo), ou com as esperanças pouco realísticas do paciente (tornar-se uma pessoa diferente do que sempre foi).

Ao falar sobre a psicoterapia fazer reparos, a questão da "cura" vem à tona, porque médicos têm essa preocupação, de curar seu paciente. No sentido psicoterapêutico, se o termo "cura" significar redução de sintomas mentais ou físicos (dores, tensões), alívio das dificuldades emocionais atuais do paciente e um melhor ajuste na vida, então estes são objetivos realistas e alcançáveis. Se, por outro lado, "cura" significar uma vida livre de conflitos emocionais ou problemas psicológicos, então estes não são objetivos realísticos. Assim como uma pessoa pode ter uma pneumonia, uma fratura e diabetes ao longo da vida e requerer um tratamento específico para cada condição, outra pessoa pode experimentar, em momentos diferentes, ansiedades, depressões, sintomas fóbicos – cada uma exigindo uma abordagem psicoterápica para cada condição, à medida que esta surgir no cenário.

Um dos objetivos da psicoterapia médica é trazer alívio aos pacientes, esperando que o trabalho conjunto ajude nos problemas atuais e os fortaleça contra novas dificuldades emocionais, mas sabendo que a terapia não pode garantir uma profilaxia psicológica, que os protejam de futuros problemas. O objetivo da psicoterapia não é produzir uma pessoa ideal ou modelo. Todos na vida devem aprender a suportar uma certa quantidade de tensão emocional, assim como problemas que não puderam ser resolvidos da forma como se gostaria.

Para alcançar os objetivos aqui citados, é preciso oferecer ao paciente um clima e vínculo interpessoal novo (no qual se sinta acolhido, de forma não crítica); favorecer o aprendizado da avaliação e da autocrítica dos comportamentos habituais; aumentar a consciência das perspectivas pessoais saudáveis, não apenas as da enfermidade; influenciar e modificar as pautas de interação familiar e social (tentando encontrar novos modelos de ajustamento interpessoal nessas interações).

Como o paciente costuma buscar ajuda nas situações de crise ou descompensação, os esforços iniciais serão no sentido de estabilizar e reverter esses processos, independentemente de seu maior ou menor potencial para mudanças intrapsíquicas ou crescimento emocional, o que será avaliado posteriormente. Em geral, uma escolha inicial pelo tratamento de apoio é melhor para aqueles pacientes que não aceitam a existência de sua enfermidade psicológica, ou para aqueles que vêm ao tratamento obrigados pela família, ou ainda para aqueles que têm interesse apenas no alívio sintomático imediato e não desejam explorar os fatores subjacentes por trás de sua doença. O mesmo se aplica para os pacientes cuja principal esperança no tratamento é mudar o comportamento de outras pessoas de seu ambiente, em vez do seu próprio.

Os objetivos, nos momentos de crise, serão o alívio ou a supressão dos sintomas, buscando recolocar o paciente em seu prévio estado de funcionamento e adaptação, ajudando-o a lidar melhor com as pressões externas e internas. Num segundo momento e quando estiver indicado, o objetivo passa a ser trabalhar para modificar o entendimento e as vivências anteriores ao adoecer, buscando propiciar melhores condições de lidar com as adversidades da vida e ajudá-lo a atravessar períodos de crises emocionais relacionados a doenças físicas.

Nesse momento, após controlar a crise, é importante e necessário definir uma estratégia geral para o tratamento, que compreenda estabelecer metas fundamentais, naturalmente limitadas, a serem alcançadas em prazos previsíveis e adequados. Para isso, um elemento fundamental é a delimitação de um foco central, em torno do qual girará o tratamento.

Maria, de 38 anos, acreditava estar com câncer apesar da ausência de sintomas específicos e de exames complementares que apoiassem essa hipótese. Essa fantasia a fazia sofrer, com grande ansiedade persecutória, afetando suas relações familiares e ocasionando conflitos no trabalho, onde demonstrava desinteresse e pouca produtividade. Ao contrário de outros colegas, que a mandaram embora com o habitual "os exames estão normais, você não tem nada, é dos nervos, procure um psiquiatra", interessei-me por essa crença tão arraigada numa doença maligna, apontando-lhe a princípio a discrepância entre o que acreditava e o que os exames clínicos desmentiam. Fiz isso sem emitir um juízo de valor negativo sobre a natureza das queixas da paciente, de forma empática e interessada. Em troca, ouvi da paciente que a mãe dela tinha morrido de câncer no ano anterior, por isso ela tinha certeza de que seguiria pelo mesmo caminho. Perguntei o motivo da obrigatoriedade desse destino igual, e ela passou a falar dos conflitos entre elas, da raiva que sentia da mãe e de como estavam de relações cortadas quando esta morreu. Havia uma culpa subjacente a essa perda; a ambivalência de sentimentos para com o morto sempre traz a possibilidade de um luto patológico. Então, assinalei para a paciente que, aparentemente, ela achava que ter câncer como a mãe seria uma espécie de punição pela raiva que sentia da morta. Ela desatou a chorar e, a seguir, confirmou essa hipótese, falando que já tinha pensado nisso, mas que não tinha tido a coragem de falar desses sentimentos com nenhum médico antes. Deixou a consulta consideravelmente mais aliviada, por ter se sentido compreendida e não repreendida por ter esse tipo de sentimento pela mãe.

Esse exemplo demonstra, entre outras coisas, a importância da compreensão dos aspectos psicológicos envolvidos na consulta clínica, auxiliando na escolha de um foco para a abordagem psicoterápica, no caso, a crença fantasiosa na presença de um câncer. Numa terapia, por mais breve que seja (e a psicoterapia médica geralmente é breve), é preciso entender e mostrar os significados e as funções que os sintomas, reais ou imaginários, têm para o doente e para suas relações interpessoais. Nesse relato, a ideia de estar com câncer revelava a identificação, por culpa, com a mãe, e tinha o significado adicional de punição pelos sentimentos de ódio contra a mãe morta, e a função de produzir em sua vida emocional agonia e dor, assim como a mãe tinha experimentado em sua doença terminal.

Nesses momentos, uma questão tática importante (ver Capítulo 9) é centralizar a atenção do paciente nele mesmo e em seu mundo habitual, numa orientação constante para a realidade (enquanto nas terapias introspectivas a orientação é detectar, compreender e modificar aqueles aspectos mais escondidos do mundo interno que contribuem para os sintomas). Esse procedimento visa a ajudar a realizar tarefas integrativas, recuperar o mais cedo possível sua capacidade de remover obstáculos e buscar um equilíbrio emocional satisfatório.

Fatores favorecedores

Acredita-se que as psicoterapias bem-sucedidas dependem de uma série de fatores normalmente presentes em todas as situações nas quais a ajuda prestada foi benéfica. Para Rakel e Rakel (2007), tais fatores incluem: esperança, confiança, liberdade de resposta, fé e uma visão do terapeuta como um indivíduo empático que se relaciona com o paciente de forma não crítica e com um calor não excessivo. O abraço calmante de uma relação humana, o despertar automático de um elemento mágico e os poderes libertadores de uma catarse emocional podem levar uma pessoa a um equilíbrio adaptativo. O método não é específico e diversificado: poderia ser um amuleto, uma pílula, uma mudança ambiental, uma filosofia simples, um dogma sistematizado ou um procedimento científico. As técnicas de ajuda, aconselhamento e psicoterapia se fundem imperceptivelmente. Em geral, é impossível quantificar o grau de melhoria trazido por intervenções específicas ou inespecíficas.

Marks et al. (1979) mostraram que os médicos que se saem melhor em detectar e abordar problemas de saúde mental são aqueles que demonstram maior interesse e preocupação pelo paciente, têm mais conhecimentos psiquiátricos e/ou psicoterápicos, são mais velhos ou mais experientes que os demais, fazem mais perguntas de conteúdo psicossocial e evitam o uso do jargão médico. Eles apontam para o fato de que características pessoais do médico de família o inclinam para essa forma de trabalhar, uma variável inata, o que não significa que tais habilidades não possam ser estimuladas ou aprendidas, um dos objetivos dos grupos Balint (ver Capítulo 18).

Além das nossas iniciativas, precisamos reconhecer a natureza fortuita das soluções espontâneas. Define-se por "natureza fortuita" todos aqueles fenômenos extraterapêuticos ou não específicos de cura que contribuem e acompanham todas as formas do processo terapêutico. As curas espontâneas provavelmente ocorrem com mais frequência do que gostaríamos de admitir. Tanto as dificuldades físicas quanto emocionais estão associadas a períodos de exacerbações e períodos de remissão, e, muitas vezes, sem causa, desaparecem por vontade própria. As circunstâncias da vida podem mudar e abrir oportunidades para a satisfação de necessidades frustradas, tanto normais quanto neuróticas.

As fontes provocadoras de estresse podem desaparecer, como resultado da remoção do estressor ambiental inicial, ou porque o indivíduo conseguiu se livrar dele. Ainda, defesas do ego desmoronadas ou quebradas, cuja falha promoveu o colapso adaptativo, podem ser restauradas à sua força original ou podem ser substituídas por novas defesas mais adequadas, menos incapacitantes. O retorno de um senso de domínio no curso das defesas fracassadas ajuda a restaurar o indivíduo ao equilíbrio funcional pré-mórbido.

Avaliação dos resultados

Os parâmetros indicativos de que os objetivos foram alcançados, dependendo de cada caso, podem ser: alívio ou desaparecimento dos sintomas, modificação nas defesas (menos negação, menos dissociação), melhora nas relações consigo mesmo e com o meio (interpessoais, sociais, laborais), melhora da autoestima e sensação de bem-estar, melhora da autoconsciência e ampliação das perspectivas pessoais, por vezes, trocando a impotência e o desespero por esperança e novas possibilidades, e até mesmo a melhora de parâmetros laboratoriais, pela melhor adesão aos tratamentos propostos.

Parâmetros clínicos também podem ajudar nesse objetivo. Um paciente diabético que não aderia aos tratamentos propostos, após uma psicoterapia breve, diz que entendeu melhor sua doença e a relação que precisa ter com tal condição crônica, e que agora está se tratando melhor, o que pode ser confirmado pela glicemia ou hemoglobina glicada. Ou a estabilização dos níveis pressóricos, como veremos a seguir.

Everalda era uma senhora de cerca de 75 anos, preta, pobre, desdentada, obesa, vestindo roupas muito simples e gastas. Moradora de uma das vielas mais pobres da vila, consultava regularmente no posto, com médicos diferentes a cada vinda. Dessa vez, veio comigo, numa consulta do dia, por estar com a pressão muito alta. Tinha a respiração ofegante e demonstrava cansaço no corpo e na vida. Como faço até hoje, eu sempre perguntava "Então, no que posso lhe ajudar?", ao que ela respondeu que nem sabia se tinha alguma ajuda para o caso dela, que já tinha ido a muitos médicos, até mesmo especialistas, e nenhum resolveu o problema. Para ela, se os especialistas do Instituto de Cardiologia ou do Hospital Conceição não tinham resolvido o problema, como eu, um "médico do postinho", iria?

Enquanto falava, colocou sobre a mesa diversos exames, de sangue e de imagem, solicitados em outros tantos atendimentos, gerais e especializados. Os exames mostravam que já apresentava sinais de insuficiência cardíaca, como consequência de uma pressão que, mesmo pesadamente medicada (usava quatro anti-hipertensivos diferentes naquele momento, em doses plenas), não baixava de 200 x 120 mmHg. Já não sabia mais o que fazer, nem os médicos que a atenderam antes conseguiam entender (ou nem tentaram) tão pobre resposta ao tratamento.

Disse que sua pressão sempre havia sido "meio alta", mas nos últimos anos tinha piorado bastante, e nenhuma medida aconselhada antes fazia baixar. A certa altura da consulta, perguntou se essa pressão tão alta poderia ser causada pelos "nervos", como já haviam lhe dito, embora não se sentisse uma pessoa nervosa.

Fala-se muito da importância da escuta sem, no entanto, ensinar o que se deve escutar, em que elementos prestar atenção na fala do paciente. Esse tipo de incongruência – "dizem que é dos nervos, mas eu não sou nervosa" – é algo que precisa ser escutado como um alerta, um paradoxo interessante. Foi essa a frase que me chamou a atenção. Se não era nervosa, termo geralmente usado para descrever o nervosismo da ansiedade ou da agressividade, perguntei-lhe o que seriam então esses tais "nervos". Mostrou-se envergonhada e incomodada com a pergunta, baixando a cabeça e apertando as mãos, uma reação não verbal que me indicou que ali poderia estar alguma pista significativa.

Aquilo que o paciente nos diz, e a forma como nos diz, é importante, mas os dados mais relevantes às vezes são os não falados. Sabendo que há emoções reprimidas que podem se expressar pela via somática quando não compreendidas nem faladas, assinalei para ela:

– Dona Everalda, tem coisas que a gente sente que, às vezes, causam vergonha se não são faladas, se acumulam dentro da gente e, às vezes, podem fazer até a pressão subir.

Com essa deixa, um estímulo para que superasse a dificuldade de verbalização, perguntou, ainda mais envergonhada, se a pressão alta poderia ser decorrente da falta de sexo. Eu disse a ela:

— Olha, qualquer coisa que nos ajude a entender por que a sua pressão não baixa é útil, e, se a senhora pensou isso, pode ser algo importante. A senhora sente muita falta de sexo?

Aos poucos, ela perdeu a inibição mostrada até ali e passou a relatar que estava viúva há cerca de cinco anos e a contar como ela e o marido, embora idosos, tinham uma vida sexual ativa e intensa, com relações diárias.

— Doutor, ele era um homem de muita vontade, e eu sempre fui uma mulher muito fogosa na cama, desde o casamento a gente tinha relação todos os dias, até a morte dele.

Com o falecimento do marido, não teve mais sexo, e isso lhe fazia muita falta. Foi dessa época em diante que passou a ter dores de cabeça e pressão alta. Ela quis saber se era normal ainda ter esse tipo de desejo na idade dela. Respondi com outra pergunta:

— E por que não seria?

— Ah, sei lá, doutor, parece coisa de mulher louca, tarada!

Rimos, e eu lhe disse que o desejo sexual era muito mais um sintoma de saúde mental do que de doença mental, e que eu via a falta de desejo sexual de muitas mulheres como um problema mais frequente nas consultas.

— Sério, doutor, que tem mulher que não gosta de sexo?

— Sim, é verdade. O problema não é a senhora ainda gostar de sexo, o problema parece ser a falta dele na sua vida, desde a morte de seu marido. Quem sabe não foi daí em diante que sua pressão subiu mais ainda?

Com essa colocação, até sua postura ficou mais relaxada, sentiu-se mais tranquila e passou a contar da saudade que sentia de sua vida matrimonial, no sentido sexual. Quando perguntada por que não havia voltado a ter alguém, alegou ser por causa de sua idade avançada:

– Doutor, eu tenho uma neta de 25 anos, imagina o que ela iria pensar de mim se soubesse?

– E por que ela teria que saber? – eu disse a ela.

– É verdade, doutor. A vida é minha, não tenho que dar satisfações pra ninguém.

Lembrei-a de que havia tido uma boa e ativa vida sexual até os 70 anos, sem que a idade atrapalhasse, e com a pressão mais bem controlada. E perguntei se não havia alguém por quem tivesse se interessado nesse meio-tempo; ela admitiu, rindo, que tinha um admirador na vizinhança, um senhor da idade dela, e que já havia pensado em namorar com ele. Terminou a consulta aliviada, dizendo que nunca havia falado desses assuntos com nenhum médico antes, mas que havia gostado de falar, que se sentia como se tivesse tirado um peso de cima dos ombros.

No retorno, um mês depois, disse que havia pensado muito na conversa da consulta anterior, tomou coragem e decidiu namorar o admirador da vizinhança, já tendo inclusive se encontrado umas duas vezes com ele, com excelentes resultados para a vida sexual e os níveis pressóricos, como atestou seu acompanhamento posterior no posto de saúde. Seguiu namorando o vizinho e consultando regularmente comigo por mais de um ano, e os níveis pressóricos estabilizaram em 140 x 90 mmHg, usando somente meio comprimido de hidroclorotiazida.

Resultado do diálogo estabelecido na primeira consulta: melhora da saúde física, a volta do prazer sexual, menos medicações, menos consultas e mais nenhum exame. E por que nenhum médico investigou ou descobriu antes o fator desencadeante da subida sem controle da pressão? Fator este que também solucionaria o mistério! Provavelmente, atribuíram a pressão alta a causas orgânicas, ou pura e simplesmente à ansiedade, aos "nervos", termo que por si só não explica nada.

Além de a sexualidade na terceira idade ser um tema pouco abordado, é provável que o fato de ser uma mulher, idosa, preta, pobre, desdentada, obesa, viúva, sem encantos ou atrativos na aparência interferiu de forma negativa, criando, literalmente, um pré-conceito (ou seja, um conceito prévio): alguém de 75 anos, com essa descrição, não teria mais por que sentir falta de sexo ou despertar desejo sexual em alguém. Quem poderia adivinhar que ela ainda tinha tanto desejo sexual insatisfeito, a ponto de influenciar no aumento de sua pressão arterial? A resposta é que ninguém precisaria adivinhar, mas teria sido útil imaginar e investigar. Ela teria sido poupada de diversos exames invasivos, que em nada contribuíram para a solução do problema, bem como dos pesados efeitos colaterais de vários anti-hipertensivos que usava, sem resolver a situação.

Ainda assim, a relação entre a perda e o aumento da pressão arterial poderia ser atribuída apenas a alguma depressão ou luto pelo marido, e não ao que havia perdido na relação com ele, a verdadeira origem do problema. Algo que ela mesma resolveu voltando a ter vida sexual ativa, após uma única consulta com seu médico de família.

Outras condições para que um encontro seja terapêutico

Perestrello (1982) diz, com muita propriedade, que a relação interpessoal é sempre uma relação viva e que, portanto, todo ato médico é um ato vivo, por mais que se lhe queira emprestar um caráter puramente técnico. A consequência lógica desse raciocínio é que não existe ato que seja puramente diagnóstico. Todas as atitudes do médico irão repercutir sobre a pessoa do doente e terão significado terapêutico ou antiterapêutico neste, conforme as vivências que despertarão em ambos, médico e paciente.

O autor reforça que o médico, por meio de perguntas, chegará apenas ao diagnóstico da doença, porém jamais ao diagnóstico do doente. Ele usa a expressão "convívio possibilitador" para se referir ao fato de não estarmos acostumados à ideia de um convívio com o paciente, mas a um encontro, de preferência rápido e neutro, razão pela qual criamos uma distância afetiva ou diminuímos o tempo de contato, para nos protegermos desse convívio ou para impedir que ele se estabeleça. O resultado disso pode ser o que ele descreve como uma "configuração médico-paciente desarmônica", quando a consulta se transforma num interrogatório dirigido pelo médico para sua área de interesse, não a do paciente. A configuração também pode ser desarmônica quando a distância afetiva é perdida, não pelo distanciamento, mas pela proximidade excessiva, outra forma de se proteger das ansiedades a partir de um convívio amistoso, porém não profissional, que gratifique demandas de atenção e dependência do paciente, e demandas narcísicas de ser admirado no médico.

O objetivo da conversa com o paciente não pode ser apenas um levantamento organizado e cronológico de seus sinais e sintomas. Isso é muito útil, claro, mas, além desse propósito, seria desejável que o encontro do médico com o paciente fosse também uma busca de informações sobre essa pessoa, suas forças e suas fraquezas, suas experiências de vida e suas reações a ela, na saúde e na doença, quando só ou em família. Quando isso é feito, dentro dos objetivos e princípios que aqui serão descritos, o resultado psicoterapêutico acontecerá ao natural.

Mesmo não devendo ser apenas um interrogatório formal, a consulta médica também não é uma conversa casual e descompromissada entre duas pessoas. Ela é um encontro profissional, em que, transferencialmente, seremos colocados a desempenhar diversos papéis dos objetos prévios da vida do paciente, e reagiremos contratransferencialmente a esse material. Numa consulta, é importante encontrarmos, dentro do estilo próprio de cada um, o equilíbrio entre a formalidade e a espontaneidade, além de termos um objetivo, um propósito definido em mente, para sabermos claramente o que precisa ser alcançado pelo diálogo, onde precisamos e queremos chegar para ajudar o paciente.

Descobrir os sintomas, sua natureza e sua história é um bom começo, mas é apenas isso, um começo. Conhecer apenas as causas imediatas da enfermidade e se restringir aos momentos finais da história da doença é, sem dúvida, algo necessário e o mais fácil de ser feito. Contudo, a identificação correta da *doença* (o que o médico diz que o paciente tem) não ajuda muito na compreensão da *enfermidade* (aquilo que o paciente vivencia).

As doenças, sejam físicas ou mentais, são sempre o resultado da falha de defesas adaptativas do paciente diante daquela situação e, em certo sentido, os sintomas se apresentam como defesas substitutas ou secundárias, formas que ele arranjou na vida para sobreviver e se readaptar. Por isso, é essencial, em relação à história pregressa do paciente, não apenas conhecer todas as ocorrências médicas anteriores, mas saber como ele vivenciou cada uma delas, as consequências que enfrentou em cada uma delas, como fez para lidar com elas, onde fracassou e onde foi bem-sucedido.

Uma enfermidade, em geral, predispõe o paciente para outra, enfraquecendo-o (é bem conhecida a relação entre o infarto do miocárdio e a depressão posterior), mas nem sempre; algumas vezes, uma doença pode ser empregada para defender o paciente de uma situação mais crítica. Uma enfermidade não é sempre má, em um sentido relativo; ela pode ser até bem-vinda, pelo ganho secundário que oferece. Uma cefaleia pode impedir que o paciente visite um familiar com quem tem conflitos interpessoais importantes, que são a verdadeira causa de sua dor de cabeça.

Em diversas doenças crônicas, o dano muitas vezes acaba por exercer um papel importante, talvez essencial na vida do paciente. A menos que o médico conheça por inteiro esse papel, deve ser muito cuidadoso quanto a prometer uma cura, ou tentativa de cura, da enfermidade, ou mesmo a pura e simples remoção de sintomas. Isso pode afetar o equilíbrio mental e físico, produzindo uma situação pior que a anterior. Tal noção deveria ser suficiente para acabar com a nossa ingenuidade, herdada do senso comum, de que oferecer ou produzir uma melhora ou uma cura só faz bem ao paciente. Nem sempre, porque muitas vezes sua doença tem uma função oculta, importante para a economia psíquica. Pacientes obesos mórbidos submetidos à cirurgia bariátrica – e, consequentemente, a uma mudança drástica da aparência física – podem ter quadros de ansiedade, pânico e depressão ou mesmo psicotizar pela mudança da imagem corporal, mas também pela remoção muito rápida de um sintoma defensivo, que os protegia de algo. Em consequência, muitos burlam as recomendações dietéticas para poder voltar a engordar, o que os acalma.

Bird (1978) diz que há muitos motivos para que o médico não limite sua conversa com o paciente apenas aos fatos obviamente pertinentes, pela simples razão de que todos os fatos devem ser considerados pertinentes até que se prove o contrário. Isso significa que se deve dedicar um interesse ao paciente que vai além da natureza objetiva de sua queixa. O autor admite que isso exige uma grande habilidade para conversar com o paciente e constata, com razão, que tal habilidade pode ser fácil para algumas pessoas, mas difícil ou talvez impossível de ser adquirida para outras. Ele lamenta que esse aspecto, o saber conversar, seja considerado como uma habilidade inerente em vez de ensinado e treinado na faculdade, ou seja, em lugar da presunção, é importante que o futuro médico saiba como conversar, o que nem sempre ocorre.

De acordo com Tähkä (1988), para que um encontro com o paciente seja psicoterapêutico, pode-se sintetizar os objetivos da seguinte maneira:

- Atitude e disposição para aceitar que ajudar psicologicamente o paciente é parte inerente ao cuidado médico bem qualificado.
- Estar preparado para prestar esse cuidado por meio da compreensão de princípios psicológicos que possibilitem escutar o manifesto e o simbólico no discurso do paciente (escutar em "estéreo"; ver Capítulo 9).
- Parte dessa preparação é ter conhecimento e domínio dos aspectos técnicos relevantes numa entrevista médica, aquilo que poderíamos chamar de um exame físico da mente.
- A consequência deve ser uma boa e minuciosa coleta de dados, objetivos e subjetivos, permitindo uma compreensão ampliada e integrada da doença, do doente e de seu mundo.
- Comunicação clara das compreensões adquiridas, de forma que não só a doença, mas o processo de adoecer e o tratamento a ser realizado possam ser compreendidos, nessa forma ampliada, pelo paciente, tanto em seus aspectos clínicos quanto emocionais.

Referências

Bird, B. (1978). *Conversando com o paciente*. Manole.

Colby, K. M. (2015). *A primer for psychotherapists*. International Psychotherapy Institute E-Books.

Dewald, P. (1981). *Psicoterapia: uma abordagem dinâmica*. Artes Médicas.

Fiorini, H. J. (1991). *Teoria e técnicas de psicoterapias* (9a ed.). Francisco Alves.

Gask, L., & Usherwood, T. (2002). ABC of the psychological medicine: the consultation. *British Medical Journal, 324*(7353), 1567-1569.

Goldberg, R., & Green, S. (1985). Medical psychotherapy. *American Family Physician, 31*(1), 173-178.

Marcondes, D. (1968). Novos aspectos da entrevista clínica: dificuldades contratransferenciais. *Revista Brasileira de Psicanálise, II*(2), 245-256.

Marks, J. N., Goldberg, D. P., & Hillier, V. F. (1979). Determinants of the ability of general practitioners to detect psychiatric illness. *Psychological Medicine, 9*(2), 337-353.

Perestrello, D. (1982). *A medicina da pessoa* (3a ed.). Atheneu.

Rakel, R. E., & Rakel, D. P. (2007). *Textbook of family medicine*. Saunders.

Stuart, M., & Liebermann III, J. (1993). *The fifteen-minute hour: applied psychotherapy for the primary care physician* (2a ed.). Praeger.

Tähkä, V. (1988). *O relacionamento médico-paciente*. Artes Médicas.

8. Abordagem psicodinâmica para o médico de família

> *O maior obstáculo a uma boa anamnese ainda é a correta interpretação das palavras do paciente.*
>
> (Kurt Kloetzel, 1975)

Por que psicodinâmica?

Uma parte da literatura atual sobre o enfoque teórico e a utilização de técnicas de psicoterapia para o uso diário do médico de família advoga o conhecimento e o uso da teoria e das técnicas cognitivo-comportamentais ou sistêmicas, em vez daquelas inicialmente propostas por Balint e outros, centradas na compreensão psicodinâmica do paciente e da relação com ele. Estas são de inegável utilidade, no entanto, é a compreensão psicodinâmica que permite entender como cada paciente experimenta e atua seus impulsos, desejos e conflitos, os mecanismos de defesa que utiliza, como se relaciona consigo mesmo e com os demais, os sintomas produzidos em sua mente e em seu corpo, como compreende e explica seu adoecer dentro de sua visão de mundo etc.

O conhecimento das dinâmicas mentais inconscientes é um diferencial que ajuda a perceber e a abordar questões mais complexas, que outras linhas teóricas não conhecem, e por isso não as detectam, ou detectam, mas não consideram essenciais para o trabalho do médico de família, por exemplo, a existência determinante de fatores inconscientes na produção de sintomas e de como o paciente os narra, as vivências passadas como modelo de uma estrutura psíquica que influencia as relações do presente, a detecção e o manejo da transferência e da contratransferência, entre outras. O adjetivo "psicodinâmico" dá conta desses outros ângulos de visão indispensáveis ao médico de família, portanto, ele precisa conhecê-los e dominá-los.

A importância e a necessidade da compreensão psicodinâmica para médicos clínicos não são novas. Elas já foram demonstradas por Michael Balint (1954), um psicanalista que trabalhou com os médicos gerais ingleses. Ele foi o pioneiro no uso dos conceitos psicanalíticos para qualificar o atendimento clínico a partir do estudo da relação médico-paciente e de suas peculiaridades, método que ganhou seu nome, bem como grupos de estudo pelo mundo afora (ver Capítulo 18). Balint tinha o desejo de produzir uma mudança na mentalidade médica, que incluísse a compreensão dos fenômenos inconscientes, dos movimentos transferenciais e contratransferenciais, para qualificar a comunicação e o cuidado, reduzindo o dualismo cartesiano corpo-mente. Essa mudança de mentalidade talvez não seja possível para a maioria, mas – assim como Balint – eu acredito que vale a pena o médico de família aprender e fazer uso dos mais importantes princípios e conceitos psicodinâmicos que permeiam a relação médico-paciente.

Claro que posso estar equivocado, mas, como me disse certa vez um dos meus mestres, Amílcar Gigante, "todos nós erramos, então se fores errar, erra bem acompanhado!", no sentido de errar dentro da margem de falibilidade humana, mas apoiado nas melhores evidências e nos melhores autores. Então, se estou equivocado, vou errar na companhia dele, de Kloetzel, de Perestrello, de Balint e de muitos outros autores que defenderam a ideia de que compreender melhor e mais profundamente os pacientes, e a nossa relação com eles, sempre foi *o grande diferencial na qualidade do atendimento médico.*

Com isso, não diminuo a importância de outras teorias e técnicas. Primeiro, porque não há contradição absoluta entre elas, e sim um somatório de potências na utilização de diferentes referenciais teóricos e técnicos. Segundo, e este é o verdadeiro diferencial, porque, sem a compreensão dos aspectos psicodinâmicos envolvidos, as demais técnicas podem ficar na superficialidade, perder muito de sua real eficácia ou mesmo causar prejuízos involuntários, como será demonstrado no caso clínico descrito no final deste capítulo. E, terceiro, um aconselhamento, uma terapia comportamental e uma abordagem sistêmica, se tiverem uma boa base de compreensão dinâmica, terão mais chances de ser bem-sucedidos do que se não levarem em conta esses aspectos.

É comum encontrar intervenções que teoricamente parecem lógicas e bem indicadas (antidepressivos e terapia cognitivo-comportamental para deprimidos), mas que nem sempre têm por base uma compreensão prévia da pessoa do paciente, em sua totalidade (circunstâncias de vida facilitadoras ou causadoras da depressão, mecanismos inconscientes envolvidos, o tipo particular de depressão etc.), que permitam uma abordagem personalizada. Afinal, nem todos se deprimem pelas mesmas razões, pelos mesmos fatores desencadeantes, pelos mesmos mecanismos dinâmicos, nem têm o mesmo prognóstico final. Isso foi visto na história de Claudete, a doente que não sabia do que estava enferma, no Capítulo 5. Tratar a todos com uma única técnica não faz jus à complexidade da condição, como será visto no Capítulo 11.

Outro risco que esses pacientes correm, se suas individualidades não forem compreendidas, são os aconselhamentos que prejudicam em vez de ajudar. É frequente os pacientes depressivos ouvirem conselhos "encorajadores", do tipo "veja pelo lado positivo, você tem tantas coisas boas na vida", "teus filhos te amam", "tente sair e se divertir", aumentando a culpa depressiva por não conseguir fazê-lo, como se fosse só um problema de falta de coragem, de percepção ou de vontade. Seria como dizer a um asmático "vá para o campo, respire o ar puro" em meio a uma crise de broncoespasmo.

O não entendimento dos fatores psicodinâmicos pode levar também a abordagens terapêuticas equivocadas e excessos medicamentosos inúteis. Clarissa, por exemplo, uma professora, com traços de personalidade narcisistas e obsessivos, teve o seu perfeccionismo ferido pelas críticas dos alunos no conselho de classe da escola, e experimentou um retraimento ressentido, um desânimo que a fazia pensar em desistir de dar aulas e ficar em casa sem fazer nada, por estar com muita raiva dos alunos.

Diagnosticada como deprimida, sem ser entendida em sua psicodinâmica, foi considerada resistente ao tratamento porque não havia melhorado com 20 mg/dia de fluoxetina e teve suas doses da medicação aumentadas até 60 mg/dia, sem qualquer resposta, até ser encaminhada ao psiquiatra. Não melhorou pela simples razão de que esse medicamento não trata feridas narcísicas. A paciente merecia um encaminhamento ao especialista, não pelo quadro supostamente depressivo, mas para uma terapia de longo prazo, direcionada ao transtorno de personalidade, que a permitisse renunciar ao perfeccionismo e tolerar críticas sem ficar devastada por elas. Sua suposta depressão vinha de uma raiva voltada para dentro, contra ela mesma.

Um viés excessivo para o lado oposto deve ser evitado, claro. Uma colega da graduação, muito diligente e interessada nos aspectos emocionais da asma, foi alertada por um de nossos professores da faculdade para postergar a investigação emocional da crise asmática de um paciente na enfermaria para quando ele não estivesse mais com os lábios cianóticos, sugerindo nebulizar primeiro e conversar depois, quando o paciente conseguisse respirar melhor. Quando nos afastamos, o professor pôs a mão no meu ombro, sorriu e disse com seu peculiar senso de humor: "A anamnese fica mais fácil se o paciente estiver vivo!".

Exageros à parte, quando se utiliza o referencial psicodinâmico como norteador da maneira de pensar e da atitude médica, para além dos sintomas manifestos, ele amplia muito a visão e ajuda na compreensão mais ampla do mundo interno do paciente, sua estrutura psíquica, a natureza de seus conflitos, mecanismos de defesa que costuma utilizar, sua forma de se relacionar consigo mesmo e com os demais, além do relacionamento que estabelece com seus sintomas, com seu corpo, com a própria doença e conosco, na relação médico-paciente. Zimmermann et al. (1995) justificam a importância da compreensão psicodinâmica, herdada da teoria psicanalítica:

> *Pensamos que o conhecimento psicanalítico não só permanece na base de todo o ensinamento psicoterápico, como também deve ser cada vez mais estimulado pois, paradoxalmente, quanto mais nos afastamos da psicanálise standard, maior é a necessidade do conhecimento psicanalítico para o mais rápido possível identificar e tratar o conflito do paciente. Os tratamentos breves, pela maior atividade do terapeuta, intensificam os movimentos transferenciais e contratransferenciais exigindo maior conhecimento da teoria, da técnica e de si mesmo, como terapeuta e pessoa real. (p. 72)*

Esse aspecto é fundamental, porque a imensa maioria das abordagens psicoterapêuticas realizadas pelo médico de família será breve, eventualmente até mesmo em uma ou duas consultas, o que eu chamo de modelo ampliado, para contrastar com o modelo psicoterapêutico clássico (ver Capítulo 7).

Um conceito prático de psicodinâmica

"Psicodinâmica", como o nome sugere, retrata a interação dinâmica das diferentes forças e instâncias psíquicas internas, ou "partes" do paciente, com diferentes objetivos e prioridades, sejam elas conscientes ou inconscientes (instintos, desejos, necessidades), que buscam uma expressão ou uma satisfação no exterior. Engloba também os conflitos produzidos por esses desejos no contato com a realidade ao longo do desenvolvimento; as formas pelas quais o ego negocia a solução desses conflitos, por meio da expressão (direta ou indireta, disfarçada) dos impulsos, com a ajuda dos mecanismos de defesa (repressão, projeção, cisão etc.); a consequente produção de sintomas (neuróticos, psicóticos, psicossomáticos etc.) ou comportamentos adaptativos, adequados ou não.

A psicodinâmica diz respeito a fenômenos mentais resultantes de *conflitos neuróticos*:

- Originados de impulsos instintuais internos, expressos como desejos, e das defesas contra eles, por obediência aos limites ou proibições da realidade externa (comum nos quadros ansiosos).
- Entre diferentes instâncias ou "partes" psíquicas em conflito (id, ego e superego), com diferentes objetivos e prioridades (comum nos quadros depressivos, nos quais um superego severo atormenta o ego com autoacusações e culpas).

Também pode se originar de *déficits estruturais* (estruturas psíquicas faltantes ou enfraquecidas):

- Quadros em que predominam formas de funcionamento mental muito primitivas ou regredidas, baseadas no pensamento mágico ou concreto, e em uma leitura empobrecida ou distorcida da realidade (comum nos pacientes psicóticos).
- Falha dos mecanismos homeostáticos para lidar com a impulsividade e a agressividade, resultando em expressão direta e pouco modulada destes (comum nos pacientes com transtorno *borderline* e adictos a drogas).

Ainda, a visão psicodinâmica revela a existência de um mundo interno, local onde acontecem relações inconscientes entre diferentes representações mentais de si mesmo e dos outros, criando padrões característicos nas relações interpessoais, facilitadores ou dificultadores nas relações do paciente no campo familiar, social, profissional, e na própria relação com o médico.

Mais do que ser uma perspectiva teórica, a psicodinâmica é *um modo de pensar a globalidade e a complexidade psicológica do ser humano*, uma forma de compreensão, diagnóstico e ação terapêutica que se caracteriza pela reflexão sobre o paciente, sobre nós durante o atendimento e sobre a relação interpessoal estabelecida (aspectos transferenciais e contratransferenciais), levando em conta os conflitos inconscientes, déficits e distorções nas estruturas intrapsíquicas e nas relações interpessoais, bem como repercussões físicas e emocionais daí oriundas.

Os princípios básicos da psicodinâmica

De acordo com Gabbard (2016), estes são os princípios fundamentais da psicodinâmica:

- O valor único da experiência subjetiva.
- A existência do inconsciente.
- Determinismo psíquico.
- O passado como prólogo.
- Transferência.
- Contratransferência.
- Resistência.

A eles, acrescento mais quatro, a meu ver também básicos:

- Mecanismos de defesa do ego.
- Mundo interno e seus objetos.
- Fantasias.
- Aliança terapêutica.

Alguns desses princípios básicos são facilmente reconhecíveis (resistência e mecanismos de defesa), enquanto outros precisam da nossa imaginação e da nossa capacidade de abstração (mundo interno e seus objetos).

O valor da experiência subjetiva

Este princípio, tão óbvio quanto não reconhecido, remete à forma como cada um vivencia os fenômenos de maneira diferente, isto é, todos têm uma dimensão das vivências e das experiências que, além de inconsciente, é subjetiva, e suas manifestações no campo da saúde física e mental são significativas.

Não é difícil imaginar que comunicar a um paciente que ele tem diabetes melito pode desencadear diferentes reações individuais, como negação pura e simples ("os exames e o médico estão errados, eu não tenho isso"), depressão ("não saio mais da cama, isso acabou com a minha vida!"), pensamento mágico ("lá no interior tem um curandeiro que cura qualquer tipo de diabetes, vou lá resolver o problema"), ansiedade ("só de lembrar me dá um nervosismo, uma tremedeira, não estou nem conseguindo dormir direito").

Se o médico não prestar atenção a essas particularidades e focar apenas os aspectos objetivos, ou seja, as orientações e medicações para a doença, fará tudo de forma "correta", mas provavelmente colecionará vários fracassos terapêuticos pela frente. O negacionista não aderirá ao tratamento, a depressão pode interferir no uso dos hipoglicemiantes ou da insulina e agravar o quadro, a pessoa com pensamento mágico será explorada por charlatães que nada resolverão com suas fórmulas mágicas, os ansiosos poderão comer mais para diminuir a ansiedade, e assim piorar o diabetes. Um só diagnóstico, quatro ou mais formas de experimentá-lo subjetivamente.

Quem pensa de maneira psicodinâmica aborda seus pacientes tentando determinar o que é singular em cada um, isto é, que um dado paciente difere de outros pacientes como resultado de uma história de vida sem precedentes. Os sintomas e os comportamentos são compreendidos como vias comuns finais de experiências subjetivas altamente pessoais, que filtram os determinantes biológicos e ambientais da enfermidade.

Assim como a psiquiatria dinâmica pode ser definida em contraste com a psiquiatria descritiva, também o trabalho do médico de família pode ser pensado da mesma maneira, dinâmico *versus* descritivo. Há médicos que classificam os pacientes de acordo com agrupamentos de sintomas comuns, criam listagens para verificação desses sintomas e diagnosticam os pacientes de acordo com agrupamentos similares de queixas. A experiência subjetiva do paciente é posta em segundo plano, ou considerada como mero gatilho do quadro, isso quando não é vista como algo que atrapalha ou complica a consulta médica. Há muitos anos, ouvi de um colega que os pacientes que choravam demandavam um tempo maior de consulta e atrasavam sua agenda, melhor seria encaminhá-los diretamente ao especialista. Como psiquiatra de referência em saúde mental de um serviço de atenção primária, recebi encaminhamentos nos quais estava escrito "Chorou na consulta, ao psiquiatra". Nesses casos, a experiência subjetiva do paciente permanece periférica à essência do diagnóstico e do tratamento, eventualmente como um obstáculo mesmo.

E como o médico de família psicodinâmico pode valorizar a experiência subjetiva, além de tolerar que alguém em sofrimento chore na consulta? Ele aborda seus pacientes com o propósito de identificar o que é singular em cada um, observa de que forma um paciente difere de outros pacientes, como resultado de uma história de vida sem precedentes. Os sintomas e os comportamentos devem ser vistos apenas como as vias comuns finais de experiências subjetivas altamente pessoais, que filtram os determinantes biológicos e ambientais da enfermidade. O profissional deve ser capaz de reconhecer os aspectos do mundo interno do paciente – fantasias, sonhos, medos, expectativas, impulsos, desejos, autoimagens, percepções dos outros e reações psicológicas aos sintomas, escolhendo quais necessitam ser explorados, dentro dos objetivos propostos para aquela consulta.

A existência do inconsciente

O segundo princípio é um modelo conceitual da mente e do psiquismo que inclua a noção de *inconsciente*, um lugar de conteúdos mentais censurados por serem inaceitáveis por alguma razão, sendo, portanto, reprimidos, e impedidos de chegarem facilmente à consciência.

Freud não o descobriu, porque na literatura os escritores, os filósofos e os poetas já o haviam descrito, sob diferentes nomes. No entanto, foi Freud quem descreveu seus constituintes, sua forma de funcionamento e como acessá-lo de forma compreensiva e terapêutica. Para ele, havia dois tipos diferentes de conteúdo mental inconsciente: o pré-consciente (referente a conteúdos mentais que podem ser facilmente trazidos à consciência) e o inconsciente propriamente dito, local dos conteúdos mentais que são censurados por serem inaceitáveis e, portanto, reprimidos, não sendo trazidos facilmente à consciência.

Tallaferro (1989) assinala como o estudo dos conteúdos inconscientes permite explicar e demonstrar que nossos atos têm uma causa definida, obedecem a um propósito e são emocionalmente lógicos, mesmo que, de um ponto de vista racional, aparentemente não seja assim.

Stefan Zweig (1941), citado por Tallaferro, destaca:

> *O inconsciente não é em absoluto o resíduo da alma, mas, pelo contrário, sua matéria-prima, da qual só uma porção mínima alcança a superfície iluminada da consciência; mas a parte principal, chamada inconsciente, que não se manifesta, nem por isto está morta ou privada de dinamismo. Dotada de vida e ação influi de modo efetivo sobre os nossos pensamentos e*

> *sentimentos, representando o setor mais plástico de nossa existência psíquica. Por isto, quem em toda decisão não leva em conta o querer inconsciente comete um erro, pois exclui de seus cálculos o elemento principal de nossas tensões internas; equivoca-se grosseiramente, como se equivocaria quem avaliasse a força de um iceberg considerando somente a parte que emerge da água. O seu verdadeiro volume fica abaixo dela. (p. 40)*

A existência do inconsciente se verifica tanto pelos conteúdos quanto pelo seu funcionamento. O conteúdo se refere às manifestações psíquicas externas dos instintos, vividas como emoções, que são expressões do que está acontecendo em seu inconsciente, assim como as representações de fatos, objetos e órgãos. Ao modo de funcionar do inconsciente dá-se o nome de processo primário, por ser a primeira forma de atuação, a mais primitiva do psiquismo.

Um exemplo comum de conteúdo inconsciente é o desejo assassino que o irmão mais velho experimenta pelo novo bebê da casa. Esse desejo não seria aceito pelos pais nem pela sua consciência, então é recalcado e sepultado no inconsciente, às vezes substituído por um zelo excessivo em relação ao bebê, com medo de que este morra. O impulso inconsciente "desejo que ele morra" é censurado, reprimido e substituído pela preocupação consciente "tenho medo de que ele morra", e o ato assassino "vou matá-lo", é bloqueado e transformado na preocupação altruísta "vou cuidar para que nada de mal aconteça a ele". Eventualmente, pode até se tornar pediatra no futuro, cuidando da saúde de muitos bebês e crianças.

Outra maneira do inconsciente se manifestar na consulta é por meio do comportamento do paciente em relação ao médico. O mecanismo de funcionamento inconsciente descrito anteriormente, num paciente adulto que oculta sua agressividade atrás de uma maneira polida e "reativa", levaria ele a esconder do médico sua inconformidade com a doença e o tratamento, por meio de uma falsa submissão a todas as orientações, ou trazendo um pão feito em casa como presente na consulta de retorno, ao mesmo tempo que informa que perdeu a receita ou não fez os exames solicitados, alegando falta de tempo ou alguma outra razão, em vez de perceber a inconformidade ou mesmo a raiva de ter que se submeter aos procedimentos que, no fundo, não desejaria realizar.

Certos padrões característicos de relacionamento com os outros, estabelecidos na infância, tornam-se internalizados e são desempenhados de modo automático e inconsciente como parte do caráter do paciente. Um paciente poderia ser abertamente agressivo e desafiador, mostrar toda sua chateação e inconformidade, mas seguir as recomendações médicas por um medo paranoico de retaliação, e assim por diante.

Determinismo psíquico

O terceiro princípio fundamental é a existência do determinismo psíquico, isto é, a ideia de que certos comportamentos ou sintomas são predeterminados por fatores intrapsíquicos ou por múltiplas forças etiológicas presentes de forma atemporal no inconsciente, que servem a uma variedade de funções distintas, correspondendo tanto às demandas da realidade quanto às necessidades de expressão desses aspectos inconscientes. É largamente reconhecido que sintomas, comportamentos e até doenças orgânicas podem ser manifestações externas de processos inconscientes.

Muitas de nossas escolhas não são selecionadas ao acaso ou por decisões puramente conscientes, nem sequer a da profissão ou da pessoa com quem nos casamos, ou se jamais nos casamos. Ao contrário, são a expressão de forças inconscientes numa relação dinâmica entre si, representam adaptações às demandas de um texto inconsciente composto de impulsos, fantasias, defesas etc. O comportamento tem um sentido, nem sempre conhecido, mas sempre capaz de ser revelado nos atos, nas verbalizações e nos sintomas. Dessa forma, o "eu esqueci de tomar a medicação", mais que apenas um problema de memória ou disciplina pessoal, pode ser uma reação negativa, apropriada ou não, à prescrição médica. O paciente pode não ter gostado de ouvir que tinha tal doença, ter conhecido alguém que usou aquela medicação e passou mal, pode não ter gostado do tom de voz do médico na consulta, ou pode ter uma estrutura de personalidade basicamente paranoica e ter ficado desconfiado que a medicação iria prejudicar ao invés de ajudar. A compreensão dinâmica ensina que aconselhar o paciente a "tomar notas, colar na geladeira para não esquecer da próxima vez" não resolve a resistência subjacente.

Para Gabbard (2016), o princípio do determinismo psíquico requer duas ressalvas. Primeiro, os fatores inconscientes não determinam *todos* os comportamentos ou sintomas. Quando um paciente com doença de Alzheimer esquece o nome de sua esposa, esse fenômeno provavelmente não constitui um ato falho. A complexa tarefa do médico de família, ao avaliar um paciente do ponto de vista da saúde mental, é definir quais sintomas e comportamentos podem ou não ser explicados por fatores dinâmicos, associados ou não a fatores biológicos, sejam eles causa ou consequência. Depressão e diabetes, quem se apresentou primeiro? Depressão pode anteceder sintomas de diabetes e Parkinson em até seis meses. Doenças cardiovasculares e depressão têm uma associação reconhecida na literatura médica. Onde começa uma e termina a outra? Foi a depressão que levou ao infarto ou foi este que produziu um quadro depressivo, pelo risco de morte?

A segunda ressalva vem da experiência com pacientes que não fazem qualquer esforço para alterar seu comportamento, porque se sentem vítimas passivas do que lhes acontece, esperam que uma solução venha de fora sem que tenham que se esforçar para resolver problemas que são seus. Eles nomeiam o médico como o responsável não só pelos seus cuidados de saúde, mas pela sua vida. O que não sair bem, terá sido por culpa do profissional ou da equipe de saúde. O conceito de determinismo psíquico não é absoluto; todos têm espaço para as escolhas, a intenção consciente de mudar pode ser um fator importante na recuperação do paciente.

O passado como prólogo

O quarto princípio básico da psiquiatria dinâmica, conectado com os anteriores, compreende que as experiências da infância constituem determinantes cruciais da personalidade adulta. O médico de família que pensa de forma dinâmica escuta atentamente quando um paciente fala de sua infância, reconhecendo que experiências iniciais anteriores podem desempenhar um papel crítico nos problemas atuais, tanto na sua apresentação quanto na busca de uma solução, que poderá ser realista e adulta, ou mágica e infantil.

Um exemplo de como as primeiras experiências infantis são determinantes para a vida adulta são os quadros ansiosos, comumente associados a fobias e pânico, que estão entre os motivos mais frequentes de consulta em atenção primária. Os sintomas fóbicos são universais nas crianças, e a ansiedade no contexto adequado é um sinal universal de perigo externo. O primeiro perigo externo na vida é a presença de uma pessoa que não seja a mãe. Quando uma ligação saudável é estabelecida com a figura materna, começa a fase da ansiedade de separação. Essa fase também desempenha um papel adaptativo importante, porque protege a criança pequena de afastar-se da vista e da voz da mãe, e assim manter-se cuidada e segura.

O futuro ansioso e/ou fóbico, por sua vez, aprende, na infância, que o mundo é um lugar assustador e imprevisível. Seus pais podem reforçar essa visão por meio de sua timidez ou de ataques explosivos ou violentos. Em algumas famílias, a própria mãe é um pouco fóbica, e o pai, imprevisível, irritável e agressivo, ou o pai pode compartilhar os medos da mãe, e a ameaça de agressão pode vir de fora do círculo familiar. A criança passa a superestimar os perigos do mundo externo e o perigo emocional interior da ansiedade. Em geral, os medos de perigos externos são aprendidos diretamente com os pais. Às vezes, podem ser reforçados pelo aumento real do perigo, porque a criança é vulnerável, como em uma doença crônica, ou porque a família vive em um lugar que apresenta perigos reais.

O medo exagerado da ansiedade está relacionado com a incapacidade da mãe de perceber o estado emocional de seu filho e com sua consequente superproteção defensiva. Se ela responder como se todos os sinais significassem perigo, a criança não terá a oportunidade de desenvolver uma tolerância normal para a ansiedade. Em outras palavras, a ansiedade da mãe e a consequente dificuldade em responder ao filho podem levar, mais tarde, ao desenvolvimento da intolerância à ansiedade.

Da mesma forma, é bem conhecido o quanto traumas precoces ou a ausência afetiva dos cuidadores (mesmo quando fisicamente presentes) contribui para quadros ansiosos, depressivos ou transtornos de personalidade no futuro.

Outro exemplo de como aspectos infantis não realistas podem se manter e influenciar o mundo adulto é o paciente diabético e bipolar que se recusa a usar insulina e nega sua bipolaridade, de tal modo que rejeita o tratamento medicamentoso para ambos os problemas, enquanto espera por uma revisão especializada que descarte tais diagnósticos, ficando, assim, magicamente "curado" de tais patologias, pela negação maníaca de sua existência. Esse é um bom exemplo de como padrões infantis de lidar com a realidade e seus problemas podem persistir na idade adulta e se tornar um problema importante para o manejo do doente como um todo, para a adesão aos tratamentos propostos e, por fim, contribuir para um pior prognóstico.

O paciente em questão pode ter, inconscientemente, desejado a morte de um irmão também diabético como ele, e agora culpar-se por ela ter acontecido de fato, precisando recriar os meios para que aconteça o mesmo com ele, pela culpa experimentada. Ou pode estar, de forma inconsciente, identificado com um pai que padeceu por muitos anos dessa doença crônica, tendo que – para provar que amava o pai – cumprir o mesmo calvário que ele.

Transferência

Diz Botega (2012) que:

> *No encontro terapêutico, à semelhança da relação filho-pai durante a infância, o médico passa a ser o depositário de fantasias repletas de elementos mágicos que configuram a transferência. Este conceito nasceu da psicanálise. A criança assustada que o paciente traz dentro de si espera reencontrar no médico a capacidade materna de aplacar a angústia e a dor, de acolher fantasias aterrorizantes desencadeadas pela doença e devolvê-las transformadas, elaboradas e mais aceitáveis. Ou, ainda, espera-se encontrar no médico alguém que se assemelhe à imago paterna, investida de força e habilidade, capaz de controlar e domar os perigos do mundo externo. (p. 35)*

A transferência pode ser conceituada como um processo mental pelo qual o paciente, inconscientemente e de modo inadequado para o contexto, desloca para outros indivíduos de sua vida, no momento atual, reações emocionais e padrões de comportamento que se originaram com as figuras importantes de sua infância, agora internalizadas em seu mundo interno (ver mais adiante). As reações conscientes, reais e adequadas não se caracterizam como transferência.

As formas mais comuns de transferência são a positiva (na qual predominam os aspectos amorosos e expectativas positivas do paciente em relação a seu médico) e a negativa (na qual predominam os aspectos agressivos para com o outro, e expectativas negativas ou irreais). É uma recriação, em tempo real, dos diversos estágios do desenvolvimento emocional do paciente ou um reflexo de suas complexas atitudes para com figuras-chave de sua vida, especialmente as que o cuidaram nos primeiros anos de vida (mãe, pai, irmãos, familiares, professores etc.). As reações transferenciais são diferentes de acordo com o sexo do paciente e o sexo do médico (no geral, mas nem sempre, sexos opostos propiciam reativação de situações de sedução enquanto profissionais do mesmo sexo que o paciente geram ou reativam situações de competição). Um aspecto peculiar da transferência se dá quando o paciente se apaixona por seu médico, e denomina-se transferência erotizada (ver Capítulo 14).

A transferência ocorre de maneira automática, espontânea e inconsciente, em todas as relações na vida, mas pode ser reconhecida e abordada na relação com o profissional, pela transposição de modelos relacionais do passado para o presente. O que é muito útil para a compreensão e o manejo atual dos problemas, uma vez que o passado não pode mais ser alterado, mas seus significados, sim, podem ser reconhecidos no presente e ressignificados, reinterpretados.

Assim, é natural que todas as demandas do paciente ao seu médico incluam um componente transferencial, geralmente em termos de espera de uma gratificação, de cuidado ou proteção, mas também no que tange a queixas e reclamações contra o médico e tudo aquilo que ele representa.

Contratransferência

Por contratransferência entende-se a reação transferencial que ocorre no médico, sua resposta emocional ao ser tocado pela transferência do paciente, permitindo ao profissional, por meio da empatia, compreender esse paciente. Inicialmente entendida como um entrave à relação, atualmente a contratransferência é considerada um instrumento a mais no manejo psicoterapêutico, um componente do campo relacional, que pode ajudar a compreender a situação total no momento da consulta.

Para que isso seja possível, é necessário que o profissional conheça minimamente suas reações emocionais, para não atuar tais afetos com o paciente, ou contra ele. A contratransferência é um dos maiores obstáculos à utilização dos elementos psicológicos naturais da relação pelos médicos. Suas angústias contratransferenciais podem se expressar como medo e rechaço ao paciente e suas problemáticas, especialmente as emocionais, levando o médico a se refugiar numa falsa objetividade orgânica ou científica, proteção defensiva contra suas próprias ansiedades. O oposto também ocorre, uma necessidade de gratificar as demandas do paciente para obter sua admiração e afeto, evitar a desaprovação, a crítica ou a raiva deste.

O conceito de contratransferência passou por várias transformações ao longo do tempo. Primeiro, na teoria clássica, a contratransferência foi considerada um problema de falta de análise do terapeuta. Depois, foi conceituada como a totalidade das emoções e dos sentimentos que a pessoa do paciente faz surgir no terapeuta, com a vantagem de permitir a esse profissional compreender melhor o outro, a partir da percepção e da compreensão de seus próprios estados mentais e emocionais durante a consulta. Por fim, a contratransferência foi considerada um componente natural do campo terapêutico, uma ferramenta útil para compreender não só os sentimentos do médico, mas também a relação médico-paciente como um todo.

Um exemplo comum é quando o médico, que estava calmo e tranquilo durante a consulta, começa a experimentar, sem razão, aparente uma angústia ou irritabilidade crescente, que o faz desejar terminar a consulta o quanto antes. É possível que algo verbalizado ou transmitido de forma não verbal pelo paciente o tenha afetado. Se isso puder ser compreendido não como algo seu, mas como fazendo parte do quadro emocional daquela pessoa, ele pode perguntar se há algo mais angustiando ou irritando o paciente, que talvez ainda não tenha sido falado (mas que o médico está sentindo).

Resistência

A resistência refere-se às forças internas em oposição às aquisições do tratamento e às mudanças, inclusive quando estas são para melhor. Tem uma grande variedade de fontes e formas, costuma se expressar naquelas ações que se opõem ao tratamento, de forma consciente ou não, e é fundamental detectar e abordar seus determinantes. É frequente se apresentar na clínica como adiamento ou falta às consultas, atitudes de incompreensão sobre o que lhe foi explicado quanto a procedimentos ou medicações, de esquecimento das medidas terapêuticas, de falsa aquiescência ou franca oposição ao que foi proposto, não adesão ao tratamento etc. As resistências frequentemente causam reações contratransferenciais de rechaço no médico, que pode – se ele não as compreender adequadamente – entrar em discussões infrutíferas com o paciente, tentar impor obediência por meio do poder profissional, e assim por diante.

Helman (1994) aponta como é frequente a consulta ao médico ser adiada porque o paciente acha muito difícil enfrentar e aceitar a presença da doença e de suas consequências, ou os sentimentos que podem evocar. Isso ocorre, em especial, quando os sintomas podem ser interpretados como sinais de enfermidade assustadora que representa uma ameaça à vida. Ainda segundo o autor, depois do medo, a vergonha é o motivo mais frequente para adiar a busca de ajuda profissional. Admitir a presença da doença pode parecer uma admissão de fraqueza e inferioridade. Preconceitos sociais individuais podem tornar certas moléstias particularmente vergonhosas, e experimentar medo e preocupação pode parecer indigno de uma pessoa forte e corajosa. Aceitar o papel de doente, que envolve o abandono das tarefas normais e a submissão ao cuidado de outros, pode parecer humilhante e ofensivo à autoestima.

Talvez a forma mais comum de resistência encontrada na clínica seja a não adesão ao tratamento. Compreender a onipresença da resistência, e seu papel como um aspecto a ser entendido, deve poder levar a um manejo diferenciado dessa situação, não apenas com aconselhamentos e exortações sobre a importância de aderir ao tratamento, mas também buscando entender as causas da dificuldade de adesão (a resistência). A reclamação ou o menosprezo jocoso das dificuldades do paciente com o tratamento é outra maneira de expressar o não reconhecimento ou a não compreensão das resistências por parte dos médicos. A queixa "o paciente não faz o que é orientado!" deveria ser substituída pela pergunta "o que será que o impede de seguir as orientações?".

A necessidade de evitar admitir a doença e suas consequências, de evitar reconhecê-la em si próprio e responsabilizar-se plenamente pelo tratamento, constitui um traço humano geral que não depende da inteligência, do conhecimento ou do nível de educação. A experiência demonstra que os próprios médicos, por exemplo, apesar de seus conhecimentos profissionais, não são melhores pacientes que os outros; pelo contrário, costumam ser os mais procrastinadores na tentativa de evitar consultas e exames.

Às vezes, o próprio profissional pode incentivar a criação de resistências por meio do que diz ou faz, por exemplo, atender com a porta do consultório aberta, desencorajando ativamente a livre expressão do paciente sobre temas que possam ser mais íntimos ou delicados, ou deliberadamente se omitindo de abordar temas psicológicos abertos ou latentes, confirmando para o paciente que tais temas não são bem-vindos na consulta médica.

A esses sete aspectos principais, conforme mencionado, eu acrescento outros quatro, cujo conhecimento é importante na prática médica cotidiana.

Mecanismos de defesa do ego

Outro pressuposto necessário para a compreensão dos pacientes e do seu manejo eficiente é o conhecimento dos mecanismos de defesa do ego e sua utilização, inclusive como resistência ao tratamento e às mudanças. Esses mecanismos são definidos como processos mentais (por exemplo, repressão, formação reativa, isolamento dos afetos, anulação, negação, projeção, dissociação) pelos quais, isoladamente ou numa combinação de mecanismos, o ego se protege contra impulsos, desejos e fantasias, considerados, por alguma razão, ameaças ao equilíbrio psíquico (ver Capítulo 4).

Na prática, o uso dos mecanismos de defesa diz respeito a como uma pessoa lida, inconscientemente, com as diversas situações da vida. Está relacionado à forma como ela organiza, maneja ou se protege de impulsos, afetos, sentimentos ou ideias vindas de seu mundo interno. O uso continuado e preferencial de determinados mecanismos de defesa acaba por se constituir num estilo defensivo próprio para cada pessoa, que pode ser adequado ou inadequado do ponto de vista adaptativo, e dentro de um determinado contexto. Esse estilo estável torna-se parte da estrutura de personalidade da pessoa, o que lhe confere um senso de coesão do self, uma identidade própria. Quando se diz que uma pessoa é boazinha, medrosa, desconfiada, chata, exagerada – ou combinações dessas características –, isso corresponde a essa organização inconsciente predominante, em nós e nos outros.

Os mecanismos de defesa com frequência estão na base das resistências e de algumas de suas causas – medo, vergonha, sentimento de culpa, esquecimentos etc. Eles servem para poupar o indivíduo da constatação de fatos desagradáveis e da experiência de sentimentos desagradáveis ou ansiosos. No caso de doença, o método mais simples é tentar conscientemente expulsar da consciência a presença dos sintomas, sua possível significação e consequências, ou os sentimentos desagradáveis por eles evocados. Essa, contudo, não é uma maneira muito eficaz no longo prazo, particularmente quando os sintomas são perturbadores, e exige um grande e consciente esforço por parte do paciente. Os mecanismos de defesa foram descritos com mais detalhes no Capítulo 4.

Mundo interno e seus objetos

Esse é um conceito originário da teoria psicanalítica, que ajuda a compreender melhor as formas pelas quais cada paciente produz e experimenta suas vivências. Embora pareça complexo, o conceito fica mais acessível quando se tem em mente o fato que nem tudo na vida é concreto e objetivo, que somos seres potencialmente dotados de uma capacidade para abstração, subjetivação e imaginação, partes essenciais do nosso aparelho psíquico. No Capítulo 13, serão mostrados alguns exemplos de quando essas capacidades não estão presentes, e os problemas que isso causa.

Para prosseguirmos, é preciso admitir, ou pelo menos imaginar, a existência de um mundo subjetivo que não é visível aos olhos ou ao toque, mas nem por isso menos real. Assim como temos um mundo externo, cada um de nós possui um *mundo interno*, cenário abstrato de eventos psíquicos, local que contém as representações mentais de coisas e pessoas que vamos internalizando ao longo da vida, bem como das relações entre todos os "cidadãos", habitantes desse mundo interno, com as emoções correspondentes. Isto é, todos carregamos uma variedade de representações mentais internalizadas, de nossos próprios aspectos (sou bom, sou franco, sou atencioso etc.), dos outros (meu pai era assim, minha mãe era de outro jeito, fulano é bom, franco, atencioso ou mau e mentiroso etc.) e das relações e suas emoções (amo fulano, não gosto de beltrano etc.). Chamamos de *objetos internos*[1] as representações que compõem nosso mundo interior. *Representação de objeto* refere-se àquelas impressões sensoriais e emocionais que construímos dentro de nós sobre as pessoas de nossa vida e que estão internalizadas em nossa vida mental, de forma simbólica. Por exemplo, nosso pai e nossa mãe pertencem ao mundo externo, não estão dentro de nós, mas suas representações, sim. Chamamos as relações com os objetos internos, e os externos, de

---

[1] No sentido psicodinâmico do termo, "objeto interno" não quer dizer um "objeto-coisa", mas, sim, tudo que não for o sujeito, aquelas impressões que construímos dentro de nós, com uma carga afetiva, sobre coisas e pessoas emocionalmente significativas de nossa vida.

relações de objeto, ou *relações objetais*. O pai ou a mãe, representados internamente, não são exatamente as mesmas pessoas reais com as quais convivemos, ou o mesmo casal, mas representações de cada um e da sua relação, coloridas pelas nossas percepções e introjetadas com esse acréscimo ou viés.

Um exemplo simples talvez torne o conceito mais claro: pode acontecer de três filhos terem três diferentes visões de suas relações com o pai ou a mãe, cada um baseado na representação internalizada desse pai ou dessa mãe. Um pode achar o genitor amoroso e cuidadoso, outro pode sentir o genitor como frio e distante, enquanto um terceiro sente o genitor como alguém intolerante e bravo. Cada um dos três também poderá vivenciar de diferentes maneiras o próprio casal parental, como este se relaciona, desde "nossos pais se amam" até "nossos pais não se dão muito bem" ou "eles se odeiam", conforme a percepção de cada filho. Na transferência, com o médico, cada um dos filhos tenderá a sentir e a reproduzir com o profissional da mesma maneira que sente e tem de se relacionar com os genitores, podendo experimentar o médico como cuidadoso, frio ou intolerante.

Essas representações próprias e das outras pessoas (como cada um se vê e vê os outros no mundo) situam-se no mundo interno do indivíduo, onde formam aquilo que se denomina "o mundo das relações de objeto", muitas das quais podem criar padrões característicos de dificuldades interpessoais. Um exemplo é a distância que pode haver entre como eu acredito que sou e como eu realmente sou, entre um pai real (com mais qualidades que defeitos) e o mesmo pai internalizado (com mais defeitos que qualidades).

Um paciente vem à consulta por um quadro depressivo, no qual se percebe um luto patológico, ligado à morte da figura paterna. Para ele, o pai só tinha aspectos negativos, sendo descrito como um verdadeiro monstro, um objeto desprezado, representação interna reforçada pelas críticas maternas, antes e após a separação do casal. Para sua surpresa, descobriu no funeral do pai que ele tinha uma multidão de amigos e era muito benquisto, na verdade muito amado pela segunda família que veio a constituir depois que saiu de casa. A percepção externa que teve era muito diferente da interna, reforçada pela mãe, e, se bem trabalhada, poderia resultar em uma mudança na percepção, um resgate amoroso de um "objeto-pai" com qualidades e defeitos, abrindo caminho para uma nova relação com este, já não em vida, mas dentro de si, onde o pai poderia se tornar um objeto menos monstruoso a partir de agora, numa visão mais equilibrada e realista, enquanto habitante de seu mundo interno. O paciente se deu conta de que os aspectos positivos do pai aliviavam os sentimentos de culpa que estavam impedindo a elaboração do luto. A sensação de ter que se aliar à mãe para odiar o pai, a quem amava, produzia uma ambivalência sufocante e opressora, gerando uma ansiedade que agora percebia de onde provinha e que, ao ser compreendida e verbalizada, desapareceu.

Esse paciente, para o qual o pai era sentido como um monstro, tinha a faceta de ser galanteador e conquistador (exatamente como o pai, e da maneira que a mãe criticava). Assim, em tratamento com uma médica do sexo feminino, comportava-se dessa maneira durante as consultas, repetindo um padrão que sequer entendia de onde vinha. Quando a médica supervisionou o caso e pôde entender o comportamento atual do paciente como tendo seu prólogo no passado, conseguiu manejar a situação de forma adequada e continente, sem críticas ou punições (o que seria entrar no papel da mãe do paciente). Conversar com ele sobre o amor, antes oculto, que sentia pelo pai ajudou muito na resolução do luto.

Fantasias

Nossos instintos são traduzidos na forma de impulsos e desejos, que demandam satisfação, o que nem sempre é possível, e assim acionam conflitos no mundo interno entre o id (que exige satisfação) e o ego (que faz a intermediação entre a demanda instintiva e a possibilidade de sua satisfação), pondo em ação mecanismos de defesa para lidar com esses aspectos conflitantes, bem como geram fantasias, que são definidas como a expressão mental dos nossos instintos (como a demanda instintiva chega ao nosso pensamento). Portanto, as necessidades instintivas, emocionais e afetivas de cada pessoa, e os conflitos e as angústias relacionadas com esses temas, são representadas na mente como *fantasias*. Elas podem assumir diversas formas e se expressam na vida consciente e no pensamento, por meio de imaginações, devaneios e ideias mais ou menos realistas, na conduta, via alguma atividade ou comportamento que busca a evitação ou a realização dessas necessidades, ou nos sintomas apresentados, como substitutos dos conflitos. É da história da medicina e da psiquiatria a cegueira histérica, com o paciente perdendo a visão porque não suporta ver algo que, para ele, é proibido. Conhecemos pacientes que, ao menor sintoma doloroso, acreditam estar com câncer, mesmo na ausência de outros fatores, e exigem exames para descartar o que no fundo é a fantasia de terem algo maligno em seu interior. Isso pode até ser verdadeiro, mas não na forma de um câncer. O paciente pode ter abrigado sentimentos que ele considera maus ou malignos a respeito de outras pessoas, que agora são vivenciados como medo da malignidade voltar-se contra si, produzindo um câncer como punição por abrigar tais sentimentos. Se não compreendermos que o medo não realista (fantasioso) de estar com uma doença maligna é uma fantasia inconsciente de punição, o número de consultas e exames complementares inúteis será grande e custoso (uma outra forma do paciente buscar punição é submeter-se a muitos exames e procedimentos desnecessários).

Aliança terapêutica

Por fim, a aliança de trabalho, ou aliança terapêutica, é definida como um acordo de trabalho entre aquela parte consciente e saudável do paciente que busca ajuda, mesmo que depois vá oferecer resistências, e a contrapartida do profissional que aceita o pedido e se dispõe a colaborar na busca dos objetivos comuns do tratamento. Dela fazem parte aspectos do enquadre, como a frequência e a duração dos encontros, a confidencialidade, os objetivos comuns a serem trabalhados e alcançados.

A aliança terapêutica também costuma ser chamada de vínculo, mas é preciso diferenciar o vínculo que liga médico e paciente num mesmo objetivo de trabalho daquele que não diz respeito ao enquadre profissional. Nem todo vínculo constitui uma aliança terapêutica. O paciente que muito rapidamente propõe ao médico um vínculo extraprofissional, de amizade, por exemplo, ou que assim se sente vinculado, à revelia do médico, pode estar expressando mais resistência do que aliança e adesão ao tratamento, propondo mais um borramento do que um fortalecimento dos limites da relação.

Duas histórias psicodinâmicas do cotidiano

A seguir, relato dois casos clínicos que podem exemplificar o que acontece quando a compreensão psicodinâmica é utilizada e quando não é levada em conta.

Margarida, uma mulher de 55 anos, veio encaminhada pelo seu médico de família por sintomas depressivos e ansiosos que não melhoraram com as doses habituais de antidepressivos. A primeira impressão que me deu, à medida que a conversa transcorria, é que parecia muito reprimida e controlada em todas as suas manifestações afetivas, mas demonstrava uma irritabilidade subjacente, um tom de voz duro e seco, com frases curtas e afirmativas, que demonstravam certezas e dispensavam reflexões a respeito do que dizia. Era uma mulher excessivamente religiosa e afirmava, de forma orgulhosa e até arrogante, que, por causa da sua espiritualidade, nunca havia experimentado sentimentos de raiva em qualquer época de sua vida, e que o mal-estar e a tristeza que sentia era consequência de se sentir agredida com frequência pelos parentes. Criava atritos com eles, por diversas razões, mesmo assim não entendia por que tinham raiva dela.

Os mecanismos de defesa que Margarida utilizava estavam unidos para banir da consciência a agressividade. Negação (nunca teve raiva), repressão (a raiva foi suprimida da consciência), projeção (os outros eram agressivos, não ela), formação reativa (agressividade transformada em virtude), racionalização (a explicação de tudo pela via religiosa, consciente).

Seu jeito de falar comigo era desafiador, afirmava algo e ficava esperando não uma reflexão sobre o assunto, mas uma réplica que desse início a uma discussão. Discutir em vez de pensar é uma forma comum de se defender das percepções desconfortáveis. Transferencialmente era agressiva porque esperava que eu também me tornasse agressivo, comprando uma briga com ela, aí estaria num terreno bastante conhecido seu. Contratransferencialmente, fui levado a experimentar uma grande irritação, porque parecia fechada numa couraça de virtude, pureza e certezas, que eu sabia que eram defesas contra desejos inconscientes agressivos ou violentos.

O paradoxo entre me parecer muito agressiva, a ponto de me deixar irritado, e a total negação da agressividade, pela via da religiosidade, sugeriu uma porta de entrada para abordar o problema. Já que era muito católica, usei dos conhecimentos das aulas de religião da minha época de estudante em colégio católico. Disse que sua afirmativa de que, por ser religiosa, estava a salvo da raiva me lembrou de uma passagem do Novo Testamento, a qual conta que Jesus havia expulsado os vendedores do templo, porque profanavam um local destinado à adoração divina, não ao comércio mundano. Perguntei se tinha conhecimento desse trecho do Evangelho, ao que respondeu que sim, claro que conhecia. Então perguntei-lhe se, enquanto chicoteava os vendedores, Jesus estaria muito calmo ou com raiva.

A pergunta, baseada na compreensão psicodinâmica descrita anteriormente, e formulada usando os elementos do campo que a paciente me trouxe, a religiosidade, pegou-a de surpresa e a deixou sem uma saída racional, na qual pudesse negar que Jesus, a quem adorava como o paradigma do Ser divino, tinha raiva, e ela não.

Não podendo negar que até Jesus teve raiva, não podendo explicar racionalmente por que Ele podia ter raiva e ela não, a paciente me deu uma porta de entrada para trazer à luz os aspectos inconscientes agressivos reprimidos. Percebendo a brecha aberta nos mecanismos de defesa, disse-lhe que então tínhamos duas opções para pensarmos: ou ela já tinha tido raiva em sua vida ou era mais divina que Jesus. Ouvir isso a fez ficar ruborizada e muito desconfortável na consulta (com raiva de mim, eu acredito). A contragosto, admitiu que eventualmente "se aborrecia", "se incomodava" ou "se magoava", expressões que os pacientes comumente usam como substitutas da raiva que sentem.

Perguntei-lhe, sem nenhum tom de crítica, o porquê de não poder simplesmente assumir o fato de ter raiva, se até Jesus teve, se era um afeto humano como qualquer outro. Nesse momento, abandonou a postura rígida e defensiva, começou a chorar e pôde finalmente falar dos inúmeros problemas que vinha enfrentando e para os quais não encontrava soluções, já que os projetava todos fora de si, acreditando serem causados pelos outros. Passar a ter problemas causados por ela mesma, e que dependiam de si para serem resolvidos, abriria um leque de opções, das quais até ali Margarida não dispunha.

A leitura psicodinâmica dessa situação é bem simples. É muito comum encontrarmos pessoas com desejos inconscientes (geralmente ligados à agressividade ou à sexualidade) que sua consciência moral consideraria como inadequados, impuros e proibidos. Quanto maior a intensidade do desejo, e quanto maior a proibição, mais rígidos tornam-se seus mecanismos de defesa, fazendo-os desenvolver na vida uma grande preocupação com a moralidade, a pureza, a correção, podendo se manifestar na forma de pensamentos, crenças ou atitudes. Uma parte sua gostaria de atuar aqueles desejos (e às vezes os atua, disfarçadamente, por meio dos sintomas físicos ou comportamentais), enquanto outra parte vigia para que não o faça, restringindo seus comportamentos e punindo até os pensamentos. Esses escrúpulos são justificados a partir de uma moralidade restritiva, de crenças religiosas experimentadas como uma exigência externa, sobrenatural. Baseadas em algumas dessas premissas, essas pessoas precisam rechaçar todo e qualquer sentimento indesejável e proibido, independentemente de sua natureza (agressiva, invejosa, transgressora, voraz, sexual etc.). Quando os mecanismos de defesa falham ou fracassam, elas sentem uma grande ansiedade, cuja origem geralmente é inconsciente, e experimentam sintomas ou empreendem atos evitativos, compensatórios ou punitivos, entre outros.

O caso a seguir nos ajuda a compreender que o oposto também acontece, quando a compreensão psicodinâmica não é percebida ou levada em conta, resultando numa escolha equivocada das ferramentas terapêuticas a serem utilizadas e aumentando os riscos de causar dano, dentro do princípio milenar latino "*Primum non nocere*", primeiro não prejudicar.

João era um homem por volta dos 50 anos, dono de uma pequena sapataria, onde trabalhava só, sem ajudantes. Aparentava ser um sujeito fechado e quieto, do qual os familiares se queixavam que pouco conversava ou interagia emocionalmente em casa, não dando atenção à mulher e aos filhos. Sempre havia sido dessa maneira, era considerado ranzinza e, quando exigiam dele convivência e uma maior interação social, como festas de aniversário ou visita a familiares, ficava mal-humorado e irritado, mas nunca agressivo. Com base nas queixas dos familiares, foi submetido a algumas intervenções sistêmicas e comportamentais, com a presença de profissionais de saúde e da família nuclear. Nesse atendimento, ouviu calado as queixas contra ele e foi confrontado com sua maneira característica de agir, estimulado a promover mudanças que o aproximassem afetivamente dos demais, como levar a mulher para passear e brincar mais com os filhos etc. A abordagem visava despertar nele uma consciência das necessidades emocionais dos familiares, melhorando seu nível de interação social e afetiva em casa, com reflexos positivos para ele e para todo o núcleo familiar. Apesar da boa intenção, o resultado da intervenção foi algo não imaginado: um surto psicótico paranoide e agressivo, de difícil manejo posterior.

O problema não foi a indicação de terapia nem a técnica utilizada, foi a não compreensão dos aspectos psicodinâmicos peculiares de uma personalidade prévia de tipo esquizoide e paranoide que, apesar dos problemas e das limitações, tinha um funcionamento equilibrado, até aquele momento. Os sintomas dos quais a família se queixava, isto é, isolacionismo, mutismo, frieza emocional e irritabilidade, eram defesas contra os impulsos agressivos reprimidos, por serem muito temidos, sem recursos de ego para lidar com eles de maneira saudável.

A exposição pública daquilo que ele mantinha oculto pela repressão, e a confrontação, sem antes avaliar o grau de funcionamento global da personalidade de João, foi sentida por ele como uma invasão muito agressiva de seu mundo interno, oculto e protegido, uma confirmação dos aspectos paranoides (os outros eram mesmo perigosos), ultrapassando a capacidade de seus mecanismos de defesa para lidar com emoções que para ele eram insuportáveis. Num grande grupo, com vários desconhecidos presentes (apesar de serem todos profissionais da saúde), sentiu-se exposto, agredido, encurralado e impotente, o que o deixou com muita raiva, porém ainda contida, não extravasada durante o atendimento.

O resultado do dano psicológico causado veio alguns dias depois, na forma de um surto psicótico paranoide, com risco à vida do paciente, risco de agressão, prejuízo da sua capacidade laboral e aumento da desestruturação familiar. O problema não foi a técnica empregada, foi a falta da compreensão global da situação antes da escolha das ferramentas. Um exame prévio da situação, baseado na compreensão psicodinâmica, teria reconhecido as características básicas de sua personalidade e contraindicaria uma abordagem grupal naquele momento.

Os dois breves exemplos anteriormente evidenciam como entender a psicodinâmica dos pacientes ajuda no que dizer e fazer, mas também destacam a importância de saber o que não dizer e o que devemos evitar, pelo menos para não piorar os pacientes ("*primum non nocere*").

Para concluir, a compreensão psicodinâmica é, mais que uma abordagem teórica, um modo de pensar ampliado e diferenciado para o médico de família – não apenas sobre o paciente, mas também acerca de si próprio e daquilo que acontece no campo interpessoal entre ele e seu paciente, incluindo os sintomas físicos, reais ou funcionais, mas também os conflitos inconscientes, os déficits e as distorções das estruturas intrapsíquicas, as relações objetais internas e externas, o campo social e laboral. Se o médico não for além do que é verbalizado e objetivo e não compreender essa pauta secreta de eventos dinâmicos, poderá perder muito de seu tempo em troca de uma grande e permanente frustração com o paciente que nunca melhora, basicamente porque não se trata da forma como deveria, por razões que, na verdade, estão fora de sua consciência e, portanto, de uma vontade consciente de mudar.

Uma boa compreensão psicodinâmica é o que responde à pergunta que ouço com frequência dos alunos e colegas: "Escutar a gente escuta, mas o que dizer depois?". Meu conselho é não se preocupar com o "depois". Se entendermos a pessoa diante de nós, saberemos o que dizer a ela.

Referências

Balint, M. (1954). Training general practitioners in psychotherapy. *British Medical Journal, 1*(4854), 115-120.

Botega, J. N. (2012). *Prática psiquiátrica no hospital geral: interconsulta e emergência*. [recurso eletrônico]. (3a ed.). Artmed.

Gabbard, G. (2016). *Psiquiatria psicodinâmica na prática clínica*. [recurso eletrônico]. (5a ed.). Artmed.

Helman, C. (1994). *Cultura, saúde e doença* (2a ed.). Artes Médicas.

Kloetzel, K. (1975). *Raciocínio clínico*. Edart.

Tallaferro, A. (1989). *Curso básico de psicanálise*. Martins Fontes.

Zimmermann, D., Mostardeiro, A., Katz, G., Monteiro, O. C. C., P. Costa, G., Oliveira, J. F., Abreu, J. R. P., & Katz, S. (1995). O ensino de psicoterapia em um mundo em mudança: a quem e o quê ensinar. *Arq. Psiq. Psicot. Psicanal.*, *2*(1), 65-75.

Zweig, S. (1941). *La curación por el espíritu*. Anaconda.

9. Estratégias e táticas na psicoterapia médica

A técnica por si não cria a habilidade do diálogo e somente irá funcionar em médicos que tenham um sentido de empatia com a vida interior do paciente, com seus medos e temores, sua amargura e ressentimento, seu sofrimento e angústia, suas esperanças e expectativas.

(Bird, 1978)

Como aprender o que não pode ser ensinado

Bird (1978) diz que o senso de responsabilidade pela vida humana não é atingido com facilidade, e que um estudante não aprende isso, nem se pode ensiná-lo; leva um tempo para que alguém "se torne" médico, que adquira essa identidade. Apesar de o autor alertar que nenhuma técnica funcionará a menos que alguma coisa no próprio médico a faça funcionar, que a técnica em si não cria a habilidade do diálogo se o médico não tiver um sentido de empatia com a vida interior do paciente, ainda assim algumas estratégias e táticas podem ser úteis nesse árduo aprendizado, aumentando a segurança de quem se aventurar por esse caminho.

É natural que, quando confrontados com temas de saúde mental ou com a necessidade de fazer uma abordagem psicoterápica, muitos médicos de família sintam-se inseguros e despreparados, tanto na teoria quanto na prática. Isso aumenta suas angústias diante do paciente e faz os médicos usarem mecanismos defensivos que os levem a se afastar emocionalmente do paciente, ao invés de se aproximar dele, resultando, muitas vezes, no puro e simples ato médico objetivo (exames, medicações) ou encaminhamento a especialistas.

Embora referenciar um paciente ao psiquiatra ou psicólogo possa ser mesmo necessário, esse ato é um exemplo comum do mecanismo de defesa da projeção, evitando o problema e transformando-o em algo a ser resolvido por outro profissional. No entanto, a psicoterapia médica não é um procedimento tão difícil nem tão especializado, para o qual não se possa adquirir e treinar as habilidades de comunicação necessárias.

Basicamente, conversar com um paciente de uma maneira que seja terapêutica é saber como e o que ouvir, o que falar, de que forma e quando. E essas são habilidades essenciais à boa prática médica em geral, e à psicoterapia médica em particular. A delimitação de um campo ou foco de trabalho e o estabelecimento de um enquadre no qual se possa fazer essa abordagem dos aspectos psicológicos também são pontos importantes a serem levados em conta.

Sobre estratégias e táticas

Em capítulos anteriores, foram observados diversos elementos que compõem uma abordagem compreensiva levando em conta os aspectos conscientes e inconscientes, tanto da comunicação quanto da relação com o médico. Para que isso possa ser útil, é preciso delinear algumas estratégias para alcançar os objetivos mais amplos e determinar táticas para chegar lá. De forma simplificada, a estratégia refere-se ao plano geral, indica que direção seguir; a tática refere-se aos meios específicos de que lançaremos mão para alcançar os objetivos. Se queremos que o paciente associe um fator desencadeante ao quadro ansioso que agora apresenta, para assim diminuir ou esbater os sintomas, é preciso ter um plano para alcançar isso, por exemplo, combinar com ele alguns encontros para investigar, associar e elaborar esses aspectos. Isso é a *estratégia*. Diferentes ferramentas podem ser utilizadas a cada encontro, como: num primeiro momento, permitir que o paciente fale livremente, depois pedir que faça suas associações sobre o que revelou, clarificar determinadas áreas de conflito para, após, interpretá-las ao paciente. Isso é a *tática*. Tanto uma quanto a outra necessitam de alguns pressupostos básicos, que serão mais bem examinados a seguir.

O enquadre

O primeiro desses pressupostos é o enquadre. Ele é composto por um conjunto de variáveis, específicas e necessárias à criação de uma atmosfera receptiva para um atendimento em boas condições, que permitam a exploração dos aspectos psicológicos do paciente. Fazem parte do enquadre variáveis como a pontualidade com o horário agendado, o local do atendimento (sua adequação em termos de conforto e privacidade, por exemplo), a duração previamente estipulada das consultas, sua frequência (eventual, semanal, quinzenal etc.), o prazo estipulado para a duração do tratamento.

Dadas as condições de atendimento na atenção primária, em que há um grande contingente de pacientes e o tempo é limitado, o enquadre pode necessitar de ajustes diferentes daqueles das psicoterapias tradicionais. O médico pode precisar contar com uma duração menor das consultas, frequência menor de comparecimento, um tempo limitado e breve de tratamento, entre outras adversidades.

No entanto, deve-se ter em mente que grande demanda e tempo escasso não são desculpas aceitáveis que justifiquem não ouvir com cuidado e atenção, e não tentar compreender cada paciente em suas peculiaridades e necessidades psicológicas. É preciso ajustar-se às condições dadas e delas extrair o melhor possível em benefício do paciente.

Escutando em estéreo

O psicanalista austríaco Theodor Reik criou a expressão "escutando com o terceiro ouvido", para descrever uma forma de compreender o material reprimido, aquilo que era comunicado de forma inconsciente, sem ser falado. Eu uso outra expressão: "escutar em estéreo". O som monaural ou monofônico (antigamente chamado de "mono") é um som que emana de uma única fonte, isto é, todos os canais da gravação saindo de uma única caixa de som. Já o som estereofônico, ou "estéreo", usa canais de áudio separados para reproduzir os sons no lado direito e esquerdo, saindo de dois ou mais alto-falantes separados, para dar uma noção da origem diferente das fontes sonoras gravadas, criando uma sensação espacial que torna a experiência de ouvir música muito mais agradável e completa. Ao ouvirmos o paciente em "estéreo, escutamos em uma das nossas "caixas de som" internas a queixa consciente, objetiva, somática, enquanto na outra, se treinarmos e aguçarmos o ouvido, poderemos ouvir aquilo que a pessoa não está verbalizando conscientemente, mas que está informando, mesmo sem perceber que o faz. Dessa forma, a escuta do paciente fica muito mais completa.

Um médico geral britânico (Clyne, 1963) descreveu o caso de uma mulher que machucou um dedo arrancando ervas daninhas do jardim. Isso era o óbvio, exigindo apenas imobilização e anti-inflamatório para um "dedo de Mallet". Para tratar o dedo, não era preciso tratar a pessoa. O que não estava evidente, e nem era conhecido pela paciente, era a força desproporcional que utilizou, a origem da lesão, que se devia ao fato de estar com muita raiva oculta do marido, que não satisfazia seu desejo de mudarem para outra casa, mesmo tendo os recursos para isso. Ela não conseguia verbalizar essas queixas, nem para o marido, num primeiro momento, nem para o seu médico de família na consulta.

O médico teve sua atenção para o problema despertada pelo sentimento contratransferencial de estranheza que experimentou, uma vez que já conhecia a paciente de outras consultas, sabia que ela era uma excelente jardineira (portanto, não era de se esperar que machucasse o dedo daquela forma), sabia também que ela era uma pessoa muito controlada e contida nas suas emoções, e foi sensível o suficiente para perceber que ali havia algo mais. Enquanto realizava o procedimento de engessar o dedo lesionado, foi conversando com ela sobre o que estava pensando enquanto mexia nas plantas. Ela verbalizou que naquela manhã havia tido uma discussão com seu marido e ficou com um ódio muito grande dele, chegou a pensar que seria capaz de estrangulá-lo em alguns momentos, mas que se sentia muito mal e culpada por ter tais sentimentos.

Ao explorar esse campo, o médico geral associou a força com que arrancou a erva com aquela que gostaria de ter usado para "arrancar" o marido de sua posição, e com isso conseguiu, em algumas consultas posteriores, que ela se tranquilizasse e se aliviasse da culpa pelos sentimentos proibidos. O resultado foi que a paciente conseguiu falar com o marido sobre todos os aspectos da situação, obtendo dele a concordância com a mudança de casa. Esse desfecho só foi possível porque ela foi escutada em estéreo.

Com frequência, alunos e colegas me dizem que escutar o paciente eles até escutam, mas dali em diante não sabem o que fazer com o que escutaram, não sabem o que dizer para o paciente que tenha um problema de saúde mental, ou um componente emocional associado ao problema orgânico. Muitos pensam não ser essa sua tarefa ou confessam, com honestidade, que não se acham suficientemente treinados para realizar a abordagem psicológica. Antes de mais nada é preciso ter claro que o mais importante não é o que precisaremos dizer, mas o que iremos escutar, pois é isso que poderá – ou não – abrir as possibilidades de entendimento do que acontece com o paciente e, posteriormente, de como ajudá-lo.

Uma das possíveis causas do não entendimento pode ser porque a escuta foi feita em mono. O médico precisa estar preparado para ouvir as comunicações do paciente em um duplo registro, o que ele está dizendo e o que ele não sabe que está revelando, como quem escuta o som estéreo, no qual diferentes instrumentos saem de diferentes caixas de som, mas compondo uma peça de música única. Além disso, é preciso ter em mente que ouvir não é uma atividade passiva e, pelo contrário, necessita de uma disposição ativa, que exige uma grande capacidade de prestar atenção. Essa atenção deve estar voltada para o paciente, não para o próprio médico e seus pensamentos enquanto apenas aguarda o paciente parar de falar. Isso pode parecer simples, mas é uma habilidade que poucos profissionais têm, e só ouvindo assim se torna possível compreender em profundidade o que o paciente está dizendo, decodificar o significado de sua linguagem mediante o interesse e a empatia.

Ouvir dessa maneira é fundamental para investigar além das aparências e das queixas concretas, para deixar surgir o quanto de fatos ocultos ou fantasias há por detrás dos sintomas aparentemente objetivos. Como no caso de Maristela, uma mulher de 50 anos, casada, que contou à médica de família que entrou em depressão e deixou de ter prazer sexual quando o marido anunciou que estava saindo de casa para ir morar com uma outra mulher, mais jovem, com quem mantinha um caso extraconjugal há anos (esse caso será reexaminado no Capítulo 11, sob outro ângulo).

A paciente buscou ajuda espontaneamente, os sintomas depressivos eram típicos, havia um fator desencadeante óbvio e conhecido, tudo isso aliado à possibilidade de oferecer um tratamento eficaz e à disposição de qualquer um hoje em dia, com a medicação disponibilizada pelo Sistema Único de Saúde (SUS). Até aqui, sendo escutado apenas em mono, o caso era praticamente autoexplicativo, deixava pouca margem para dúvidas quanto ao diagnóstico e ao tratamento. Aparentemente, tudo estava adequado para o contexto, afinal este é o modelo médico por excelência: fator desencadeante, sintoma, diagnóstico, conduta, solução do problema. Esse modelo, às vezes, quase não precisa do paciente para mais nada. Contudo, se escutarmos em estéreo e pensarmos psicodinamicamente, vemos que as coisas não costumam ser tão simples assim.

Antes de concluir a consulta, a médica trouxe o caso para ser supervisionado, descreveu para mim como havia sido o atendimento e que gostaria de discutir comigo a escolha de um antidepressivo que não afetasse ainda mais o desejo sexual da paciente. O plano parecia adequado, mas ela acrescentou que gostaria que eu entrevistasse a paciente junto com ela, pois tinha interesse em aprender o manejo de depressão em atenção primária e queria ver se tinha deixado passar algo despercebido. Esta, ao final, revelou--se uma intuição muito correta.

Aqui, precisamos reconhecer duas premissas fundamentais para a escuta em estéreo. A primeira: acreditar que existe uma vida mental inconsciente, que dita a maioria das nossas ações. E a segunda: há uma comunicação não consciente e não verbal entre as pessoas, semelhante àquela que existe entre a mãe e o seu bebê, na qual a mãe por vezes sente qual é a necessidade a ser atendida, se o choro é por fome, por fraldas sujas ou se o bebê apenas quer ser pego no colo e dormir.

Nenhuma relação entre paciente e médico é apenas uma troca de informações, do tipo "me diga o que você sente e eu lhe direi o que precisará fazer". Para que a relação médico-paciente também aconteça em estéreo, precisamos estar abertos e atentos, não só para compreender intelectualmente o que o paciente nos conta, mas também para *sentir* o que está acontecendo, o clima emocional da consulta e da relação enquanto ela acontece. Enquanto esta transcorre, o paciente nos transmite ou nos fazer experimentar indiferença, alegria, raiva, tristeza, confiança, impotência etc. São pistas importantes para compreendermos o que se passa com ele.

No caso da relação entre Maristela e sua médica, aconteceu algum tipo de comunicação inconsciente. Embora não tivesse se dado conta do fato, a médica percebeu, num nível não consciente, que havia algo mais sendo comunicado, além dos sinais e sintomas habituais. Talvez por isso tenha me pedido que também entrevistasse a paciente, para ver se havia algo mais que não tinha sido falado, ou que ela não tivesse escutado.

Um alerta importante é que devemos sempre desconfiar de relações óbvias de causa e efeito no campo da saúde mental, em que um mecanismo de defesa chamado "repressão" faz os temas principais, às vezes os mais dolorosos ou vergonhosos, nem sempre serem verbalizados, justamente por estarem reprimidos, fora do alcance da consciência. Também podem ocorrer resistências conscientes a verbalizar um ou outro assunto, por vergonha ou pelo temor da crítica do médico, entre outras razões.

No segundo momento da consulta, já com a ideia de escutarmos em estéreo, para além do que estava sendo dito, detalhes antes omitidos foram surgindo. Não bastava saber que tinha descoberto a traição, esse dado isolado informava pouca coisa. Era importante datar desde quando sabia, qual o significado do fato para ela, ver se isso tinha ou não correspondência com o início dos sintomas, se era ou não o fator desencadeante que havia precipitado o episódio depressivo.

Perguntei quando havia descoberto a traição, se já desconfiava ou se ficou sabendo dela há pouco tempo. Um tanto envergonhada, confessou que sabia há mais tempo, três ou quatro anos na verdade, mas sempre tolerou que o marido tivesse essa amante, a quem inclusive conhecia, já que morava a duas quadras de distância, eventualmente até conversavam quando se encontravam no mercado ou caminhando na praça. A história ia produzindo novos sons, saindo de alto-falantes diferentes.

A próxima questão a ser investigada era como isso havia sido tolerado por ela, se com ressentimento enquanto simulava não saber de nada, ou se não o amava mais e por isso nem se importava. Respondeu que fazia de conta que não sabia de nada, mas que o amava mesmo assim, não queria perdê-lo; até aí, uma história igual a milhares de outras. Claro que isso não era tudo, havia mais um ingrediente secreto. A tolerância dela não era passiva, pelo contrário; esse "segredo" que guardava (sabia da outra, mas não dizia ao marido que sabia) a excitava sexualmente. Perguntei de que forma isso a excitava; respondeu que sentir o cheiro da amante no corpo do marido a deixava com tesão, então "caprichava" no sexo, como forma de competir com a outra, mostrar a ele quem era melhor na cama. Assim, a vida sexual do casal era frequente e prazerosa. A competição era consciente, a necessidade inconsciente desse tipo de disputa, nem tanto. Isso iria se esclarecer mais adiante.

Se tudo corria bem com esse arranjo triangular sabido, mas não falado, por que a depressão e tanta irritação com a decisão dele de sair de casa? Por que deixou de ter orgasmos com ele após a comunicação da futura saída de casa? Esses pequenos detalhes e segredos por trás dos problemas é que a escuta em estéreo nos permite conhecer. Por exemplo, sabemos que todo casamento tem um contrato explícito, consciente, em que é dito o que cada um espera do outro e da relação, mas também um contrato implícito, cuja natureza é inconsciente. O abandono, ou mesmo sua ameaça, não fazia parte desse lado inconsciente do acordo entre o casal. Trair ele até poderia; abandoná-la, jamais.

Além do óbvio manifesto, aquilo que foi escutado em mono – traição e abandono produzindo depressão –, o fato novo e aparentemente contraditório surgido, de que as relações extraconjugais do marido não só eram conhecidas como até aproveitadas pela esposa, sugeria a necessidade de buscar outras possíveis causas da depressão. Se não era algo tão simples e trivial quanto a descoberta de uma traição, o que a estaria levando à depressão? A chave para escutar em estéreo e entender melhor o caso foi que a paciente se mostrava mais irritada e desamparada do que triste com a decisão do marido de sair de casa para morar com a amante, mesmo que ele propusesse que continuassem se relacionando após a mudança, inclusive sexualmente.

Uma das premissas da compreensão psicodinâmica é o entendimento de que o passado é prólogo (ver Capítulo 8); é nele que estão as bases que nos permitem encontrar significados ao que acontece no presente. Ao longo da conversa, a paciente contou sobre situações de abandono parental no passado, que foram reativadas nessa ameaça recente, juntando-se às angústias mais atuais, de se achar sem a beleza da juventude, o medo de ficar sozinha na meia-idade, não ser mais desejada por homem algum. Isso tudo, e não apenas a traição, desencadeou o ressentimento, o quadro depressivo e a perda da libido, esta como forma de puni-lo pela ideia de sair de casa.

Na escuta em estéreo, alguns dos "instrumentos" que temos que escutar são: queixa principal, fator desencadeante, conflito atual, conflito subjacente e a relação deste com o passado. No atendimento de Maristela, o problema para a busca de ajuda era a sintomatologia depressiva; o fator desencadeante foi o anúncio da saída de casa pelo marido; o conflito atual estava centrado na traição cometida e na descoberta de um triângulo amoroso, mas o conflito básico inconsciente, que só essa escuta em estéreo revelou, era seu temor de uma repetição do abandono, do desamparo e da solidão, como havia experimentado na infância.

A compreensão não deveria, portanto, satisfazer-se com a primeira explicação encontrada, "ela se deprimiu porque foi traída pelo marido", a escuta em mono, mas ampliar o espectro das perguntas, investigar a forma da paciente lidar com ameaças de abandono e perda, como aquelas acionadas pelo triângulo amoroso. A isso chamo "escutar em estéreo", porque o som das informações, para ter mais nuances e clareza, precisa vir de mais de uma fonte sonora, de mais de uma origem dos conteúdos, a origem inconsciente deles.

Escolhendo um foco de trabalho

No caso anterior, o foco do trabalho não era a traição, mas a ameaça de abandono. Como chegar nesse foco? O que ouvir primeiro? Ou o que é mais importante ouvir? Geralmente, a pista estará nos sintomas ou nos problemas que trouxeram o paciente à consulta, aqueles que ele relatará espontaneamente no início da entrevista. Por isso, uma regra fundamental, no início da consulta, é deixar o paciente falar espontaneamente tanto quanto for possível, sem interromper seu fluxo associativo, pois nessas primeiras comunicações, na maioria das vezes, estão contidas informações importantes para a compreensão e o manejo da situação como um todo.

Perguntar ao paciente o que o incomoda mais naquele momento comumente estabelece um ponto em torno do qual se poderá ampliar as investigações para outras áreas, como o contexto (pessoal, familiar, profissional etc.) em que o problema se situa, como se sente em relação ao problema, como ele começou, como tem lidado com ele, que soluções já implementou, quais funcionaram e quais não funcionaram.

Para determinar um foco, é importante prestar atenção ao afeto predominante, às emoções experimentadas. Elas podem ser aquelas ditas "positivas", como as amorosas, ou as ditas "negativas", como medo, agressividade, destrutividade. Essas últimas costumam apresentar problemas de aceitação e reconhecimento, tanto da parte do paciente quanto da parte do médico.

Outra razão para estabelecer um foco é que, uma vez que a pessoa sob estresse tem pouca capacidade de se concentrar, limitá-lo a um ou dois tópicos é mais acertado e benéfico, evitando uma sobrecarga de informações e definindo o que é mais prioritário para o momento. Isso facilita investigar, no retorno, como foi o período entre as consultas, revisando os tópicos abordados e ganhando tempo.

Sobre o que e como falar

Tendo escutado o paciente, saber sobre o que falar e como falar é uma tarefa impossível de ser ensinada, tantas são as suas possibilidades e variações. Porém, é preciso começar por algum ponto e, para isso, o médico precisa selecionar uma área de abordagem inicial, fazer um recorte e escolher sobre o que abordar. Uma boa regra em qualquer psicoterapia médica é procurar pelo fator desencadeante e as emoções associadas a ele.

No entanto, caso decida realmente conhecer e ajudar o seu paciente, o médico de família pode utilizar uma ampla gama de intervenções, em regra de forma mais ativa, num primeiro momento mais focada nos aspectos da realidade do paciente do que nos meandros de seu mundo interno. Pode fazer uso da comunicação não verbal (emprestar uma caixa de lenços, concordar com a cabeça, inclinar-se na direção do paciente para demonstrar atenção), de intervenções facilitadoras (reforço, reflexão em voz alta sobre o escutado até ali, resumo do que o paciente falou até o momento, reconhecimento das emoções em questão, uso do humor quando adequado, do silêncio, sondagem de áreas não faladas, redirecionamento ou transição de um assunto a outro), bem como de intervenções expansivas (clarificação de alguns temas, busca por associações), enquanto evita as obstrutivas (perguntas fechadas, perguntas muito longas, ou que contenham uma afirmação crítica embutida – do tipo "você está certo", "você está errado" – aconselhamentos ou interpretações prematuras). Como regra geral, deve-se evitar, especialmente no início, perguntas com "Por quê?". Muitas vezes, a resposta a essa pergunta é uma das razões não conscientes de o paciente ter procurado ajuda, então é claro que ele não saberá a resposta. Também não é muito útil minimizar as preocupações do paciente; pode ser que aquela preocupação seja apenas a ponta do iceberg, e que, explorando, seja possível encontrar muitas mais.

Um aspecto que jamais pode ser desconsiderado é falar na língua do paciente, evitar o uso do jargão técnico-científico, o "mediquês", traduzindo as informações que precisamos transmitir em português, usando termos adequados à escolaridade e à cultura do paciente. Costumo usar analogias relacionadas à cultura do paciente ou à sua profissão. Se o paciente gosta de samba, digo-lhe que, em certas situações, "é preciso ter jogo de cintura"; com um mecânico, digo que precisaremos "apertar alguns parafusos, regular o motor"; com um marceneiro, digo que precisaremos "aparar algumas arestas, deixar as coisas aplainadas"; a um pescador em dificuldades, digo "é, tem momentos em que o mar não está para peixe", e assim por diante. Isso tem se mostrado um facilitador do entendimento mútuo.

Após me apresentar, eu sempre começo perguntando ao paciente "Em que posso lhe ajudar?", e a partir daí deixo que fale pelo tempo que for necessário, até que me sinta suficientemente a par da natureza do problema, e então passo a buscar mais informações, escutando em estéreo, prestando atenção ao significado dos atos e palavras utilizadas. Sempre há um ponto de urgência, e é sábio começar por ele e buscar o fator desencadeante. Como na anamnese clínica, é prudente começar com perguntas mais abertas, deixando as fechadas para o final, sempre com o cuidado de evitar induzir o paciente a uma determinada área de meu interesse, não necessariamente do interesse dele.

Ao falar com o paciente, é importante transmitir – sem um juízo crítico de valores e de forma empática – entendimento a respeito dos aspectos psicológicos, biológicos e sociais da doença, o quanto pôde compreender do problema até o momento, e aqueles detalhes que ainda necessitam ser mais bem investigados e compreendidos, além de assegurar-se, por sua vez, de que está sendo também entendido, mas sem se adiantar a ele, sem forçar uma compreensão dos fenômenos que esteja além da sua capacidade no momento.

Nesse exemplo, falei para a paciente o que havia entendido até o momento, que compreendia a raiva que sentia do marido, mas assinalei que ela me parecia mais incomodada com a ideia de ele sair de casa do que com a traição propriamente dita.

Uma tarefa particularmente difícil, mas imprescindível no trabalho do médico, é tentar ligar os sintomas físicos com os fatores emocionais envolvidos, especialmente naquelas situações de doenças funcionais. Isso pode ser feito mediante esclarecimentos e confrontações, cuidadosas e não agressivas, que possam levar o paciente a reconhecer e aceitar as relações de causa e efeito entre os aspectos emocionais e as manifestações sintomáticas associadas a eles, inclusive aquelas manifestações que se expressam no corpo (enxaquecas, alergias, exacerbação de quadros reumáticos, descompensação de diabetes etc.).

Já o exemplo a seguir demonstra quando há a necessidade de uma mudança de tática e de ferramentas técnicas.

Rita, de 24 anos, consultou no início de maio por alguns sintomas depressivos leves, principalmente uma tristeza sem causa aparente, que surgiu "do nada" em fevereiro, durante as férias da faculdade. Investiguei possíveis fatores desencadeantes ou eventos estressores, alguma situação de perda, mas negava todos. Como não acredito em depressão ou tristeza sem uma origem biopsicossocial, investiguei ao máximo as possíveis causas, sem qualquer êxito. Vendo que não seria bem-sucedido nessa linha de investigação, mudei de tática e perguntei, então, como havia sido o ano anterior, em que não experimentou tais sintomas. Ela relatou ter sido um ano bom, com exceção da morte do pai por infarto, na ceia da noite de Natal.

Como não estava dando certo perguntar diretamente pelo fator desencadeante, essa linha de investigação foi trocada por perguntar sobre fatos anteriores no tempo, em busca de alguma conexão que explicasse os sintomas atuais, e assim escapar do mecanismo da repressão, que ocultava da própria paciente a dor pela perda recente do pai. A perda e o seu efeito emocional, o luto normal que vivenciava, eram óbvios para mim, mas não para ela; de certa forma, estavam "desligados" em sua mente. O trabalho terapêutico era ligá-los, portanto, conectar os aspectos conscientes com os inconscientes. Assinalei que o pai havia morrido dia 24 de dezembro, e ela começou a se sentir muito triste no final de janeiro, aproximadamente um mês depois, e perguntei se ela via alguma ligação entre esses dois fatos.

Pareceu genuinamente surpresa com esse assinalamento, e reconheceu que não havia se dado conta de que a tristeza poderia ser pela morte do pai, ainda mais durante a ceia de Natal. Comentei que ela não me parecia doente de depressão, mas sim uma filha de luto pela perda do pai, o que era perfeitamente natural, e que isso ainda duraria alguns meses.

Caso ela não tivesse uma boa capacidade de *insight* para fazer sozinha a ligação, eu teria que usar outra tática: mostrar para ela a relação entre os dois fatos, através de uma interpretação.

Também é preciso compreender, sem criticar negativamente, os fatores que dificultam tal reconhecimento, como a incapacidade (permanente ou momentânea) de fazer essa ligação, a necessidade da negação, o pensamento mágico que encontra explicações implausíveis para certos sintomas ("encosto", "mau-olhado" etc.), ou seu oposto, o pensamento concreto que exige um achado concreto para explicar os sintomas emocionais ("Dr., eu quero fazer um raio X e um eletro da minha cabeça para descobrir o que está acontecendo lá dentro").

De qualquer maneira, a tradicional expressão "seu problema é dos nervos", razão para encaminhar o paciente a um psiquiatra, precisa ser definitivamente banida do vocabulário médico, tanto por ser equivocada quanto inoperante. É anedótica, porém verdadeira, aquela outra situação em que o paciente começa a falar de um tema ansiogênico e o médico, meio perdido ou assustado, escolhe perguntar sobre a dieta ou a pressão do paciente. Trata-se de uma escolha de natureza evitativa, naturalmente, para evadir-se de entrar num assunto mais íntimo do que a ingestão de legumes ou cifras pressóricas.

A neutralidade

Um tema importante no falar é o exercício da neutralidade, o abster-se de juízos críticos sobre o paciente, suas escolhas ou suas condutas, como veremos na história a seguir.

Olga era uma consultadora frequente do posto de saúde, seu prontuário mostrava que consultava até cinco vezes por mês, pelos mais variados sintomas e motivos. No entanto, isso não havia sido motivo de *curiosidade* para ninguém; na verdade, tantas vindas e nenhuma doença importante descoberta provocavam mais rechaço do que compreensão. Ao ser atendida numa dessas consultas, revisei antes o prontuário e fiquei intrigado com o grande número de visitas mensais. Perguntei então se algo mais poderia estar lhe incomodando para que comparecesse tantas vezes ao posto. Acrescentei: "Quem sabe tem algo mais que a senhora ainda não conseguiu contar?". Ela respondeu dizendo: "De fato, doutor, tem uma coisa que eu ainda não contei, porque fico com vergonha. Mas, já que o senhor perguntou, vou contar. Eu tenho 65 anos de idade e o meu marido também, nós nos damos muito bem, somos muito amigos e a gente gostava de ter relações sexuais, mas ele fez uma cirurgia de próstata e, depois dela, não consegue mais fazer sexo. Eu não quero me separar dele, nem passa pela minha cabeça, mas também não quero ficar sem ter relações o resto da vida, eu ainda gosto muito".

Perguntei então: "E o que a senhora pensou em fazer a respeito disso?". Ao que ela respondeu: "Doutor, já andei mesmo pensando em algumas coisas". Perguntei que coisas eram essas que ela havia pensado para resolver o problema. Ela disse que, perto de sua casa, morava um conhecido, já viúvo, que lhe agradava muito. Contou que, quando passava em frente à casa dele, ele sempre vinha até o portão falar com ela. Comentei que, aparentemente, ela já havia pensado numa solução para o problema. E mais não disse, nem que a impedisse ou encorajasse. Passados uns três meses sem consultar no posto, o que era inédito para ela, compareceu ao atendimento por um quadro gripal. No meio da consulta, ela me disse: "Dr., lembra daquilo que falamos da outra vez?". Sim, eu lembrava, e perguntei se ela havia resolvido problema. Ela sorriu e disse que sim, que estava se encontrando uma vez por semana com o vizinho num hotel do centro, onde podiam passar a tarde namorando e jogando cartas, porque, disse ela: "Na nossa idade, namorar pela segunda vez demora um pouco mais, então, enquanto a gente espera, toma um chimarrão e joga uma canastrinha, né?". Perguntei como se sentia agora, e ela disse que muito bem, como há muito não se sentia, inclusive as dores que sentia pelo corpo tinham desaparecido.

Neutralidade, do ponto de vista técnico, significa apenas não impor as próprias ideias ou soluções ao paciente. Não lhe prescrevi abstinência sexual ou que tivesse um amante, simplesmente perguntei o que ela havia pensado para resolver a questão. Via de regra, os pacientes sempre têm suas próprias ideias a respeito de seus problemas e como resolvê-los.

Ampliação do foco e conclusão

Do foco mais estreito, sobre o paciente e suas queixas, pode-se alargar a investigação para os demais aspectos de sua vida, as relações familiares, se tem ou não uma rede de apoio, a vida de relação fora do contexto familiar (amizades, compromissos afetivos de namoro ou casamento, participação em grupos sociais) e, se tiver, a vida profissional (o tipo de profissão escolhida, o grau de satisfação com ela, os problemas que enfrenta no trabalho).

Ao final da consulta, é chegada a hora do fechamento, de dar as informações necessárias e escolher uma opção de ajuda ou tratamento, sempre de forma compartilhada com o paciente e compatível com sua vida e expectativas. Nunca digo a um paciente o que ele deve fazer; sempre lhe exponho as opções de que dispomos e examino com ele o melhor caminho a seguir, uma vez que é ele que irá se tratar, não eu. Se lhe explico ou proponho algo, pergunto se aquilo faz sentido para ele, porque, se não fizer, é sinal de que devo voltar atrás e me fazer entender melhor. Sem a compreensão e a concordância do paciente, não vamos a lugar algum.

Um problema possível de ocorrer no final das consultas é encontrar uma oposição disfarçada, ou mesmo aberta e ostensiva, do paciente às opções de tratamento propostas, o que exigirá de nós mais um esforço de compreensão psicodinâmica do porquê dessa resistência. Por vezes, teremos que ter flexibilidade, paciência e capacidade de negociação para conseguir mais adiante o que não foi possível hoje.

Referências

Bird, B. (1978). *Conversando com o paciente*. Manole.

Clyne M. B. (1963). Psychotherapy by the non-psychiatrist: psychotherapy by general practitioners. *Proceedings of the Royal Society of Medicine, 56*(9), 832-834.

PARTE 3

Conversas com o paciente

10. O paciente ansioso

Aventurar-se causa ansiedade, mas deixar de arriscar-se é perder a si mesmo. E aventurar-se no sentido mais elevado é precisamente tomar consciência de si próprio.

(Søren Kierkegaard, s. d.)

Ansiedade

Não só os pacientes, todos experimentamos ansiedade, sob suas mais diversas formas, já que ela é um fenômeno universal e nem sempre patológico. A ansiedade é o sinal de perigo emitido pela mente diante de um problema, não importando o tamanho deste. Ela é uma acompanhante das incertezas inerentes à vida, podendo ser normal, adaptativa ou patológica; esta constitui um sinal de má adaptação. Nem sempre precisa ser erradicada, mas compreendida e trabalhada. Como sinal, a ansiedade é análoga à dor, e tão importante quanto ela. Não se vive sem ansiedade, ela é um sinal importante (como a dor) para alertar dos perigos, reais ou imaginários, e é contagiosa nas relações, afetando médico e paciente.

Sabe-se que suas origens são sobredeterminadas, com base na genética, nas experiências infantis desde o nascimento e nos eventos traumáticos ao longo da vida. Quando bem regulada, é um mecanismo vital para o ser humano; mal regulada, é fonte de angústia e sofrimento psíquico. Bird (1978) diz que, na prática, não é bem assim. Esse mecanismo pode apresentar problemas, como no caso de enfermidades físicas, nas quais nada possa ser feito imediatamente para remover o perigo que nos ameaça, casos em que a ansiedade pode acionar mecanismos defensivos do ego ou se tornar crônica. Quando o perigo não pode ser eliminado de imediato, o alarme da ansiedade não desliga e continua a nos bombardear com seus sinais de alerta. Desse modo, incapazes de remover na prática a enfermidade ou a ansiedade, procuramos a melhor saída, tentamos eliminar ambas mentalmente, pela via do esquecimento, da distorção, minimizando-as ou dissimulando-as em outras queixas, desligando a ansiedade de suas causas originais e deslocando-a para problemas substitutos.

Se a ansiedade normal é onipresente, a ansiedade patológica é o sintoma mais comum em psiquiatria e um dos mais comuns na clínica, seja ele primário ou secundário a outros transtornos psicológicos e/ou físicos. Os transtornos de ansiedade estão entre as três maiores razões para busca de atendimento médico em atenção primária, junto com depressão e alcoolismo.

O que diferencia a ansiedade normal da ansiedade patológica? Como tudo aquilo que é normal numa certa quantidade e patológica em outra, ao longo de um *continuum*, a intensidade do sintoma é um critério relevante, podendo ou não produzir sintomas que acarretem algum tipo de prejuízo funcional no cotidiano de alguém – por exemplo, não conseguir dormir, estudar, trabalhar. A duração da ansiedade ajuda na distinção entre elas, isto é, se é uma reação aguda e autolimitada a um estressor conhecido, ou se é crônica, difusa e prolongada, sem causa aparente ("Eu sempre fui uma pessoa nervosa").

Outra diferença importante é entre a ansiedade neurótica e a ansiedade psicótica. A primeira é conectada à realidade, apesar de distorcê-la (antecipar problemas que não existem, reinterpretar fatos de forma distorcida ou irracional). A segunda, a ansiedade de natureza psicótica, está desconectada de fontes realísticas e tem uma intensidade bem maior, ameaçando causar uma desintegração do ego. Uma das vantagens do médico de família na avaliação dos diferentes tipos de ansiedade é o conhecimento longitudinal acumulado sobre um determinado paciente, um facilitador que ajuda a diferenciar as ansiedades entre si e as normais das patológicas. "Esse paciente sempre reage assim aos estressores, é o seu normal" é diferente de "Esse paciente nunca ficou tão ansioso, algo mudou em seu quadro clínico".

Ainda que possa não ser a razão da busca de tratamento, ela acompanha os quadros de doença física, em maior ou menor grau. O paciente que tem uma dor aguda no tórax fica ansioso pela possibilidade de que seja um problema cardíaco; se alguém tem sangue nas fezes, fica ansioso pela possibilidade de uma malignidade intestinal, e assim por diante. Em alguns casos, em que sua presença era esperada, é sua ausência que deve chamar a atenção, como ao receber a notícia de uma doença crônica grave ou passar por um trauma significativo, embora sua presença excessiva diante de problemas menores também seja indicativa de uma ansiedade patológica.

Tipos de ansiedade, sinais e sintomas

Ansiedade não é considerada um diagnóstico único. Mesmo quando é o sintoma predominante, ainda assim está subdividida em pelo menos seis diferentes categorias de transtornos, e cada um deles tem uma psicodinâmica e uma constelação de sinais e sintomas diferentes:

- Transtorno de pânico.
- Fobias.
- Transtorno obsessivo-compulsivo.
- Transtorno de estresse pós-traumático.
- Transtorno de estresse agudo.
- Ansiedade generalizada.

Há estudos mostrando ligações de mecanismos biológicos com a ansiedade, mas ela continua tendo um duplo estatuto (biológico/psicológico ao mesmo tempo), sendo mais bem compreendida, do ponto de vista psicodinâmico, como um sintoma multideterminado de um conflito inconsciente, que deve ser investigado e conhecido (trazido à consciência mediante a reflexão e a introspecção). A ansiedade tem dois grupos distintos de sintomas, e o paciente ansioso chega queixando-se de alguns deles, em ambos os campos.

Os sintomas ditos "biológicos" são:

- Alterações do sono.
- Tremores.
- Dores musculares.
- Sudorese aumentada, mãos geladas.
- Boca seca.
- Taquicardia ou palpitações.

- Taquipneia ou dispneia.
- Parestesias ou formigamentos.
- Desconforto epigástrico ("*butterflies in stomach*").
- Desconforto torácico.
- Diarreia.
- "Bola" na garganta.
- Desequilíbrios posturais.

É comum que um ou vários desses sintomas sejam uma forma de o paciente dizer que se sente ansioso diante de alguma circunstância da vida. Para algumas pessoas, a linguagem psicológica é um terreno misterioso; elas conhecem melhor a linguagem do corpo, nós é que precisamos fazer a tradução.

Quando o paciente deseja evitar a pesquisa das causas emocionais de seus problemas, pode aferrar-se a esse grupo de queixas, exigindo exames e testes que comprovem que tem algo orgânico, e não psicológico. Aliás, dizer que algo é psicológico, às vezes da pior maneira – "Você não tem nada, isso é dos nervos" –, mais assusta do que tranquiliza alguém, podendo ser escutado como uma acusação ou um rótulo de doente mental. Pedir eletrocardiograma ou radiografia de tórax para toda e qualquer queixa de sintomas físicos de ansiedade também não é uma boa conduta.

Os sintomas ditos "psicológicos" são:

- Preocupações excessivas ou não realísticas.
- Medos não realísticos de objetos ou situações.
- Reações exageradas.
- Nervosismo.
- *Flashbacks* de traumas passados.
- Comportamentos ritualísticos.

- Tonturas.
- Tensão.
- Fadiga.
- Sensações de irrealidade.
- Engasgo ou sufocamento.
- Medo de perder o controle ou enlouquecer.
- Pesadelos ou terrores noturnos.

É importante também avaliar o limiar de cada um para ansiedade, se alto ou baixo, porque quanto mais baixo, maior a probabilidade de ter um componente biológico herdado envolvido. O médico de família pode entender a ansiedade como expressão de um problema emocional, mas também relacionada a alguns eventos clínicos significativos, podendo estar por trás do aumento de mortes pós-cirúrgicas e do aumento do risco de infarto do miocárdio. Também pode estar associada ao aumento da pressão sanguínea, crises de enxaqueca, entre outros. Ainda, sua presença torna mais difícil parar de fumar ou abandonar o álcool e outras drogas, usadas como calmantes.

O tratamento deve ter sempre bases compreensivas, uma vez que a ansiedade nem sempre é patológica ou precisa de tratamento. É necessário avaliar o nível de compreensão da pessoa sobre sua ansiedade e as teorias que cada um tem sobre as possíveis causas, a busca e a compreensão dos fatores traumáticos que possam estar envolvidos, os conflitos que encobre. Não acreditar que medicamentos a resolvam por si só, e lembrar que a erradicação dificilmente será possível ou completa, dependendo da causa subjacente.

Psicodinâmica da ansiedade

A ansiedade é histórica e tem uma ligação direta com eventos passados. Esse conceito se origina das primeiras teorias psicodinâmicas sobre a ansiedade, que têm como base as ideias de Freud. De acordo com Gabbard (2016), foi Freud quem colocou a ansiedade no centro da neurose, postulando no início uma causa de base biológica. Ele acreditava que o acúmulo fisiológico de energia – que ele chamou de libido – não descarregada na atividade sexual se transformava em ansiedade. Em sua opinião, essa libido assim represada seria resultado de obstáculos externos para sua descarga apropriada, ou de obstáculos e inibições internas relacionadas a conflitos inconscientes sobre a descarga e a gratificação sexual.

Revisando o tema, Gabbard diz ainda que, nessa época, a ansiedade estava diretamente ligada à geração e à descarga de energia, associada a uma série de sintomas fisiológicos, incluindo manifestações de descarga autonômica, como sudorese profusa, diarreia e aumento das frequências respiratória e cardíaca, relacionada às vezes com uma sensação avassaladora de pânico e terror, o que hoje corresponderia ao que conhecemos como transtorno de pânico.

Essa formulação não psicológica da ansiedade foi mantida, até que Freud (1980) apresentou uma nova teoria psicológica para ela, baseada na presença de três instâncias estruturais para a mente, que ele chamou de id, ego e superego. Apesar de nunca ter renunciado completamente à ideia de que havia bases biológicas ou genéticas da ansiedade (no que estava correto), passou a considerar o conflito gerador de ansiedade como localizado entre essas diferentes instâncias mentais. As situações traumáticas foram consideradas centrais para o desenvolvimento da ansiedade, de acordo com essa nova teoria. O protótipo da situação traumática seria a experiência do bebê após o parto, quando é dominado por uma torrente de estímulos advindos de fontes externas e de sensações internas, todas desconhecidas para ele. Freud acreditava que esse modelo prototípico poderia ser usado para compreender a ansiedade em outras situações no curso do desenvolvimento, nas quais os indivíduos são invadidos por um fluxo de estímulos que não conseguem processar. A ênfase de sua teoria era principalmente nos estímulos vindos do id, mais especificamente os desejos agressivos e sexuais que foram reprimidos e que se esforçam para serem descarregados.

Um segundo aspecto dessa teoria envolvia as situações de perigo (não necessariamente reais, poderia ser um perigo imaginário) e a ansiedade antecipatória (portanto, aprendida antes), ou uma ansiedade-sinal (o perigo, dessa vez já conhecido, é antecipado, por medo de que aconteça de novo). A ansiedade-sinal avisa o indivíduo de uma situação potencial de perigo a ser evitada, produzindo ansiedade e desencadeando, do ponto de vista físico, o mecanismo de luta-e-fuga e, do ponto de vista psíquico, a mobilização dos mecanismos de defesa do ego. Esse perigo tanto poderia ser externo, na forma de alguma ameaça à vida, ou interno, pela emergência de impulsos proibidos vindos do id, mobilizando mecanismos de defesa do ego para lidar com eles, dos quais o mais conhecido é a repressão (que faz a contenção e mantém fora da consciência o impulso sentido como ameaçador). Esses impulsos são basicamente de dois tipos: os desejos sexuais reprimidos e os desejos agressivos reprimidos. A ansiedade viria desses desejos instintivos lutando por se expressar, por se fazerem conscientes, e sendo impedidos pelas forças defensivas do ego e da crítica do superego. A história de Melissa, mais adiante, demonstrará como esse conflito se apresenta na prática.

Como resposta a essa ameaça, as defesas do ego são mobilizadas para evitar a entrada (na consciência) desses desejos. Um exemplo clássico são os sintomas fóbicos de evitação. Portanto, a ansiedade tanto pode ser uma manifestação sintomática do conflito neurótico quanto uma maneira adaptativa de evitar sua consciência (a preocupação passa a ser a ansiedade em vez de sua causa, cujo modelo é a ansiedade generalizada).

O papel do trauma está bem estabelecido na produção e na manutenção da ansiedade ou de estados ansiosos. Pacientes traumatizados tendem a evitar pensar sobre os eventos passados traumáticos, concentrando seu foco na ansiedade em si (como na ansiedade generalizada e no transtorno de estresse pós-traumático). Esta também está ligada a um vínculo inseguro ou conflitado na infância. Entre as causas produtoras de ansiedade está uma maternagem/paternagem insuficiente ou inadequada, uma vez que o papel dos objetos primários (o casal parental) é o de conter as ansiedades do bebê e servir de amortecedor e tradutor dos estímulos externos, até que a criança esteja apta a começar a lidar com eles.

A contratransferência do médico com o paciente ansioso

Além de as pessoas desejarem a erradicação de sua ansiedade, sem necessariamente entendê-la antes, os médicos também não a suportam bem e podem se tornar ansiosos, seja por contágio pela projeção das ansiedades do paciente, seja pela sua própria ansiedade de desempenho, sua cobrança de conseguir aliviar com rapidez os sintomas do paciente. Muitas vezes, os tranquilizantes prescritos têm mais a função de acalmar o médico do que o paciente. O paciente com ansiedade aciona sentimentos contratransferenciais no médico, inoculando-o com sua ansiedade e preocupações. Assim, diante de um paciente ansioso, o médico pode experimentar:

- Ansiedade.
- Desconforto.

- Preocupação com poder estar deixando passar, sem investigar, alguma doença orgânica grave (razão, às vezes, para solicitar uma enxurrada de exames complementares, todos normais).
- Medo de que o paciente tenha um surto ou enlouqueça.
- Pressa em acalmar o paciente ou passar logo para outros assuntos, ou mesmo encerrar a consulta.
- Tendência a prescrever medicamentos antes de entender as causas da ansiedade (às vezes, mais para tratar a própria ansiedade do que a do paciente).
- Raiva.
- Impotência.
- Sensação de fracasso (por não descobrir a origem da ansiedade ou não conseguir erradicá-la como o paciente esperava).

Conversa com o paciente ansioso

Utilizarei como exemplo genérico de paciente ansioso uma mescla de dois modelos de transtornos ansiosos, o da ansiedade generalizada e o do transtorno de pânico, as duas formas mais frequentes de apresentação para o médico de família no dia a dia. A maioria de nossos pacientes que têm ansiedade ou estão difusamente ansiosos ou assustados com algo.

A ansiedade pode ter uma função defensiva, para evitar pensar em questões mais perturbadoras. O paciente vai tentar falar exclusivamente sobre sua ansiedade, atrair a atenção do médico para ela e seus sintomas, evitando assim se aproximar das causas. Ao mesmo tempo, sente a ansiedade secundária e evita a primária, aquela que surgiria ao falar dos conflitos que a estão produzindo.

É sempre muito importante buscar um fator desencadeante traumático para o paciente, mesmo que ele não perceba um determinado evento como sendo um estressor significativo, porque este pode estar reprimido no inconsciente. Essa é a principal razão para não lhe perguntar diretamente por que está ansioso. Se ele soubesse, já teria dito.

É comum uma história de problemas ou conflitos na relação com os pais ou principais cuidadores nos primeiros anos de vida. Os conflitos subjacentes, geradores da ansiedade, podem estar relacionados a uma série de temas ao longo do desenvolvimento, especialmente na infância, como abandonos, conflitos parentais, situações de privação emocional ou material etc.

Os conflitos originados na infância tornam-se inconscientes e continuam ativos, expressando-se em padrões patológicos nos relacionamentos. A criança que foi criada assistindo a conflitos parentais reproduz tais conflitos nas suas relações posteriores, sem dar-se conta da origem (ver Capítulo 8).

Silvana, uma moça de 24 anos, sempre presenciou a mãe brigando com o pai porque ele bebia; agora, ela não entende por que se casou com um alcoolista, logo ela que detesta homens que bebem. Sente-se ansiosa e irritada quando o marido bebe, mas, nos períodos em que ele para de beber, ela estranhamente fica ansiosa (porque ele deixa de ser igual ao pai criticado; nessas horas sente-se casada com outro homem).

Num nível inconsciente, ela procurou um homem com o qual pudesse reproduzir as situações de conflito da infância. Quando ele bebia, ela ficava identificada com a mãe e seus sofrimentos no passado; se ele parava de beber, as brigas diminuíam, e ela sentia ansiedade por estar numa situação estranha para ela, uma casa calma. Paradoxal, mas verdadeiro: modificar uma situação preexistente, mesmo que para melhor, pode dar origem a novas ansiedades.

Como para outras situações, o médico deve ter um alto grau de suspeita para detectar a ansiedade e poder diminuí-la. A princípio, todos os pacientes são ou estão ansiosos, mas escondem esse afeto sob muitos disfarces. Ela pode ser referida como nervosismo, fraqueza, tensão, medo, apreensão, instabilidade, aborrecimento, inquietudes, insônia etc.

Pode vir disfarçada de outras emoções, como aquela pessoa que, quando está ansiosa, mostra-se impaciente, irritável, agressiva, faz uso de sarcasmo e ironia na forma de falar ou tem comportamentos compulsivos, como comer ou fazer compras excessivas (sem que isso faça parte de um episódio maníaco). Outras pessoas se fecham em si mesmas, tornam-se distantes e frias, para evitar falar sobre assuntos que as deixam ansiosas. Ainda, a ansiedade pode vir disfarçada de atos físicos, como roer as unhas, mexer as mãos sem parar etc.

Nos casos em que a ansiedade é muito intensa, a ponto de produzir sintomas de pânico, o paciente revela uma história pregressa de abandonos, separações físicas ou emocionais de pessoas significativas na infância, às vezes reativadas por um novo abandono (ou ameaça de) na vida adulta. Tem a percepção dos pais como controladores, assustadores, críticos e exigentes, o que gera raiva, a qual é difícil de tolerar e manter sob controle. Forma-se um ciclo vicioso de raiva pelo comportamento de rejeição dos pais, seguido pela fantasia de que essa raiva destruirá seu vínculo com os pais, ou a eles mesmos, gerando ansiedade. A pessoa tem uma sensação crônica de se sentir presa, sem conseguir romper esse ciclo. Tem raiva, mas tem medo da própria raiva; a iminência de perder o controle sobre ela aumenta a ansiedade até um ponto onde pode se desencadear uma crise de pânico.

Melissa é uma mulher de 52 anos de idade, que reside com o marido e dois filhos nos fundos da casa da mãe, no mesmo terreno.

Voltou para o Rio Grande do Sul após morar em São Paulo desde a adolescência, para onde se mudou acompanhando os pais, há 35 anos. Lá estudou, fez faculdade, casou-se e teve os filhos, agora adultos jovens. Em todo o tempo que lá residiu, nunca teve crises de ansiedade.

Com a morte do pai, a família decidiu voltar para o Rio Grande do Sul, para morar na antiga casa, próxima ao posto de saúde. Cerca de seis meses após o retorno, passou a ter crises de ansiedade, que para ela vinham "do nada", uma forma de dizer que não tinha ideia consciente das causas do sintoma.

Por essa razão, procurou atendimento comigo, que era o médico de família da área onde morava. A queixa principal, motivo de sua consulta, era uma ansiedade intensa, acompanhada de agorafobia, que se apresentava sempre que precisava sair de casa ou pegar o ônibus urbano, o que agora só fazia acompanhada, e no último mês nem assim. Desejava com urgência uma medicação que não a deixasse mais sentir as coisas que sentia. Em diversas consultas, procurei explorar o fator desencadeante das crises, os conflitos em sua vida atual, ou mesmo as possíveis origens inconscientes que poderiam explicar por que passara a ter tanta ansiedade, sintoma que nunca havia experimentado antes em sua vida, sem nenhum resultado prático.

Ela negava qualquer evento estressor (e eu imaginava que deveria haver algum), voltando a centrar a sua – e a minha – atenção nos sintomas físicos e psicológicos que experimentava, falando do nervosismo, da taquicardia, das tonturas que sentia só para sair de casa e vir ao posto de saúde, do medo de sair à rua e lhe acontecer alguma coisa (mas não sabia explicar que perigo seria esse), da dificuldade para dormir, da falta de ar que sentia às vezes etc. Já tinha três ou quatro passagens pela Emergência do hospital de referência, onde havia feito eletrocardiograma, radiografia de tórax, testes laboratoriais, todos normais. Mesmo assim, não se convencia, achava que havia algo de errado com ela. O que era verdade, porém, não em seu corpo, mas em sua mente.

Mediquei-a com um inibidor da recaptação da serotonina, pedindo que retornasse semanalmente para conversarmos, ver se os sintomas iriam diminuir com a medicação. A razão para vê-la pelo menos uma vez por semana foi porque eu tinha em mente o que a compreensão psicodinâmica ensina, que nenhuma ansiedade vem do céu azul, sem fatores desencadeantes ou sem conflitos inconscientes. Era óbvio que ali havia algo, que nem eu nem ela sabíamos o que era.

Nos quatro próximos encontros, o teor das consultas foi o mesmo: eu tentando explorar o que poderia ter acontecido em sua vida para além dos sintomas, e ela se aferrando ao tema de sempre, os sintomas ansiosos. Com o uso da medicação, passou a se sentir mais calma, dormir melhor e não sentia mais as tonturas, mas ainda tinha muito medo de sair sozinha, tendo sempre que ter um acompanhante e, mesmo assim, sentia-se tensa o tempo todo. Por questões de agenda, e por conta de sua melhora, passamos as consultas para de duas em duas semanas, e as queixas seguiram as mesmas, sempre evitando os aspectos subjetivos que, por definição, estavam ali, em algum lugar, protegidos pelos mecanismos de defesa; o foco na ansiedade conhecida a protegia de entrar em contato com as ansiedades ocultas.

No terceiro mês de consultas, ainda em busca do fator desencadeante emocional, ocorreu-me de lhe perguntar se lembrava da data exata da primeira crise de ansiedade. Disse que a data exata não lembrava, mas que havia sido dentro do ônibus que pegava sempre na volta para casa. Sentiu-se mal, com tonturas e angústia, pediu para o motorista parar o coletivo e desceu às pressas. Perguntei o que havia acontecido, pensando em uma possível situação estressora ou traumática, talvez uma briga, uma tentativa de assalto ou outra coisa que tivesse acionado algum tipo de conflito. Num primeiro momento, negou que tivesse acontecido algo traumático, negou brigas ou assaltos, e voltamos à estaca zero.

No entanto, duas semanas depois, ainda fiel à ideia de que algum evento estressor misterioso tinha de ter acontecido dentro no ônibus, naquela viagem específica, perguntei se havia acontecido algo diferente do habitual no trajeto para casa, mesmo que não fosse algo negativo – assinalei que, caso contrário, não teria pedido com tanta urgência ao motorista para descer. Contou que, sim, tinha acontecido algo que não tinha sido ruim, mas inesperado. Ela foi reconhecida por um antigo namorado, da época da adolescência, quando ainda morava em Porto Alegre. Ele a abordou, perguntando se lembrava dele, puxou conversa com ela e, nesse momento, ela começou a se sentir ansiosa, a ponto de ter que descer do ônibus.

Considerei um avanço ela me contar o fato acontecido. "Encontro com um ex-namorado da adolescência" era o fator desencadeante, mas ele ainda não explicava o porquê de ter entrado em pânico. Em vez de perguntar diretamente "Por que o reencontro te deu tanta ansiedade?", uma pergunta direta para a qual ela certamente não tinha a resposta, do contrário não teria tido os sintomas que teve, perguntei como havia sido a conversa, o que falaram exatamente para ter mexido tanto com ela. Então surgiu a história oculta por detrás da ansiedade "sem causa".

Esse homem havia sido o motivo pelo qual a família se mudou para São Paulo. Ele era seis anos mais velho que ela, estavam muito apaixonados, e os pais temiam que ela, sendo menor de idade (tinha então 14 anos), "se entregasse para ele". Os pais eram adeptos de uma religião fundamentalista, de moral muito rígida quanto ao comportamento, e a possibilidade de ela vir a ter relações sexuais antes do casamento era uma ameaça muito grande à ideologia religiosa familiar.

Para que isso não acontecesse, o pai conseguiu um emprego no interior de São Paulo e mudou-se para lá com toda a família o mais rápido possível. Obrigada a ir com eles, sentiu muito ódio da família, especialmente do pai, e uma tristeza imensa pela separação brusca e indesejada do namorado. Na época, não havia internet, e-mail, redes sociais, e acabaram perdendo o contato. Lá estudou, arrumou emprego, casou e teve os filhos; sua vida estava organizada e equilibrada. Mesmo a volta para o Rio Grande do Sul, algum tempo após a morte do pai, foi planejada e se deu dentro dos planos familiares, sem estresse.

O estresse começou com o reencontro, com o breve diálogo que tiveram no ônibus. E que conversa foi essa, que a deixou tão ansiosa? Ele ficou muito feliz ao vê-la, disse que nunca a havia esquecido, que tinha se casado, ficado viúvo e gostaria de voltar a encontrá-la, que não queria perder o contato novamente. Quando ouviu isso, passou a sentir uma grande ansiedade e desceu correndo do ônibus. Perguntei-lhe por que isso mexeu tanto com ela, mas, antes de chegarmos à sua resposta, será preciso entender um pouco a psicodinâmica, o que se passou com ela no passado, para chegarmos à compreensão do problema do presente.

Na adolescência, teve essa perda traumática, experimentada como uma violência feita contra ela. Sofreu muito e precisou lançar mão de mecanismos de defesa (repressão, formação reativa) para lidar com o ódio que sentiu do pai, por ele tê-la afastado de seu grande amor (e os amores na adolescência sabem ser intensos!), mas também para lidar com a sexualidade que estava desabrochando, sublimando por meio da cultura religiosa familiar todo o desejo sexual que sentia antes pelo namorado. Ira e luxúria, dois pecados mortais do ponto de vista religioso da família. E não podemos jamais esquecer que agressividade e sexualidade são dois grandes campos de conflitos em nosso psiquismo e nas nossas relações cotidianas.

A resposta para o que mexeu com ela, disparando a crise de ansiedade e pânico, foi o impulso que sentiu de retomar o amor interrompido da adolescência, descer do ônibus e fugir com ele, para nunca mais voltar. Quanto às questões psicodinâmicas, podemos considerar a hipótese de que o sentimento que a invadiu não deu tempo para ser processado pelo pensamento; a entrada súbita do desejo proibido na consciência tornou-se traumática, ao entrar em conflito com os demais aspectos da vida real. Era uma mulher casada, que gostava do marido, amava os filhos, cuidava da mãe idosa, não teria como fugir com um homem que não via há mais de trinta anos e nunca mais voltar. Isso para ela seria cometer uma loucura e, não tendo recursos psíquicos para lidar com essa torrente de emoções que a inundou, para não fazer uma loucura, a solução foi descer imediatamente do coletivo.

Uma frase foi muito esclarecedora para compreendê-la um pouco mais: "Se fosse só por mim, se eu visse ele de novo, fugiria com ele, tenho certeza!". Por isso, desenvolveu agorafobia; para não sair de casa e evitar a tentação do risco de abandonar tudo e fugir, só saía acompanhada da mãe ou de um dos filhos, tinha muito medo de encontrá-lo de novo. O conscientemente temido pode ser o inconscientemente desejado, portanto, a ansiedade era a expressão do conflito interno, entre o desejo proibido vindo do passado e o amor e a lealdade à família no presente.

Foi o que lhe expliquei, traduzindo esse conflito desde seu início, em termos que ela pudesse compreender. Tinha uma boa capacidade de compreensão, que estava embotada pelos sintomas ansiosos (compreender era perigoso), mas se aliviou muito com o entendimento da dinâmica da situação. Tivemos mais algumas consultas, nas quais exploramos um pouco mais os pensamentos e os sentimentos que tinha sobre o que havia se passado com ela, no passado e agora. O assunto principal se deslocou dos sintomas para os afetos, sobre os quais agora conseguia falar sem ficar tensa (por não ter mais a necessidade da repressão), e diminuímos o uso da medicação, da dose máxima para a mínima.

Espaçamos as consultas para quando sentisse necessidade, o equivalente a uma alta do tratamento ambulatorial, já que se sentia muito melhor, conseguindo sair de casa sozinha, retomando diversos aspectos de sua vida, exceto andar de ônibus, que nunca mais conseguiu.

Esse resultado está de acordo com o que diz Bird (1978), quando assinala que falar com o paciente sobre suas ansiedades e sentimentos não expressos ou mesmo desconhecidos nem sempre os suprime, mas reduz o poder nocivo deles. As ideias que ficam no ar sem serem faladas são ameaçadoras porque não têm limites. Quando colocadas em palavras, são quase totalmente fixadas dentro dos limites dessas palavras; podem ser examinadas como um objeto a ser estudado, um objeto que médico e paciente podem enxergar, e seu perigo, assim, fica bastante neutralizado. Isso demonstra que o médico não deve ter medo de falar sobre ansiedade com seu paciente, com a desculpa de mobilizar coisas com as quais não saberá lidar.

A hierarquia da ansiedade, descrita por Gabbard, é de grande utilidade clínica para a compreensão dos pacientes. Do nível mais elevado, ou maduro, de ansiedade para o mais imaturo e primitivo, suas formas são as seguintes:

- Ansiedade do superego (preocupação com padrões morais de conduta, que mereçam amor ou punição).

- Ansiedade de castração (medo de sofrer algum tipo de dano físico).
- Medo de perder o amor (por mau comportamento, por raiva do objeto).
- Ansiedade de separação (medo de ser abandonado ou da perda do objeto).
- Ansiedade persecutória (ser perseguido ou sofrer retaliação por algo malfeito).
- Ansiedade de desintegração (medo de não se reconhecer mais ou de enlouquecer).

As três últimas formas de ansiedade costumam ser vistas em pacientes com problemas mais severos, como os com transtorno *borderline* de personalidade ou psicóticos (nesse caso, diz-se que a natureza e a intensidade da ansiedade são psicóticas, em vez de neuróticas).

O diagnóstico de ansiedade generalizada evidencia a presença de problemas interpessoais específicos e eventos traumáticos. Os pacientes com esse tipo de ansiedade têm uma taxa maior do que a população geral para eventos traumáticos, envolvendo lesão, agressão, eventos emocionais significativos, doença ou morte. Eles tendem a evitar pensar nos eventos passados que consideram traumáticos, ficam focados na preocupação com a própria ansiedade, que os impede de se preocuparem com questões subjacentes mais perturbadoras, constituindo um padrão defensivo característico, de evitação do próprio pensamento.

Por isso, o médico que trabalha de forma psicodinâmica deve engajar o paciente na busca dos conflitos subjacentes e da verdadeira fonte de ansiedade, como na história de Melissa. Essa hierarquia dos níveis ansiosos pode ser útil na compreensão da gravidade, localizando a fonte dos conflitos em níveis mais maduros ou mais primitivos. No exemplo citado, a ansiedade da paciente durante uma crise de pânico era de desintegração, com medo de enlouquecer; fora das crises, era do tipo mais maduro, uma ansiedade do superego, preocupada com a moralidade e a consequência de seus atos.

Kaplan e Saddock (2017) dizem que

> *Para compreender plenamente a ansiedade de um determinado paciente de um ponto de vista psicodinâmico, muitas vezes é útil relacionar a ansiedade a questões do desenvolvimento. No nível mais inicial, pode estar presente a ansiedade de desintegração. Esta deriva do medo de que o self se fragmente porque os outros não estão respondendo com a afirmação e a validação necessárias. A ansiedade persecutória pode estar associada com a percepção de que o self está sendo invadido ou aniquilado por uma força malévola externa. Outra fonte de ansiedade envolve uma criança que teme perder o amor ou a aprovação de um dos genitores ou do objeto de amor. A teoria da ansiedade de castração, de Freud, está ligada à fase edípica do desenvolvimento em meninos, na qual uma figura paterna poderosa, em geral o pai, pode danificar os genitais do menino ou provocar dano corporal de outra forma. No nível mais maduro, a ansiedade do superego está relacionada a sentimentos de culpa sobre não satisfazer padrões internalizados de comportamento moral, derivados dos pais. Muitas vezes, uma entrevista psicodinâmica pode elucidar o principal nível de ansiedade que o paciente está enfrentando. Alguma ansiedade está obviamente relacionada a conflitos múltiplos em vários níveis do desenvolvimento. (p. 389)*

Mesmo que o médico de família não proponha uma psicoterapia no modelo clássico (ver Capítulo 8), ainda assim é importante ter em mente essa maneira peculiar de se queixar do paciente ansioso, centrando na própria ansiedade ou no corpo problemas que têm origem nos conflitos mentais.

Sandra, uma mulher de 45 anos, queixava-se de fortes dores de cabeça, sem estressores aparentes. Como as dores não melhoravam muito com paracetamol, gostaria de fazer uma radiografia "da cabeça" para investigar as possíveis causas. Uma história mais detalhada revelou que a cefaleia tinha relação com as datas em que visitava o marido no presídio. Assinalei essa relação, e só então ela falou do quanto essas visitas a deixavam ansiosa, o que expressava pela cefaleia. Esse simples *insight* diminuiu muito a frequência, a intensidade das dores e o uso de analgésicos.

Frequentemente, esses padrões estão ligados a traumas precoces e dificuldades em se relacionar com outras pessoas desde a infância, o que deve ser investigado. O trabalho terapêutico busca demonstrar como a ansiedade vem sendo gerada a partir desses conflitos recorrentes e como eles podem ser elaborados pela compreensão das experiências fracassadas prévias do paciente e da necessidade de tentar novas maneiras de se relacionar com os outros. A atenção deve ser desviada do foco somático da preocupação, para que os pacientes possam compreender os eventos psíquicos produtores do quadro ansioso.

Os conflitos em torno da separação (como nos rompimentos de relações afetivas), independência (sair da casa dos pais, mudar de cidade, passar a trabalhar e ganhar o próprio sustento) e raiva (quando surgem obstáculos à realização dos desejos e suas respectivas frustrações) são particularmente proeminentes como causa de ansiedade. A raiva costuma ser temida por ser considerada incontrolável, por causa das experiências infantis experimentadas com a raiva dos pais. A criança pode ter se sentido abandonada emocionalmente por eles após uma crise de raiva, o que depois a faz esconder para não perder o amor dos pais. Como os pacientes com ansiedade e/ou transtorno do pânico frequentemente evitam expressar raiva, a tarefa inicial do terapeuta pode ser explorar ativamente as resistências para que o paciente reconheça a raiva em si mesmo, sem tantos receios de perder o controle sobre ela, podendo expressá-la de maneiras socialmente aceitáveis e permitidas.

É útil perceber o uso dos mecanismos de defesa característicos nessas situações, como negação da raiva, formação reativa (o paciente dizendo não ter raiva alguma, pelo contrário, alegando ser uma pessoa que só faz o bem), somatização (os sintomas físicos) ou projeção desses afetos problemáticos nos outros. A estratégia para lidar com essas defesas é tornar o paciente consciente do medo que tem da expressão da sua raiva, ligada à necessidade de negar sua existência e rejeitá-la.

Uma mulher jovem buscou terapia para uma ansiedade generalizada pela segunda vez, dizendo que fez uma consulta com outro terapeuta, mas que não gostou dele. Perguntada do motivo de não ter gostado, respondeu: "Imagina só, ele disse que teríamos de tratar o ódio que sinto da minha mãe! Logo a pessoa que eu mais amo no mundo!". O tratamento dessa jovem evidenciou, logo a seguir, o quanto a ansiedade estava ligada aos afetos agressivos que sentia pela mãe, mas ainda não estava preparada para reconhecer e admitir tal sentimento. Esse é mais um daqueles exemplos em que o conteúdo era correto, mas se tornou inútil pela forma precipitada como foi trabalhado.

Nos ansiosos, as defesas de somatização e projeção são usadas para evitar a reflexão e a introspecção. A somatização coloca o foco do paciente no que está acontecendo em seu corpo, supervalorizando sensações físicas inocentes, e exigindo algum tipo de conserto do que está estragado. Caso o médico não investigue tudo que é relatado como "orgânico", o paciente pode projetar sua raiva no médico, porque ele não está se esforçando para resolver o problema.

Uma forma adequada de abordagem seria assinalar algo como "Vejo que você procura encontrar no corpo as respostas para o que está sentindo. Essa ansiedade poderia estar sendo causada por algum outro tipo de preocupação, por exemplo, sua vida familiar?".

Ambas as defesas (somatização e projeção) são uma tentativa de transformar a ansiedade numa doença em si mesma, sem causa ou significado emocional. A projeção coloca a origem do problema no mundo externo e nos outros com quem se relaciona, que passam a ser a causa dos infortúnios do paciente. "Devo ter um problema cardíaco, o senhor pode me pedir um eletrocardiograma?" pode ser mais aceitável para um ego sobrecarregado do que "Me sinto assim desde que meu filho foi preso, temo por ele na prisão".

O tema é inesgotável, muito mais poderia ser escrito sobre ansiedade, pela sua onipresença, pelas confusões diagnósticas que causa, pelo seu manejo inadequado e pelo quanto de sofrimento psíquico produz. Meu objetivo é que as ideias e os exemplos mostrados sirvam como um alerta para o médico de família reconhecer suas apresentações e abordá-las com mais segurança, ligando-as com suas origens e aliviando muitos dos conflitos emocionais que ela traduz. Se não se pode erradicar a ansiedade da nossa vida ou da vida de nossos pacientes, compreender suas origens nos torna, e a eles, mais aptos a lidar com as angústias naturais do viver, com menos sintomas, menos medos e sem recorrer a tantos mecanismos de defesa, com menor gasto de energia psíquica para mantê--los em funcionamento.

Referências

Bird, B. (1978). *Conversando com o paciente*. Manole.

Freud, S. (1980). Inibições, sintomas e ansiedade. In *Edição standard brasileira das obras psicológicas completas de Sigmund Freud* (Vol. 20). Imago.

Gabbard, G. O. (2016). *Psiquiatria psicodinâmica na prática clínica*. [recurso eletrônico]. (5a ed.). Artmed.

Sadock, B. J., Sadock, V. A., & Ruiz, P. (2017). *Kaplan & Sadock compêndio de psiquiatria*. Artmed.

11. O paciente depressivo

Há mágoas íntimas que não sabemos distinguir pelo que contém de sutil e de infiltrado, se são da alma ou do corpo, se são o mal-estar de se estar sentindo a futilidade da vida, se são a má disposição que vem de qualquer abismo orgânico – estômago, fígado ou cérebro. Quantas vezes se me tolda a consciência vulgar de mim mesmo, num sedimento torvo de estagnação inquieta! Quantas vezes me dói existir, numa náusea a tal ponto incerta que não sei distinguir se é um tédio, se um prenúncio de vômito!

(Fernando Pessoa, 1989)

Depressão

No Capítulo 2, mencionou-se que o impacto da doença mental não reconhecida e não tratada é significativo em termos de capacidades funcionais diminuídas e custos de saúde aumentados. Esses aspectos são ainda mais relevantes quando se trata de depressão, um dos problemas de saúde mental mais prevalentes em atenção primária, de acordo com o Global Burden of Disease (Ferrari et al., 2013), junto com ansiedade e alcoolismo. Bonadiman et al. (2020) situam em 3,3% a média de prevalência no Brasil, com distribuições ligeiramente diferentes dependendo do lugar estudado. Apesar da alta prevalência, a depressão é subdiagnosticada pelos médicos de família, como mostra Stoudemire (1996), citando um dado preocupante: em média, 50% dos pacientes deprimidos e ansiosos que consultam em atenção primária passam sem serem reconhecidos pelos médicos gerais, e o tratamento psiquiátrico, quando é feito por médicos gerais ou médicos de família, costuma ser inadequado, portanto, pouco eficaz. O que vejo na prática está de acordo com a literatura internacional, em relação ao baixo reconhecimento e ao tratamento inadequado, não só de depressão, mas de outros transtornos mentais comuns, especialmente o tratamento não farmacológico.

Em virtude de seu grande impacto sobre a saúde global, o tema vem sendo bastante estudado há muitos anos. Na literatura médica, há um grande volume de trabalhos sobre o tratamento da depressão em atenção primária ou pelos médicos de família, e de psicoterapia para depressão, mas muito poucos com uma abordagem psicodinâmica. Barros (2018) realizou uma metanálise com buscas nas principais bases de dados e encontrou 3.882 títulos que remetiam ao tema, dos quais apenas *seis* abordavam psicoterapia psicodinâmica para depressão. Portanto, são raros os trabalhos sobre a compreensão das suas bases psicodinâmicas e como conversar com um paciente deprimido, os dois grandes objetivos deste capítulo.

Antes de prosseguir, é preciso conceituar qual depressão está em foco, além daquela compreendida em termos médicos como patologia. O indivíduo nasce com uma predisposição inata para experimentar afetos depressivos, mas nem todos apresentam algum episódio de uma depressão patológica que exija tratamento.

Kessler et al. (1994) mostram que cerca de 20% da população terá ao menos um episódio de transtorno afetivo ao longo da vida, o que dá a dimensão do problema.

Em sentido amplo, a depressão pode ser descrita como:

- Um estado afetivo, uma disposição ou um sentimento.
- Uma forma inata e específica de resposta a problemas ou conflitos.
- Uma tentativa de autoproteção diante de algo sentido internamente como uma agressão.
- Uma forma de expressão de dor psíquica ligada a traumas ou perdas, reais ou imaginárias; ou reais, porém ressignificadas por fantasias.
- Uma capacidade, uma possibilidade de se deprimir como um fator positivo de saúde mental.
- Uma doença mental (ICD-10: F32), com critérios diagnósticos bem definidos (WHO, 2004).

Embora os leigos possam confundir sentimentos de tristeza com estar doente de depressão, esta – quando expressão de patologia – pode incluir a tristeza entre seus sintomas psicológicos, mas é algo bem mais amplo. Nem toda tristeza é disfuncional, mas a depressão pode, esta sim, trazer algum grau de dificuldade funcional para a vida. Na prática, as depressões leves já causam alguma disfunção, mas não a ponto de chegar a comprometer atividades cotidianas; as depressões moderadas já produzem um impacto maior na vida, dificultando a realização das tarefas do dia a dia, às vezes impedindo algumas; as severas, por sua vez, podem impedir inclusive que o paciente saia da cama, tome banho ou se alimente. Mais adiante, será retomado como essas diferenças acontecem na prática.

Quando se constitui em uma patologia, de menor ou maior gravidade, há causas biológicas (como uma predisposição genética) e causas psicológicas, inter-relacionadas a algum evento traumático, físico ou psicológico. A patologia depressiva é uma evidência de que o equilíbrio emocional se rompeu, como resposta mal adaptativa a alguma circunstância, em geral ligada a algum tipo de perda.

O paciente deprimido costuma ser alguém com sua autoestima danificada, como resultado da ruptura de um relacionamento com objetos externos ou internalizados, ou de um ou mais golpes à sua capacidade de adaptação aos problemas da vida, entre eles as doenças físicas (é bem conhecida a depressão que eclode após um infarto do miocárdio).

A regra prática, que ajuda muito na compreensão dos quadros depressivos, é sempre procurar na história pessoal algum tipo de perda, seja real (separações, morte de um ente querido), imaginária (expectativas não satisfeitas, sonhos não realizados, frustrações pessoais ou familiares), ou – como para outras condições – a perda do equilíbrio dinâmico entre a predisposição genética, as condições ambientais e os traumas da vida (ver Capítulo 4).

Sinais e sintomas

Assim como na ansiedade, há sinais e sintomas físicos e psicológicos da depressão.

Sintomas físicos

Pacientes depressivos são muito preocupados com a saúde, com o corpo e com queixas físicas, sendo que as mais comuns incluem insônia com despertar precoce, dificuldade para acordar cedo pela manhã, fadiga, perda de apetite, constipação, perda da libido, dor de cabeça, dor na nuca, dor lombar e outras dores, secura e queimação na boca com um gosto desagradável. No entanto, por vezes, o paciente está tão comprometido por seus sintomas depressivos que "esquece" de relatar esses problemas físicos associados, sem perceber que fazem parte do mesmo quadro.

A depressão pode fazer com que aconteçam mudanças no funcionamento fisiológico e em quase todas as funções corporais que estão sob o controle neuro-hormonal, com redução da taxa metabólica, do funcionamento gastrintestinal etc. A depressão por si só pode se apresentar isolada ou em comorbidade com outras doenças (físicas ou mentais). Ela pode anteceder em meses os sintomas de Parkinson ou diabetes, pode coexistir nos quadros ansiosos ou esquizofrênicos, pode ser um fator complicador ou agravante de doenças como as cardiovasculares, diabetes e neoplasias.

Sintomas psicológicos

Três campos principais são afetados: afeto, pensamento e comportamento.

Afeto

O humor está rebaixado, e o estado mental correspondente é descrito de diversas formas pelo paciente, como sendo triste, melancólico, ansioso, tenso, com medo, culpa, sentimentos de vazio e de perda de sentido; o mundo é descrito como tendo se tornado cinza e sem graça. Ele diminui ou perde o interesse pela vida, passa a ter menos energia e menos prazer em atividades, como comer, fazer sexo, trabalhar, fazer coisas divertidas ou criativas. Seu comportamento torna-se mais irritável; nas verbalizações, torna-se mais ácido e irônico em seus comentários, produto da agressividade reprimida.

Nos quadros mais graves, em vez de ansiedade, é comum a apatia, o desânimo, o isolamento como defesa contra a dor psíquica e a das relações humanas, produzindo sentimentos de vazio e desconexão, consigo mesmo e com as outras pessoas, por vezes levando ao suicídio.

Um afeto marcante dos pacientes deprimidos é a raiva, tanto aberta quanto a oculta, expressa na forma de uma agressividade contínua, que torna a vida de quem convive com eles um inferno. As autoacusações permanentes são tediosas e chatas, dificultam a empatia de quem está próximo, produzindo um retraimento que é sentido pelo depressivo como um ataque por via do abandono, ao qual revida com ainda mais agressividade (ver Capítulo 15).

Pensamento

O pensamento varia de pouco negativista a muito negativista, costuma se concentrar nas dificuldades e nas desgraças, de forma repetitiva e aborrecida, omitindo as partes boas e focando as ruins, do tipo "a vida é ruim e a felicidade não existe", tornando a conversa da pessoa depressiva monótona e tediosa para aqueles com quem convive e/ou dialoga. Não só a qualidade do pensamento fica prejudicada, mas sua quantidade fica diminuída, empobrecendo ainda mais a conversa, restringindo-a a poucos tópicos, sempre os mesmos e narcisicamente autocentrados.

Comportamento

O campo do comportamento se apresenta lentificado; o paciente demora mais do que o habitual para fazer as tarefas que antes fazia com facilidade, perdendo muito tempo em coisas supérfluas ou paralelas, sem levar a cabo a tarefa principal, mesmo que simples. Outras vezes, o comportamento pode ser agitado, sem propósito ou agressivo, via de descarga para a raiva reprimida.

Psicodinâmica da depressão

O entendimento psicodinâmico dos quadros depressivos tem sua origem no clássico trabalho *Luto e melancolia* (Freud, 1917/1980), que ainda hoje impressiona pela precisão e atualidade das observações freudianas, mesmo sob outras nomenclaturas. Ele descreveu como o luto, de modo geral, é a reação à perda de um ente querido, à perda de alguma abstração que ocupou o lugar de um ente querido, como o país, a liberdade ou o ideal de alguém, e assim por diante. Em algumas pessoas, as mesmas influências produzem melancolia em vez de luto; por conseguinte, ele suspeitava de que essas pessoas possuíam uma disposição patológica para a depressão.

Os traços mentais distintivos da melancolia (que hoje corresponderia à depressão severa) foram descritos como um desânimo profundamente penoso, a cessação de interesse pelo mundo externo, a perda da capacidade de amar, a inibição de toda e qualquer atividade e a diminuição dos sentimentos de autoestima a ponto de encontrar expressão em autorrecriminação e autoenvilecimento (ausentes no luto), culminando numa expectativa delirante de punição.

A melancolia também pode constituir reação à perda de um objeto amado, uma perda de natureza mais ideal. O objeto talvez não tenha realmente morrido, mas tenha sido perdido enquanto objeto de amor, por decepção. Nesses casos, não se pode ver claramente o que foi perdido, sendo razoável supor que também o paciente não pode conscientemente perceber o que perdeu. Isso, realmente, talvez ocorra dessa forma, mesmo que o paciente esteja cônscio da perda que deu origem à sua melancolia, mas apenas no sentido de que sabe quem ele perdeu, mas não o que perdeu nesse alguém (a perda é inconsciente, ao contrário do luto).

Freud diz que o paciente apresenta seu ego para nós como sendo desprovido de valor, incapaz de qualquer realização e moralmente desprezível; ele se repreende e se envilece, esperando ser expulso e punido. Degrada-se perante todos e sente comiseração por seus próprios parentes por estarem ligados a uma pessoa tão desprezível. Não acha que uma mudança se tenha processado nele, mas estende sua autocrítica até o passado, declarando que nunca foi melhor. Esse quadro de delírio de inferioridade (principalmente moral) é completado pela insônia e pela recusa a se alimentar, e – o que é psicologicamente notável – por uma superação do instinto que compele todo ser vivo a se apegar à vida. Em psicanálise, diz-se, nesses casos, que há um predomínio da pulsão de morte sobre a pulsão de vida.

O paciente depressivo se encontra, de fato, tão desinteressado e tão incapaz de amor e de realização quanto afirma, razão do fracasso de muitos aconselhamentos que buscam reforçar pontos positivos. Em sua exacerbada autocrítica, ele se descreve como mesquinho, egoísta, desonesto, carente de independência, alguém cujo único objetivo tem sido ocultar as fraquezas de sua própria natureza, e pode ser, até onde se sabe, que tenha chegado bem perto de compreender a si mesmo; e Freud diz que ficamos imaginando tão somente a razão pela qual um homem precisa adoecer para ter acesso a uma verdade dessa espécie.

No entanto, não há correspondência entre o grau de autodegradação e sua real justificação. Sentimentos de vergonha diante de outras pessoas que, mais do que qualquer outra coisa, caracterizariam essa autodegradação faltam ao melancólico, ou pelo menos não são proeminentes nele. Poder-se-ia ressaltar a presença nele de um traço quase oposto, de uma insistente comunicabilidade, que encontra satisfação no desmascaramento de si mesmo, o estado depressivo exibido quase como um troféu.

Ao ouvir as muitas e variadas autoacusações de um melancólico, não se pode evitar, no fim, a impressão de que, com frequência, as mais violentas delas dificilmente se aplicam ao próprio paciente, mas que, com ligeiras modificações, ajustam-se realmente a outrem, a alguém que o paciente ama, amou ou deveria amar.

Freud mostra como suas queixas são realmente "queixumes", no sentido antigo da palavra. Esses pacientes não se envergonham nem se ocultam, já que tudo de desairoso que dizem sobre eles próprios refere-se, no fundo, à outra pessoa. Tornam-se as pessoas mais maçantes, dando sempre a impressão de que se sentem desconsideradas e de que foram tratadas com grande injustiça.

Existe, num dado momento, uma escolha objetal, uma ligação a uma pessoa particular; então, por uma real desconsideração ou desapontamento proveniente da pessoa amada, a relação objetal fica destroçada. Há uma identificação do ego com o objeto abandonador, e esse ego pode, daí por diante, ser julgado por um agente especial (o superego), como se fosse o objeto abandonador. O ego do paciente depressivo sofre muitas autorrecriminações, mas, no fundo, elas são queixas contra quem o abandonou. A perda de um objeto amoroso constitui excelente oportunidade para que a ambivalência nas relações amorosas se faça efetiva e manifesta. Na melancolia, as ocasiões que dão margem à doença vão, em sua maior parte, além do caso nítido de uma perda por morte, incluindo as situações de desconsideração, desprezo ou desapontamento, que podem trazer para a relação sentimentos opostos de amor e ódio, ou reforçar uma ambivalência já existente.

Os pacientes ainda conseguem, pelo caminho indireto da autopunição, vingar-se do objeto original e torturar o ente amado por meio de sua doença, à qual recorrem a fim de evitar a necessidade de expressar abertamente sua hostilidade para com ele. Afinal de contas, a pessoa que ocasionou o distúrbio emocional do paciente, e na qual a doença se centraliza, em geral se encontra em seu ambiente próximo.

Freud assinala que não podemos conceber como esse ego consente em sua própria destruição. Nenhum neurótico abriga pensamentos de suicídio que não consistam em impulsos assassinos contra outros, que ele volta contra si mesmo (o suicídio, visto assim, seria um tipo de homicídio, uma tentativa de assassinato de um objeto interno). A análise da melancolia mostra agora que o ego só pode se matar se puder tratar a si mesmo como um objeto – se for capaz de dirigir contra si mesmo a hostilidade relacionada a um objeto. Na melancolia, a relação com o objeto não é simples; ela é complicada pelo conflito por causa de uma ambivalência, produzida por sentimentos de amor e ódio pelo objeto.

Outra autora psicanalítica, Melanie Klein, utiliza o conceito "depressão" em duas perspectivas fundamentais, diferentes das de Freud. Para ela, a depressão tem duas perspectivas:

- Momento estrutural e organizador do psiquismo do bebê, ao qual chama de "posição depressiva", em que são integrados os aspectos "bons" e "maus" (e "hostis") antes cindidos e projetados no que ela chama de "objetos" (internos ou externos). Esse registro unificador tem como consequência sentimento de culpa e desejos de reparação (1996a).
- Tentativa de entender o luto como fenômeno presente em todos os momentos evolutivos humanos, em suas relações de objeto (desmame, controle esfincteriano, a renúncia edípica) (1996b).

Essas duas perspectivas colocam os termos "luto" e "posição depressiva" na problemática humana geral, sem reduzi-los à psicopatologia, estabelecendo um *continuum* entre o sofrimento psíquico inerente ao desenvolvimento emocional e o sofrimento presente nos quadros patológicos.

Klein (1996a) mostra como cada criança passa por posições mentais diferentes, sendo que a primeira é a posição esquizoparanoide, na qual ela (a criança) percebe os objetos como inteiramente "bons" (gratificantes) ou "maus" (frustrantes), de natureza persecutória, ameaçadora e sádica. Esses objetos precisam ser percebidos como se fossem separados para aliviar a ansiedade, ou seja, a criança ainda não está preparada para perceber que a mãe boa e a mãe má são, na verdade, a mesma pessoa. No adulto, a continuação e a não elaboração dessa posição mental é a base das ideias maniqueístas, que dividem o mundo e as pessoas entre o bem e o mal, entre os bons e os maus, entre puros e impuros etc.

A outra é a posição depressiva, na qual a criança, com alguma tristeza e culpa, integra internamente esses aspectos "bons" (gratificantes) e "maus" (frustrantes) do objeto numa única imagem de objeto, que aceita a ambivalência, a possibilidade de amar e odiar o mesmo objeto.

A força da ambivalência é enfatizada ainda mais na patologia. O risco da depressão é universal, e estamos em perigo de, a qualquer momento, cair na autodestruição depressiva, porque todos possuímos ambivalências (entre amor e ódio), e as forças destrutivas que existem em nós precisam ser dominadas o tempo todo. Essas forças destrutivas produzem dois tipos de efeitos, na medida em que são percebidas como internas e depressivas, ou externas e persecutórias. Isso gera dois tipos de culpa: a depressiva, quando se busca reparar, consertar aquilo que foi danificado em atos ou pensamentos; e a culpa persecutória, da qual se tenta esquivar e fugir, sem fazer qualquer tipo de reparação ao dano causado, em que apenas se teme a acusação e a punição.

No caso da ideação persecutória ("alguém me faz mal"), a cena violenta é projetada no exterior, de onde vem, então, a ameaça, como é comum na paranoia. As fantasias inconscientes de violência são vivenciadas como um ataque feito a si mesmo, por exemplo, na forma de autorrecriminações, como é comum na depressão.

A ambivalência leva à coexistência de fantasias inconscientes de destruição e de reparação. O lactente feliz reforça suas fantasias inconscientes de prazer, nas quais os bons objetos introjetados conservam o bem-estar interior, e ele se sente feliz e confiante. Por outro lado, o lactente que sofre reforça as fantasias de agressão e destruição e se sente ameaçado de destruição por objetos externos malignos, sentindo-se infeliz e perseguido num mundo hostil e perigoso.

Nas formas graves, a pessoa deprimida pode se sentir atacada internamente (delírios hipocondríacos) e externamente (ideias de perseguição e prejuízo), como se vê nas depressões psicóticas. Se o ambiente proporciona mais experiências gratificantes que frustrantes, a ambivalência fundamental pode ser dominada, e as fantasias destrutivas internas podem ser aceitas na representação que a pessoa faz de si mesma (pessoas que se acham unicamente boas jamais superaram a ambivalência, apenas acreditam terem excluído os aspectos destrutivos do self).

Assim, a pessoa madura pode se reconhecer como portadora de aspectos amorosos e destrutivos ao mesmo tempo. Já o deprimido, ao contrário, sente-se torturado por objetos persecutórios, geralmente internos, mas também externos (queixas contra alguém de sua vida atual ou passada que não cessam), por meio de um mecanismo de projeção, mas o projetado sempre ameaça retornar.

A teoria kleiniana permite compreender melhor o papel das introjeções e das projeções dos objetos, e converte os processos depressivos em processos universais, na medida em que a depressão seria uma forma de regressão a mecanismos primitivos e infantis, existentes em todos.

Klein (1996b) ligou a depressão clínica a uma incapacidade de negociar de forma bem-sucedida essa posição de tolerar os afetos ambivalentes; a depressão clínica, portanto, remete à posição esquizoparanoide. Já o medo do depressivo é o de ter destruído seus bons objetos internos, pela sua agressividade dirigida contra eles. O objeto, assim atacado, "revida", tornando-se um perseguidor interno temido.

Algumas pessoas deprimidas temem que seus bons objetos internos tenham sido destruídos pela voracidade e agressividade contra eles (depressões em que há sentimento de culpa). Se a pessoa não tem bons objetos internos, sente-se perseguida pelos maus objetos (depressões em que predominam sentimentos de raiva). Os maus objetos são internalizados como um superego que faz demandas sádicas e irrealizáveis à pessoa (gerando sentimentos de fracasso pessoal, por não cumprir tais metas).

Há muitas outras visões psicanalíticas que complementam essas duas principais, mas não é objetivo deste capítulo examinar cada uma. Assim, apenas citarei alguns aspectos principais, que vemos comumente nos pacientes com quadros depressivos.

Em algumas depressões, o sentimento de vazio e de inferioridade conta mais que o papel da agressividade.

A depressão melancólica tem na agressividade o agente principal, enquanto nas outras depressões a ferida narcísica ocupa o primeiro plano (pela perda da autoestima).

A fragilidade do sentimento normal de autoestima pode advir de causas recentes, incidindo sobre uma personalidade previamente frágil, decorrente de frustrações precoces das gratificações narcísicas e do contato humano modulador dos afetos na primeira infância.

O fracasso de satisfazer uma das três aspirações narcísicas altamente investidas pode gerar quadros depressivos: 1) ser bom e amoroso; 2) ser superior ou forte; 3) ser amado e considerado. A depressão viria quando a pessoa se dá conta da discrepância entre esses ideais e a realidade. A desesperança e a impotência resultam da percepção da incapacidade de atingir padrões tão altos. Qualquer fator que afete a autoestima ou que cause frustração ao tentar atingir tais metas precipita a depressão. A agressão não é levada em conta como fator primário, mas secundário às frustrações e desesperança.

Outros fatores psicológicos importantes

Sabe-se que traumas precoces e privações, como a separação e/ou a perda dos pais ou cuidadores numa etapa precoce da vida, são fatores predisponentes para a depressão, por dificultar a capacidade de tolerar afetos depressivos sem regredir a mecanismos de defesa mais primitivos, uma vez que não houve o modelo parental de como conter e modificar os afetos desagradáveis ou dolorosos.

Pais que não identificam ou não toleram afetos dolorosos também não conseguem ajudar a criança a adquirir mecanismos para lidar com tais afetos (afetos não modulados pelos pais ausentes). Privações precoces são importantes causas de depressão no futuro, e pessoas com história de abuso ou negligência na infância têm mais chances de relacionamentos negativos e baixa autoestima na vida adulta, além de mais chances de desenvolver depressão.

A personalidade pré-mórbida também é relevante para o desenvolvimento de quadros depressivos. É comum pessoas com depressão apresentarem um transtorno de personalidade associado; também é sabido que certos tipos de personalidade são mais suscetíveis ao desenvolvimento de depressão do que outros, como pessoas perfeccionistas (obsessivos e narcisistas, por exemplo), que podem sentir que estão sempre falhando nas suas expectativas excessivas. Pessoas muito dependentes, histriônicas ou *borderline* também são mais vulneráveis ao surgimento de quadros depressivos.

Pacientes com transtorno de personalidade têm um curso pior da depressão e piores prognósticos (porque nem sempre se consegue remover um dos fatores desencadeantes, como as expectativas excessivas dos obsessivos), além de sintomas residuais do quadro depressivo.

Conversa com o paciente depressivo

Já foi mencionado como o número impressionante de até 50% dos pacientes com depressão não são reconhecidos pelos médicos gerais/médicos de família. Por isso, é fundamental ter sempre um elevado grau de suspeita, estar atento aos sintomas depressivos e seus equivalentes, como o modo que o paciente chega ao tratamento, o que ele fala, de forma verbal ou não verbal, e o que oculta. Em muitas situações, o paciente não se queixa de estar deprimido, mas pode se queixar de sintomas físicos equivalentes, como fadiga, dores etc., além de uma postura corporal que demonstre um estado de abatimento, como mostra a Figura 11.1.

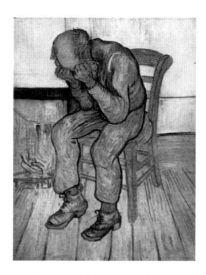

Figura 11.1 *Homem velho com a cabeça em suas mãos (Vincent van Gogh, 1890). Fonte: Wikimedia Commons.*

Em julho de 1890, no mesmo ano em que fez essa pintura, Van Gogh saiu para um campo de trigo perto da cidade em que vivia, onde tentou o suicídio com um tiro no peito, morrendo dois dias depois em função do ferimento. O quadro é a imagem de um homem em desespero, um testemunho de seu grave estado depressivo pouco antes de sua morte. A Figura 11.2 é ainda mais emblemática e chocante, porque, em seu último quadro, antes de se matar, ele pintou o trigal onde estaria seu corpo morto, já sobrevoado pelos corvos que iriam devorá-lo.

Nos casos mais leves, não costuma haver muitos indícios físicos de retardo psicomotor ou letargia; às vezes, predomina até uma certa ansiedade agitada e labilidade emocional, levando ao choro com alguma frequência. Se percebermos que o paciente está tentando segurar as lágrimas, será adequado fazer uma intervenção facilitadora, que lhe assegure que é natural chorar ao relatar certos fatos dolorosos. A escolha das palavras aqui é muito importante;

por exemplo, não dizer que é "normal" ou "adequado" chorar (que envolvem julgamentos de valor), mas que é "natural", no sentido de que é da nossa natureza.

Figura 11.2 *Campo de trigo com corvos (Vincent van Gogh, 1890). Fonte: Wikimedia Commons.*

Os casos mais severos são mais fáceis de identificar, uma vez que a pessoa pode chegar para a consulta caminhando devagar, encurvada, falando baixo, geralmente com um evidente descuido de sua aparência (roupas sujas, ausência de banho, barba de vários dias por fazer etc.), porém, esse tipo de paciente costuma estar com o afeto tão embotado que geralmente não chora ao relatar sua condição.

De forma geral, nos depressivos, em maior ou menor intensidade (dependendo da severidade da depressão), o conteúdo verbal é negativo, pessimista, com autorrecriminações. A pessoa chega contando que está desanimada, cansada, que não tem mais a disposição de antes, que tem se sentido "para baixo", sem vontade de fazer as coisas, sentindo-se triste, desatenta e esquecida, que dorme mal, de menos durante a noite ou demais durante o dia, que anda sem fome e perdeu ou ganhou peso; que não tem mais confiança em fazer as coisas que fazia antes, nem prazer, e que se sente inútil e ao mesmo tempo culpada por não fazer nada, mas não vê saídas para sua situação, ou as vê, mas estas lhe parecem inalcançáveis.

O paciente pode já ter tido ideias de morte ou de suicídio, pode até já ter tentado tirar a própria vida, por isso deve-se sempre investigar risco de suicídio. Ideias suicidas são menos graves que tentativas prévias de suicídio – um importante indicador da gravidade da patologia, pois o risco é bem maior em quem já tentou, e fator de risco futuro para novas tentativas. Uma pergunta que sempre faço, e que se mostra útil para esclarecer o funcionamento mental do paciente, é sobre o que o deixou tão desesperado assim, a ponto de achar que tirar a própria vida seria a solução do problema. Tristeza não é um fator preditivo de peso para o suicídio, mas, sim, a desesperança. Essa forma de perguntar às vezes se constitui em uma porta de entrada para discutir outras possíveis soluções, não tão drásticas e mais realistas.

Um diferencial prático e útil na clínica, para ajudar na diferenciação quanto à severidade do quadro, é que as depressões leves costumam ter pouco ou nenhum prejuízo funcional para o paciente. Ele refere que viver está um pouco mais difícil, mais cansativo e menos prazeroso, mas consegue dar conta das suas atividades habituais. Já as depressões moderadas causam um prejuízo funcional mais perceptível, em termos de cancelamento de atividades, perda de dias de trabalho, perda do prazer em atividades que antes eram prazerosas, a ponto de evitá-las etc.

Nas depressões severas, a disfunção é mais evidente e incapacitante, impedindo o paciente de exercer até mesmo suas atividades cotidianas, sociais e laborais. Ele pode relatar que se sente pior pela manhã, com dificuldade de sair da cama ou de casa, melhorando mais ao final do dia. A pessoa pode passar o dia parada (retardo psicomotor) ou, pelo contrário, agitada e agressiva. É comum o paciente dizer que deixa as atividades essenciais para o final da tarde, quando consegue ter alguma energia. Diz ter perdido peso (geralmente 5% ou mais do peso corporal anterior – embora eventualmente possa ter ganho de peso) e tem muito pouca ou nenhuma libido sexual, junto com uma perda geral de interesse pelos demais prazeres da vida.

Aqui, voltamos à escuta em "estéreo" (ver Capítulo 9). O tópico anterior mostra como reconhecer as evidências externas de alguém com depressão, na forma de sintomas. Contudo, como um paciente depressivo se sente internamente? Claro que a pessoa sente que não está bem, mas pode não reconhecer o problema nem saber por que adoeceu; a dor psíquica pode estar desarticulada de suas origens emocionais, pode estar projetada no corpo. É comum os pacientes assim nos dizerem "eu não sei o que eu tenho", portanto, não podemos esperar que alguém nos diga "vim consultar porque estou deprimido"; essa não é a forma mais comum de procura por ajuda.

Para conversarmos com uma pessoa deprimida, a primeira coisa a ser investigada *sempre* é a existência de um fator desencadeante, seja externo (de natureza objetiva), seja interno (de natureza subjetiva), em reação a um trauma ou uma perda. Quando a perda é externa, pode ser real e objetiva (morte de um ente querido, perda de uma condição prévia de vida, perda do emprego, reação a um fator traumático); quando é interna, pode ser uma perda fantasiada, a perda de algo da natureza de um ideal (um sonho que não se realiza, uma aspiração muito desejada que não se materializa etc.).

Também pode acontecer de uma perda, que seria de pouca magnitude para a maioria das pessoas, ter um efeito depressor para alguém em particular, pelos significados psicológicos mais profundos que tal perda tem, dependendo da natureza da relação da pessoa com o objeto perdido. Por vezes, a perda pode ter sido negada inicialmente, vindo a ser sentida meses ou anos depois, reativada por algum outro evento de menor importância, que simbolicamente represente a perda original, ou em datas de aniversário da perda. É comum a pessoa que não conseguiu chorar no velório de um ente querido se desmanchar em lágrimas pela perda do seu animal de estimação. Se alguém nos diz que no meio do ano sempre fica mais depressivo, seria interessante investigar se isso corresponde ao aniversário de alguma perda em sua vida.

Embora a pessoa pareça indiferente a tudo e a todos, por detrás do embotamento depressivo, existe um grande sofrimento psíquico, já que os afetos ocultos não estão podendo se expressar abertamente. O embotamento afetivo tem uma função defensiva, principalmente quando serve para esconder alguma forma de agressividade, contida ou não (o paciente depressivo pode se mostrar extremamente irritável e agressivo, mesmo negando tais sentimentos). É comum os sintomas autoacusativos expressarem, no fundo, uma queixa oculta contra algo ou alguém, e há um sentimento de estar arrasado, de desmoralização, percepção do mundo como lugar hostil, impotência para mudar coisas sentidas como externas a si. Por vezes, a pessoa se aferra ao estado depressivo porque sair dele pode produzir uma grande ansiedade; por isso, muitos pacientes opõem resistência à mudança e à melhora, o que pode se expressar clinicamente pelo sintoma conhecido como negativismo.

Um aspecto problemático do depressivo, com o qual temos que lidar sempre, é sua autoimagem, a representação que cada um faz de si próprio. Vimos aqui como, no depressivo, a imagem de si mesmo é depreciada, atacada por autorrecriminações e autoacusações ("eu não presto, eu não faço nada certo"). Por outro lado, cada um de nós tem uma imagem de quem gostaríamos de ser, ou achamos que deveríamos ser, aquilo que a psicanálise chama de *ideal de ego*. Se estamos mais próximos desse ideal, podemos nos sentir mais fortes e confiantes; quanto mais distante nos sentimos dele, pior será a nossa autoestima e autoconfiança.

O depressivo, geralmente, tem uma necessidade maior de apoio e validação por parte das pessoas importantes, como fonte de gratificação de seus aspectos narcisistas. Se a relação com uma dessas pessoas ameaça se romper, ou se rompe, a autoestima fica abalada e o paciente pode sentir que perdeu ou está para perder uma parte de si mesmo, como se ouve na frase "quando ela morreu, levou junto uma parte minha".

Doenças físicas importantes também minam a confiança na própria capacidade para a solução de problemas, diminuindo a autoestima. É comum a depressão pós-infarto, por exemplo, quando o paciente sente que quase morreu e que agora está parcial ou totalmente incapacitado para atividades que antes lhe eram cotidianas, um desafio para suas capacidades de adaptação à nova situação. Ele não se sente mais o mesmo de antes, sente-se diminuído como sujeito e ameaçado de um novo evento cardíaco que lhe seja fatal.

Contudo, já que veio à consulta, é preciso que nos perguntemos o que o depressivo deseja, o que espera do médico. Com frequência, ele deseja o alívio dos sintomas e ter de volta a energia anterior, às vezes de forma mágica, de preferência dada por algum tipo de medicamento que lhe devolva a vida que sente ter perdido. É comum o paciente recusar uma indicação de psicoterapia, pelo esforço que imagina que vai lhe custar, e alguns pacientes chegam a reclamar, de forma irritada, de ter que falar de si para um estranho, revelar aspectos que consideram negativos, sujos, pecaminosos. Nos casos mais graves, a pessoa não deseja nada (anedonia), apenas ser deixada em paz para morrer, motivo pelo qual boicota o tratamento ou reage contra a ajuda oferecida para viver. Não deve nos causar estranheza, portanto, a resistência do depressivo contra a melhora, na forma de boicote ou não adesão aos tratamentos.

No entanto, se estiver disposto à melhora, o paciente espera de seu médico que ele seja mais interessado e empático com o seu sofrimento do que com a doença, que não se omita nem se apavore diante do quadro depressivo, que mostre segurança e conhecimento, que dê esperanças fundadas e realistas, sem promessas mágicas, e que não o abandone se as coisas não melhorarem rapidamente.

Os deprimidos não são pacientes fáceis de entender e de atender, por isso acionam no médico sentimentos contratransferenciais, como:

- Sentimentos de não estar entendendo o paciente.
- Ambivalência quanto à tarefa (tratar ou não tratar? Conversar ou só dar antidepressivo?).
- Pressa em medicar, para se ver livre da angústia que o deprimido produz.
- Sentimentos de impotência e desesperança.
- Desconforto.
- Cansaço.
- Tédio.
- Sono.
- Raiva.
- Rechaço, vontade de desistir do atendimento daquela pessoa.

A contratransferência, se for aceita pelo médico de família e usada como ferramenta para entender o que acontece no campo terapêutico, pode indicar o caminho por onde ir e ajudar o paciente a não desistir. Faz parte do bom atendimento compreender e tolerar os sentimentos contratransferenciais que a pessoa está despertando em nós, para usar como uma ferramenta que desperte a empatia.

Todavia, o médico deve ter algumas metas realísticas ao iniciar o tratamento, como estabelecer um vínculo, uma aliança de trabalho baseada nessa empatia com o sofrimento alheio. Para que isso aconteça, não deve ser acusador nem otimista em demasia, e investigar bem o(s) fator(es) desencadeante(s) e seu(s) significado(s) dentro do contexto histórico da pessoa. Deve ter maior interesse pela história de vida da pessoa do que pelos sintomas e pela doença, para poder estabelecer algumas hipóteses de trabalho baseadas na compreensão psicodinâmica dos mecanismos envolvidos.

Como visto, o paciente depressivo apresenta uma postura que pode variar de passiva a francamente opositora, portanto, a entrevista com alguém nessas condições exige uma participação mais ativa do entrevistador e uma maior capacidade de tolerância aos afetos negativos. O paciente pode estar com o raciocínio lentificado, com a cognição prejudicada (nos casos mais severos), ter dificuldades de começar a falar, ou falar inicialmente de sintomas físicos, ou mesmo se mostrar pessimista e negativista, irritado, dizendo que já foi a vários médicos e nenhum o ajudou (projetando a sua impotência diante de situações da vida nos médicos, atribuindo a eles a impotência de curá-lo dos males da vida), às vezes sem qualquer intenção de colaborar, exigindo do médico uma cura sem que ele tenha que participar dela. O tratamento do deprimido exige do médico, além de conhecimento técnico e empatia, muita paciência e resiliência.

MacKinnon (2008) baseia o tratamento psicoterapêutico do deprimido em dois princípios fundamentais. O primeiro é o alívio do sofrimento e da culpa, o estímulo da esperança e a proteção do paciente contra o dano que causa a si mesmo. Para essa fase, ele sugere usar psicoterapia, medicamentos ou outras terapias orgânicas.

O segundo princípio – o que nos interessa aqui – é o da exploração psicodinâmica do significado e das causas da depressão, com o objetivo de compreender, tentar resolver o problema imediato e, com sorte, prevenir sua repetição.

Ao buscar esses significados, é preciso levar em conta que a pessoa pode não conseguir ver a articulação entre as origens do episódio e os sintomas que experimenta, mesmo que para nós estejam claros. Mais do que compreender, deseja livrar-se deles.

Como no caso de Rita, de 24 anos, uma moça que consultou no início de um mês de maio por sintomas que ela chamava de depressivos, sem causa aparente, que haviam surgido "do nada" em fevereiro, durante as férias da faculdade. Apesar das férias recentes, já se sentia cansada de novo, com um grande desânimo, que a prejudicava, pois não estava prestando atenção às aulas como antes, alguns dias sequer comparecia, com a desculpa de que eram aulas chatas, que podia estudar a matéria em casa. Sentia-se mais irritável e seu humor era lábil, às vezes se sentia muito triste e chorava com facilidade, "até em propaganda!", como fez questão de enfatizar. Também estava saindo menos com as amigas e com o namorado e tinha receio de perdê-lo, pois estava sem vontade de fazer sexo. Quando fazia, era bom, mas já tinha sido melhor, não entendia o que estava lhe acontecendo, gostaria de fazer alguns exames para ver se não estava com anemia, como uma amiga lhe sugeriu, e, quem sabe, tomar um "fortificante". Há uma relação popular entre estados depressivos e fraqueza que devemos levar em conta ao explicar para o paciente o processo de tratamento prescrito, inclusive psicoterapêutico, sem "fortificantes" que o melhorem da noite para o dia.

Fiel à ideia de que não há depressão sem fator desencadeante, especialmente perdas, busquei esses possíveis fatores ou eventos estressores, mas ela negava qualquer evento causador daquele estado mental. Como essa linha de inquirição não estava levando a lugar algum, mudei de tática (ver Capítulo 9) e passei a perguntar sobre fatos anteriores no tempo, em busca de alguma associação ou conexão que explicasse os sintomas atuais e, assim, escapar do mecanismo da repressão, que estava ocultando da própria paciente a causa dos sintomas.

Comentei então que esse ano parecia estar sendo difícil para ela, e perguntei como havia sido o ano anterior. Ela disse que havia sido um bom ano, foi bem no vestibular, conseguiu entrar na faculdade que desejava cursar, lá conheceu o atual namorado, de quem estava gostando bastante. E acrescentou, de forma casual, aparentemente sem se dar conta do que estava dizendo: "O único momento ruim foi a morte do meu pai, de infarto, na noite de Natal, durante a ceia".

Diante dessa informação, eu tinha agora dois caminhos. Um, mais direto, seria fazer uma ligação direta entre a morte do pai e o surgimento dos sintomas, mas ela – que já tinha negado até ali uma perda tão importante – poderia recusar essa ligação, o mecanismo da negação a serviço de evitar a dor da perda. O segundo caminho, indireto, foi o que escolhi. Assinalei os dois eventos, a perda do pai e o início dos sintomas, apontei a proximidade entre eles (final de dezembro para um, início de fevereiro para o outro, praticamente um mês depois) e lhe perguntei se via alguma relação entre os dois. Ela pareceu ter ficado muito surpresa, mas teve o *insight*, fez a conexão entre os eventos dizendo que não tinha lhe passado pela cabeça os sintomas terem a ver com a perda do pai. Abriu-se a possibilidade de, em vez de conversarmos sobre sintomas, conversarmos sobre sua vida, a vida da família e a dela sem o pai. Emocionou-se, chorou na consulta, dizendo que gostava dele e que sentia muito a sua falta, mas que precisaria ser forte para tocar a vida, que era o que ele gostaria que ela fizesse.

Como os sintomas eram recentes e leves, ligados a uma morte significativa, e não tinha autoacusações ou autorrecriminações, pensei que era apenas um processo de luto normal, e não um episódio depressivo, o que expliquei para ela, dizendo que ainda era muito cedo, nem cinco meses tinham se passado desde a morte do pai, e que um luto durava bem mais que isso. Expliquei que não lhe daria nenhum medicamento para a depressão, e sugeri que – se fosse de sua vontade – buscasse uma terapia, para poder conversar sobre a perda, algo que nenhum medicamento faria. Ela achou boa a ideia, disse que na faculdade havia um serviço de apoio aos alunos, e que iria procurar, mas que já se sentia mais calma de saber que era só o luto, e não uma doença.

Esse caso mostra como é preciso procurar ligar o significado dos desencadeantes com os sintomas atuais e buscar uma forma de comunicar essa ligação à pessoa, em busca de compreensão e *insight*.

Algumas perguntas são úteis para esse fim: como está se sentindo? Em que data o problema iniciou? Que acontecimentos desencadearam a depressão? (busca do fator desencadeante, geralmente trauma ou perda). Que aspiração emocionalmente valiosa a pessoa não conseguiu atingir (e a frustração por essa falha não foi suportada)? Quem é aquele ou aquela para quem a pessoa está vivendo e de quem não está recebendo as respostas emocionais ou de aprovação desejadas? De quem ela está com raiva? Existe culpa ligada à agressão e à raiva, e, em caso positivo, a quem elas se dirigem? Existem frustrações dos anseios da pessoa por respostas de pessoas significativas para ela? Que tipo de ajuda espera receber? Essa ajuda parece mágica ("quero um remédio que me deixe novo") ou é realista ("quero melhorar, farei o que for preciso")?

Mesmo quando o médico se sente perdido, entediado, rechaçado, sem saber o que fazer, a experiência mostra que há coisas úteis para se dizer a um paciente depressivo:

- Percebo o quanto você está sofrendo com isso.
- Imagino que deva estar sendo difícil lidar com essa situação.
- Vejo que, desde aquela perda, sua vida mudou completamente.
- Entendo que tenha fortes razões para esse seu desânimo etc.

Devemos evitar os aconselhamentos típicos do senso comum. Embora existam inúmeros, vou citar pelo menos dez conselhos inúteis, ditos com frequência para pacientes com depressão:

- Não se preocupe, você ficará bem.
- Não há razão para tanto desespero.
- Há pessoas com problemas muito mais graves que os seus.
- Procure se distrair.
- Vá ao cinema assistir uma comédia.
- Saia mais de casa, está fazendo um tempo lindo lá fora.
- Vá visitar algum amigo ou um parente no interior.
- Anime-se, pratique um esporte.
- Veja pelo lado bom, você tem uma linda família.
- Evite pensamentos negativos.

Ao paciente que está deprimido, com grande sofrimento psíquico, um conselho desses soa como falta total de compreensão e de empatia. Há uma figurinha (um meme) no WhatsApp que é didática; diz assim: "Veja pelo lado bom: não há!". É assim que um deprimido sente que sua vida está, sem lado bom. Aceitar isso é o que nos permite uma aproximação para ajudar.

Já o caso de Mauro parecia só ter lados bons, então, por que estava tão deprimido? Aos 30 anos, sua vida profissional estava em franco crescimento, havia se mudado do interior para Porto Alegre há cerca de seis meses, em função de uma promoção. Como era um excelente funcionário numa filial do interior do estado, na sua cidade natal, foi promovido a gerente de loja na capital, onde ganhou – por conta da firma – um apartamento muito bom para morar, um carro novo para seus deslocamentos, telefone celular melhor que o seu anterior e um salário bem maior do que ganhava. Talvez por isso mesmo os sintomas depressivos que apresentava eram inexplicáveis, uma vez que, em aparência, tudo em sua vida havia melhorado. Tinha sido medicado pelo seu médico de família para depressão, com fluoxetina 20 mg/dia, e encaminhado a mim por não ter tido nenhuma melhora em dois meses de tratamento.

Esse caso ilustra a escuta em "estéreo" (ver Capítulo 9), uma vez que era preciso prestar atenção não ao conteúdo manifesto, no qual aparentemente não havia perdas (que sabemos estarem sempre presentes nos quadros depressivos), e sim um relato de ganhos significativos, incongruente como os sintomas depressivos numa primeira mirada. Acredite, sempre há perdas. Para Mauro, o que estava encoberto e fora de sua compreensão consciente era uma sucessão de perdas significativas, mas não relatadas por ele. E elas nem eram tão ocultas assim, mas ele não as percebia nem as relacionava ao surgimento do quadro depressivo.

E que perdas eram essas? Em vez de conversar sobre os sintomas apenas, perguntei sobre sua vida, como era antes e como era agora. Com facilidade e num tom de voz animado, diferente do usado até ali, contou da vida no interior, que havia perdido. Não percebeu, mas havia abandonado os pais e irmãos, com quem morava, a namorada (que agora via apenas duas vezes por mês), uma vida social que incluía convivência com os amigos, cavalgadas, o futebol semanal seguido de um churrasco de confraternização, e assim por diante. Lá ele tinha qualidade de vida, um lar, amigos, vida amorosa e dinheiro suficiente para seu estilo simples de vida; lá, não lhe faltava nada.

A loja que gerenciava abria nos finais de semana e, com os novos compromissos profissionais, só conseguia visitar sua cidade duas vezes por mês, o que era muito pouco comparado com antes. Além de estar detestando morar na capital, o dinheiro ganho com a promoção não substituía o afeto que tinha antes. Aí estavam as perdas que nem sequer percebeu que tivera, e foi isso que assinalei para ele, começando pela discrepância entre o tom de voz alegre com o qual me relatou sua vida anterior e o tom triste e desanimado com que contou sobre sua vida de agora, a qualidade de vida que havia perdido e que o dinheiro não comprava, a saudade da família e da menina que amava etc. Disse-lhe que também tinha vindo do interior morar em Porto Alegre, e que – mesmo não estando na pele dele – podia imaginar a dificuldade que estava sendo a adaptação a uma cidade maior, na qual não tinha amigos ou familiares.

Percebeu com facilidade o que lhe mostrei, e entendeu a relação que isso tinha com seu quadro atual, encheu os olhos de água e disse que não via saída, já que só pedindo demissão conseguiria voltar, e isso estragaria sua vida profissional. Perguntei o que, além de pedir demissão, poderia ajudá-lo a suportar melhor a vida na capital. Depois de pensar um pouco, disse que, se a namorada viesse morar com ele, as coisas seriam melhores. Perguntei-lhe se já tinha feito esse convite a ela, respondeu que tinha pensado, mas não convidado, e então lhe disse "o que estás esperando, se essa é a tua vontade?".

Saiu da consulta agradecido, dizendo que pelo menos agora sabia que não estava louco, como vinha se sentindo. Pedi que continuasse por mais um tempo com a fluoxetina e retornasse com seu médico de família para reavaliação. Como não me foi mais referenciado, não soube mais dele, mas imaginei que havia melhorado, que havia dado um jeito de trazer a namorada para morar com ele e, assim, conseguir suportar as dificuldades da nova vida sem precisar adoecer.

MacKinnon (2008) descreve como ser bem-sucedido pode, paradoxalmente, produzir um quadro depressivo, por duas vias. A primeira pela via da culpa, por uma sensação de não merecimento do sucesso alcançado, ocasionando sentimentos de ser uma fraude, de não ser digno do posto alcançado, de não ter competência para lidar com as novas responsabilidades. A segunda, pela via do medo da retaliação, caso o sucesso tenha sido atingido por um ímpeto competitivo e agressivo, com fantasias de ter lesado ou prejudicado os oponentes, produzindo a sensação de que os vencidos voltarão para se vingar.

Talvez esse fosse o caso de Mauro, que poderia estar experimentando um sentimento de culpa por ter triunfado na cidade grande enquanto seus familiares e amigos continuavam com suas vidas mais pobres no interior. Assim, ele os tinha superado, mas não conseguia usufruir da vitória pela culpa inerente a ela. Filhos que superam profissionalmente os pais experimentam sentimentos semelhantes, enquanto outros fracassam justamente para não superarem os pais, a quem acusavam de fracassados. A isso se chama identificação por culpa, que soa como um pedido inconsciente de desculpas, do tipo "vejam, assim como vocês, eu também fracassei, não me invejem nem me queiram mal, no fundo somos iguais".

E quanto ao papel da agressividade e da raiva do paciente depressivo? Como lidar com ela, tirá-la das sombras da repressão e examiná-la com naturalidade? A depressão costuma ter uma mistura de vários tipos de raiva, inclusive uma raiva virada para dentro, contra os objetos internalizados. A psicodinâmica mais simples da depressão talvez seja a da raiva que o paciente experimenta do objeto de amor que foi ou está por ser perdido, pelos sentimentos de abandono que aciona. Em alguns casos de luto, os pacientes chegam a dizer "ele morreu contra mim", expressando como se sentiram abandonados e agredidos pela perda do objeto amoroso.

É fundamental não ter receio de falar sobre os sentimentos agressivos, uma vez que estes sempre estarão presentes, em alguma medida, e fugir deles só confirmará para o paciente que sua agressividade é mesmo muito destrutiva, impedindo-o de aprender a lidar com ela em bases mais saudáveis.

Reproduzo aqui o caso descrito anteriormente, no Capítulo 8, porque a raiva desempenhava um papel fundamental na depressão de Margarida, uma mulher de 55 anos que veio encaminhada pelo seu médico de família por sintomas depressivos e ansiosos que não melhoraram com as doses habituais de antidepressivos. A primeira impressão que me deu, à medida que a conversa transcorria, é de que a paciente parecia muito reprimida e controlada em todas as suas manifestações afetivas, mas demonstrava uma irritabilidade subjacente, um tom de voz duro e seco, com frases curtas e afirmativas, que demonstravam certezas e dispensavam reflexões a respeito do que dizia. Era uma mulher excessivamente religiosa e afirmava, de forma orgulhosa e até arrogante, que, por causa da sua espiritualidade, nunca havia experimentado sentimentos de raiva em qualquer época de sua vida, e que o mal-estar e a tristeza que sentia era consequência de se sentir agredida com frequência pelos parentes. Criava atritos com eles por diversas razões e, mesmo assim, não entendia por que tinham raiva dela.

Os mecanismos de defesa que utilizava estavam unidos para banir da consciência a agressividade (os outros eram agressivos, não ela): negação (nunca teve raiva), repressão (a raiva foi suprimida da consciência), projeção (os outros eram agressivos, não ela), formação reativa (agressividade transformada em virtude), racionalização (a explicação de tudo pela via religiosa, consciente).

Seu jeito de falar comigo era desafiador, afirmava algo e ficava esperando não uma reflexão, mas uma réplica. Transferencialmente, era agressiva porque esperava que eu também atuasse minha agressividade comprando uma briga com ela, aí estaria num terreno bastante conhecido seu. Contratransferencialmente, ela me fez experimentar uma grande irritação, porque parecia fechada numa couraça de virtude, pureza e certezas, que eu sabia que eram defesas contra desejos inconscientes agressivos ou violentos.

O paradoxo entre parecer muito agressiva, a ponto de me deixar irritado, e a total negação dessa agressividade, pela via da religiosidade, sugeriu a mim uma porta de entrada para abordar o problema. Já que era muito católica, usei dos conhecimentos das aulas de religião da minha época de estudante em colégio católico. Disse que sua afirmativa de que, por ser religiosa, estava a salvo da raiva lembrou-me de uma passagem do Novo Testamento, em que Jesus havia expulsado os vendedores do templo, porque profanaram um local destinado à adoração divina, não ao comércio mundano. Perguntei se tinha conhecimento desse trecho do Evangelho, ao que respondeu que sim, claro que conhecia. Então perguntei-lhe se, enquanto chicoteava os vendedores, Jesus estaria muito calmo ou com raiva.

A pergunta, baseada na compreensão psicodinâmica descrita, formulada usando os elementos do campo que ela me trouxe – a religiosidade –, pegou-a de surpresa e a deixou sem uma saída racional, na qual pudesse negar que Jesus, a quem adorava como o paradigma do Ser divino, tinha raiva, e ela não.

Não podendo negar que até um deus teve raiva, não podendo explicar racionalmente por que Jesus podia ter raiva e ela não, a paciente me deu uma porta de entrada para trazer à luz os aspectos inconscientes agressivos reprimidos. Percebendo essa brecha aberta nos mecanismos de defesa, disse-lhe que então tínhamos duas opções para pensarmos: ou ela já tinha tido raiva em sua vida, ou era mais divina que Jesus. Ouvir isso a fez ficar ruborizada e muito desconfortável na consulta (com raiva de mim, eu acredito). Ainda ensaiou manter-se negando que tivesse raiva, mas, a contragosto, admitiu que eventualmente "se aborrecia" ou "se magoava", expressões que os pacientes comumente usam como substitutas da raiva que sentem.

Perguntei-lhe, sem nenhum tom de crítica, o porquê de não poder simplesmente assumir o fato de ter raiva, se até Jesus teve, se era um afeto humano como qualquer outro. Nesse momento, abandonou a postura rígida e defensiva, começou a chorar e finalmente pôde falar dos inúmeros problemas que vinha enfrentando e para os quais não encontrava soluções, já que os projetava a todos fora de si, acreditando serem causados pelos outros. Passar a ter problemas causados por ela mesma, e que dependiam de si para serem resolvidos, abria um leque de opções, que até ali não percebia que estavam a seu alcance.

O paciente que afirma enfaticamente o quanto ama sua mãe ou seu pai pode estar rejeitando ativamente sua raiva, já que há sempre uma certa ambivalência nas relações pais-filhos. O médico pode assinalar o quanto lhe parece que o paciente está empenhado em convencê-lo desse amor e dizer que imagina se não há outros sentimentos envolvidos na relação. Isso é mais útil do que assinalar, diretamente, que acredita que há uma raiva oculta, que não está sendo falada.

Raiva era também o elemento central na depressão de Maristela (caso descrito com mais detalhes no Capítulo 9), a mulher que entrou em depressão e deixou de ter prazer sexual ao descobrir que o marido tinha outra. Aqui temos, já de início, uma ameaça de abandono (perda) e a raiva de se sentir traída, mas não nos adiantemos tanto em estabelecer relações simplistas de causa e efeito.

Perguntei quando havia descoberto a traição, se já desconfiava dela ou se ficou sabendo dela há pouco tempo. Um tanto envergonhada, confessou que sabia há mais tempo, três ou quatro anos na verdade, mas sempre tolerou que o marido tivesse essa amante, a quem inclusive conhecia. Essa era uma informação que mudava a compreensão do problema. Se a traição era sabida há anos, e não produziu depressão antes, a pergunta que sempre temos de nos fazer é: "Por que adoeceu agora?". Os problemas já existiam, mas a paciente só veio agora, portanto, o que houve para que o equilíbrio existente – fosse ele bom ou precário – fosse perdido e ela viesse procurar ajuda?

Nessa direção, a próxima questão a ser investigada era de que forma isso havia sido tolerado por ela: se fazia de conta que não sabia de nada ou com ressentimento, ou se não o amava mais e por isso nem se importava. Respondeu que fazia de conta que não sabia de nada e que o amava mesmo assim, não queria perdê-lo. Não acreditei que não tivesse nenhuma raiva do marido, mas esse não era o momento de abordá-la ainda.

Perguntei quais eram seus sentimentos a respeito desse triângulo amoroso, para ver o que surgiria, talvez a raiva reprimida. Se sabia da outra, por que nunca confrontou o marido a esse respeito? Revelou, mais envergonhada ainda, outro ingrediente picante do segredo. A tolerância dela não era passiva, pelo contrário: esse "segredo" que guardava a excitava sexualmente.

Essa revelação era um avanço na história, mas não explicava o quadro todo. Se tudo corria aparentemente bem com esse arranjo triangular, por que a depressão e tanta irritação com a decisão dele de sair de casa? Por que deixou de ter orgasmos com ele? Assinalei para ela que me parecia mais irritada do que triste com a decisão do marido de sair de casa para morar com a amante, mesmo que ele propusesse que continuassem se relacionando, inclusive sexualmente.

Nesse momento, sua raiva apareceu. Contou que ficou indignada com a ideia de ele manter o triângulo, só que agora morando com a amante. Sentiu-se humilhada com a proposta, cada vez que pensava, sentia muita raiva, e foi depois disso que passou a brigar muito com ele, por qualquer motivo.

O medo primordial do bebê depois do nascimento é ser abandonado e deixado à morte, se a mãe ou a pessoa cuidadora não retornar. Ele reage a isso, no início com grande raiva, mas, quando o objeto permanece ausente por um tempo muito prolongado, perde a energia até para ter raiva e se deixa cair num estado de prostração e desinteresse com o mundo, conhecido por depressão anaclítica. Portanto, o abandono é um dos medos mais temidos, associado ao desamparo, a perdas ou à morte, base comum das depressões e dos lutos.

No Capítulo 8, destacou-se que o passado é prólogo e, com isso em mente, abordei o tema que ela havia tocado antes, ou seja, de ter engolido toda a raiva que sentia da traição porque não queria perder o marido e, para isso não acontecer, até tolerar a presença da amante era aceitável, desde que evitasse a perda. Parte dessa raiva ia para a libido sexual, razão da competição com a outra, uma competição raivosa.

Contou então de situações de abandono parental no passado, nas quais sofreu bastante e que a faziam sentir muita raiva dos pais, raiva que foi reativada nessa ameaça recente, juntando-se às angústias mais atuais, de se achar sem a beleza da juventude, ficar sozinha na meia-idade, não ser mais desejada por homem algum. Isso tudo, e não apenas a suposta traição, desencadeou o ressentimento raivoso e o quadro depressivo.

Outra razão que teve para sentir muita raiva foi o fato de o marido ter rompido o pacto, ter exposto o segredo convenientemente guardado a três. Agora que, diante dele, ela não podia mais não saber da outra, também não lhe era mais possível voltar atrás, como se nada tivesse acontecido, não poderia mais tolerar que ele tivesse uma amante. Em razão disso, ficava angustiada e fragilizada – o que lhe dava ainda mais raiva –, morrendo de medo de o marido por fim decidir-se pela outra e ela sofrer novo abandono. Contudo, enchia-a de fúria a ideia de ele continuar passando horas com a outra enquanto não tomava a decisão de sair ou ficar em casa. Ela não podia extravasar essa fúria da forma que gostaria, a não ser via sintomas depressivos.

Conclusão

A depressão não escolhe idade, sexo biológico, escolaridade, *status* socioeconômico etc. Quando pensamos em termos populacionais, ela é um gigantesco problema de saúde pública; dentro de nossos consultórios, ela é um problema de saúde individual também difícil de lidar e de resolver. O advento dos medicamentos antidepressivos melhorou bastante esse quadro, mas ainda temos muitos pacientes que não respondem bem ao tratamento medicamentoso, especialmente aqueles que têm deficiências estruturais na formação de seu psiquismo, traumas muito precoces, alguns tipos de transtornos de personalidade, assim como perdas e conflitos significativos não elaborados ou resolvidos ao longo da vida. Ainda que muitos precisem usar medicamentos, esses funcionam melhor quando acompanhados de um tratamento psicoterápico, seja ele de apoio ou de compreensão psicodinâmica. Por isso, é fundamental estarmos treinados sobre como conversar com os pacientes depressivos, se não para curá-los – o que nem sempre será possível –, pelo menos para tornar suas vidas menos sofridas e mais funcionais, tanto do ponto de vista afetivo quanto social.

Referências

Barros, B. G. L. (2018). *Psicoterapia psicodinâmica no tratamento da depressão: uma revisão sistemática com metanálise*. Dissertação (Mestrado Profissional Pesquisa em Saúde). Centro Universitário CESMAC, Programa de Pós-graduação em Saúde, Maceió-AL.

Bonadiman, C. S. C., Malta, D. C., Passos, V. M. A., Naghavi, M., & Melo, A. P. S. (2020). Depressive disorders in Brazil: results from the Global Burden of Disease Study 2017. *Population Health Metrics*, *18*(Suppl 1), 6.

Ferrari, A. J., Charlson, F. J., Norman, R. E., Patten, S. B., Freedman, G., Murray, C. J. L., Vos, T., & Whiteford, H. A. (2013). Burden of depressive disorders by country, sex, age, and year: findings from the Global Burden of Disease Study 2010. *PLoS Med*, *10*(11), e1001547.

Freud, S. (1980). Luto e melancolia. In *Edição standard brasileira das obras completas de Sigmund Freud* (Vol. 14.). Imago. (Trabalho originalmente publicado em 1917).

Kessler, R. C., McGonagle, K. A., Zhao, S., Nelson, C. B., Hughes, M., Eshleman, S., Wittchen, H. U., & Kendler, K. S. (1994). Lifetime and 12-month prevalence of DSM-III-R psychiatric disorders in the United States: results from the National Comorbidity Survey. *Arch. Gen. Psych.*, *51*, 8-19.

Klein, M. (1996a). Uma contribuição à psicogênese dos estados maníaco-depressivos. In *Amor, culpa e reparação e outros trabalhos (1921-1945)* (pp. 355-389). Imago.

Klein, M. (1996b). O luto e suas relações com os estados maníaco-depressivos. In *Amor, culpa e reparação e outros trabalhos (1921-1945)* (pp. 391-424). Imago.

MacKinnon, R. A. (2008). *A entrevista psiquiátrica na prática clínica.* [recurso eletrônico]. (2a ed.). Artmed.

Pessoa, F. (1989). *Livro do desassossego: composto por Bernardo Soares, ajudante de guarda-livros na cidade de Lisboa* (2a ed.). Brasiliense.

Stoudemire, A. (1996). Implications for the education of primary care physicians in the era of managed care: part 1. *Psychosomatics, 37*(6), 502-508.

World Health Organization. (2004). *International Classification of Diseases for Mortality and Morbidity Statistics: ICD-10* (10a rev.). World Health Organization.

12. O paciente alcoolista

Beber começa como um ato de vontade, caminha para um hábito e finalmente afunda na necessidade.

(Diehl, 2011)

Introdução

De acordo com a OPAS, o álcool tem sido amplamente utilizado em diversas culturas durante séculos. Seu uso nocivo tem um grande peso na carga de doenças, além de muitas formas de prejuízos sociais e econômicos para pessoas e sociedades, e seus efeitos são determinados, em grande parte, pelo volume consumido e pelos padrões de consumo.

O uso nocivo do álcool é prejudicial a outras pessoas, como familiares, amigos, colegas de trabalho etc. Além disso, o uso nocivo de bebidas alcoólicas resulta em um fardo significativo e bem documentado em termos sociais, econômicos e de saúde.

O consumo de álcool é um fator causal em mais de duzentas doenças e lesões. Está associado ao risco de desenvolvimento de problemas de saúde, como distúrbios mentais e comportamentais, incluindo dependência ao álcool, doenças não transmissíveis graves, como cirrose hepática, alguns tipos de câncer e doenças cardiovasculares, doenças infecciosas, como a tuberculose e o HIV/aids, bem como lesões resultantes de violência e acidentes de trânsito. Fatalidades relacionadas ao álcool tendem a ocorrer em grupos relativamente mais jovens. O consumo de álcool por mulheres grávidas pode causar síndrome fetal do álcool e complicações no parto prematuro.

Além disso, ainda segundo a OPAS:

- *Em todo o mundo, 3 milhões de mortes por ano resultam do uso nocivo do álcool, representando 5,3% de todas as mortes.*

- *O uso nocivo de álcool é um fator causal para mais de 200 doenças e lesões.*

- *Em geral, 5,1% da carga mundial de doenças e lesões são atribuídas ao consumo de álcool, conforme calculado em termos de Anos de Vida Perdidos Ajustados por Incapacidade (DALY, sigla em inglês).*

- *O consumo de álcool causa morte e incapacidade relativamente cedo na vida. Na faixa etária de 20 a 39 anos, aproximadamente 13,5% do total de mortes são atribuíveis ao álcool.*

- *Existe uma relação causal entre o uso nocivo do álcool e uma série de transtornos mentais e comportamentais, além de doenças não transmissíveis e lesões.*

- *Foram estabelecidas recentemente relações causais entre o consumo nocivo do álcool e a incidência de doenças infecciosas, tais como tuberculose e HIV/aids.*
- *Além das consequências para a saúde, o uso nocivo do álcool provoca perdas sociais e econômicas significativas para os indivíduos e para a sociedade em geral.* (OPAS)

Não desejo me deter na epidemiologia do alcoolismo;[1] cito esses dados apenas para mostrar a importância e a magnitude do problema para os médicos de família, que, trabalhando na porta de entrada do sistema de saúde, serão os primeiros ou os únicos a poderem diagnosticar e ajudar tais pacientes.

Dois conceitos práticos

Uma vez que o alcoolismo é um fenômeno complexo, com componentes biológicos, psicológicos e socioculturais interagindo entre si, sua definição é ambígua e controversa na literatura, trazendo algumas dúvidas sobre como definir, compreender e tratar. Entre os inúmeros conceitos de alcoolismo, escolhi expor apenas dois deles, que me parecem práticos e úteis para o médico de família.

O primeiro é sobre adicções em geral. Johnson (1999) apresenta um modelo de uma definição única de adicção, que serve para diversas substâncias, entre elas o álcool:

---

[1] Usarei esse termo para me referir ao uso nocivo do álcool e à dependência alcoólica, por ser de uso corrente entre a população leiga e os médicos.

> *Uma adicção é uma atividade ostensivamente prazerosa que causa danos repetidos porque uma pessoa adquire, de forma involuntária e não intencional, uma incapacidade de regular a atividade e tem um desejo persistente de se envolver na atividade. Um sistema psicológico, conhecido como "negação", é criado em torno do comportamento prejudicial. A negação permite que o indivíduo adicto continue esta atividade apesar de seus efeitos prejudiciais.*

O segundo é de Chafetz e Demone (1962), que conceituam o alcoolismo como uma perturbação crônica da conduta que se manifesta por uma preocupação indevida com o álcool em detrimento da saúde física e mental, pela perda de controle quando inicia o ato de beber (embora não tenha atingido o ponto de uma intoxicação) e por uma atitude autodestrutiva nas relações com as pessoas e situações de vida.

Pela sua grande extensão, eles não serão descritos aqui, mas os critérios do CID-11 e do DSM-V para o diagnóstico e as nomenclaturas atuais são ótimas sugestões de leitura complementar.

Na prática, a pessoa usa mais quantidades da substância do que é saudável ou conveniente, por mais tempo do que pretendia, quer diminuir ou parar e não consegue; com isso, acaba gastando muito tempo em busca da substância. Anseia por ela mesmo que ela impeça de cumprir suas obrigações com o trabalho, a família ou a escola, e continua usando quando ela provoca problemas sociais ou interpessoais. Com o tempo, a pessoa se torna tolerante aos efeitos da substância ou experimenta sintomas de abstinência na falta dela.

Investigação e diagnóstico

Não se tem uma estimativa exata, mas sabe-se que é grande o número de pacientes alcoolistas que passam pelo sistema de saúde sem serem diagnosticados e tratados, uma vez que é da natureza do problema ser minimizado, negado ou ocultado. Portanto, para ser descoberto, é preciso estar atento para a possibilidade de sua existência, mesmo que não seja o motivo original da busca de consulta, já que o paciente alcoolista pode descrever diversos sinais e sintomas como motivo da busca de tratamento.

Uma pergunta simples e útil para iniciar a investigação é se a pessoa alguma vez já pensou, ou alguém lhe disse, que tem um problema com o álcool. Uma resposta afirmativa geralmente é suficiente para indicar que devemos ir adiante na busca de outros elementos confirmatórios. Para isso, é útil o uso do CAGE, um instrumento de rastreamento de fácil aplicação na consulta clínica. As letras que compõem o acrônimo significam, em inglês:

- C (*cut off*) – já pensou em parar de beber?
- A (*annoyed*) – já se aborreceu ou aborreceu alguém por causa do álcool?
- G (*guilty*) – sente-se culpado por beber?
- E (*eye opener*) – precisa beber pela manhã?

Cada letra se refere a uma pergunta a ser feita ao paciente durante a anamnese. Essas perguntas devem ser feitas de forma diluída ao longo da conversa, para que o paciente não perceba e oculte o uso do álcool.

Alternativamente, as doze perguntas dos grupos de Alcoólicos Anônimos (AA) são úteis para identificar se a pessoa tem problemas com o uso de álcool. São elas:

- Já tentou parar de beber por uma semana ou mais, mas só o conseguiu por alguns dias?
- Gostaria que as pessoas não se intrometessem na sua vida e parassem de falar o que você deve fazer com relação à bebida?
- Já mudou de tipo de bebida na esperança de que isso iria impedi-lo de ficar bêbado?
- Tomou algum trago pela manhã nos últimos doze meses?
- Você inveja as pessoas que podem beber sem criar problemas?
- Você teve problemas relacionados com sua maneira de beber nos últimos doze meses?
- Sua maneira de beber já causou problemas em seu lar?
- Tentou conseguir doses extras de bebida em festas onde as quantidades eram limitadas?
- Você diz a si mesmo que pode parar de beber quando quiser, mesmo sabendo que fica bêbado sem querer?
- Faltou ao serviço ou à escola por causa da bebida?
- Já teve "apagões" durante uma bebedeira?
- Já pensou que sua vida poderia ser melhor se você não bebesse?

De acordo com Hales et al. (2012), uma investigação mais completa deve incluir os seguintes aspectos:

> - *Cronologia do uso da substância: início, flutuações com o tempo, desenvolvimento de tolerância, episódios de abstinência, períodos de abstinência, retomada do uso e uso mais recente.*

- *História de tratamento de abuso de substância formal, frequência em encontros ou grupos de autoajuda.*
- *Percepções de dificuldades, problemas ou complicações relacionadas a substâncias.*
- *Histórias médicas gerais e psiquiátricas completas, incluindo uso de medicamentos.*
- *História legal, incluindo problemas legais relacionados a substâncias.*
- *Histórias familiar e social, incluindo transtornos psiquiátricos ou relacionados a substância em membros da família, diagnosticados/tratados ou não.*
- *Exame psiquiátrico geral, incluindo avaliação para outras psicopatologias e exame do estado mental.*
- *Exame físico geral.*
- *Estudos laboratoriais, conforme indicado para as substâncias usadas. (p. 393)*

Há outras formas de investigação e diagnóstico, mas o mais importante é pensar na possibilidade de alcoolismo e saber usar com confiança ao menos uma delas, para que tais pacientes não passem pelo médico de família sem que um de seus principais problemas, possível causador de outros tantos, não passe despercebido.

Sinais e sintomas

Não é muito comum um paciente chegar à consulta dizendo que veio buscar ajuda por ser alcoolista. Em geral, o mecanismo de negação os leva a falarem de tudo, de qualquer sintoma, exceto do uso de álcool. Por isso, o médico de família que não suspeitar e investigar sempre pode deixar passar sem detecção inúmeros pacientes com problemas, físicos ou psicológicos, causados pelo álcool.

Sinais e sintomas biológicos

O alcoolismo não tem sintomas biológicos que lhe sejam específicos, e os inespecíficos são difíceis de listar aqui porque, como já mencionado, o consumo de álcool é um fator causal em mais de duzentas doenças e lesões, cada uma com seus respectivos sintomas e sinais, alterações laboratoriais etc. Toda e qualquer queixa, mesmo que pareça apenas de origem orgânica, pode ser usada para esconder o uso excessivo do álcool, razão mais que suficiente para que o médico de família sempre tenha o alcoolismo em mente.

Sintomas psicológicos

Os sintomas psicológicos também são variados e inespecíficos, mas é preciso pensar na possibilidade do uso de álcool ou de outras drogas sempre que um paciente se queixar de ansiedade, depressão, nervosismo, irritabilidade, intolerância à frustração, perda do controle dos impulsos, problemas de memória, insônia, fraqueza, impotência sexual, ideação paranoide, ideação suicida ou homicida, ciúmes excessivos ou injustificados, conflitos conjugais e interpessoais, conflitos no ambiente de trabalho etc. Em muitos desses sintomas, pode ser difícil definir se o álcool é causa ou consequência, o que pode ser mais bem esclarecido com uma minuciosa coleta de dados e sua ligação com a história de vida do paciente.

Psicodinâmica do alcoolismo

A adição tem causas conscientes e inconscientes, como qualquer sintoma. Há tantas teorias sobre a gênese do alcoolismo quanto o número de teóricos que já escreveram sobre o assunto, porque nenhuma teoria de forma isolada explica o fenômeno da busca do ser humano por estados alterados de consciência. Nesse ponto, a literatura é muito mais criativa, sugerindo talvez a busca de um paraíso perdido, como fala o poema clássico de Milton, ou dos paraísos artificiais, como escreveu Baudelaire. O cinema contribuiu com obras-primas sobre o poder destrutivo do alcoolismo, como em *Farrapo humano* (1945),[2] de Billy Wilder, e *Despedida em Las Vegas* (1995),[3] de Mike Figgis. Pelo menos esses dois, entre outros filmes que abordam o tema, precisam ser assistidos por quem deseja entender melhor não só a patologia, mas o ser humano aprisionado nessa rota autodestrutiva.

O problema do abuso de álcool ou de outras substâncias em qualquer indivíduo deve ser entendido em termos da interação de diversos fatores biológicos, psicológicos, sociais e culturais. Não basta simplesmente ver esse abuso como um meio de solucionar conflitos inconscientes, como medicação para uma depressão ou como parte de um padrão cultural ou comportamental crônico. Vou me deter aqui no exame dos fatores psicológicos porque, ao estudarmos o problema do abuso de substâncias, é necessário um modelo dentro do qual não apenas o álcool, mas a personalidade como um todo possa ser estudada, porque todo comportamento é um produto de múltiplos determinantes conscientes, inconscientes, genéticos, estruturais, culturais, dinâmicos e adaptativos.

---

2 https://www.imdb.com/title/tt0037884/?ref_=fn_al_tt_1
3 https://www.imdb.com/title/tt0113627/?ref_=fn_al_tt_1

Por conta desse somatório de fatores, não há uma teoria única que dê conta de um problema tão complexo, mas diversas teorias se complementam ao iluminar diferentes aspectos do problema. Foge ao meu objetivo descrever ou aprofundar cada uma delas, mas vale a pena resumir que diversos autores desde Freud apontam para as gratificações objetais narcísicas obtidas pelo alcoolista, que assim tem seu objeto de prazer (a bebida) sempre à mão, sem riscos de perdê-lo (a menos quando nós propomos que ele pare de beber; nesses casos, não sente a nossa intervenção como oferta de ajuda, mas como ameaça de perda). Além disso, a alteridade, a existência independente do outro, é uma ameaça constante para algumas pessoas, pelo receio do abandono. O receio ciumento do tipo "se o outro existe, então ele pode me trair e abandonar" aponta para experiências de abandono e frustração no passado, levando o paciente a se refugiar no álcool como uma solução para esses temores no presente. A bebida não trai nem abandona, ela é fiel.

O álcool também pode ter o papel de consertar falhas na estrutura psíquica, passando a preencher o lugar de uma ausência na experiência primitiva de cuidados e gratificação. O álcool pode representar um tipo de objeto transicional, como o paninho ou o bichinho de pelúcia das crianças, que vão com elas para todo lado, substituindo a presença da mãe. A bebida não é o objeto original "mãe", mas está no lugar deste objeto faltante, acalmando as ansiedades de separação do bebê abandonado que vive dentro do adulto que bebe.

Parte da função da adição pode ser atribuída à atuação de fantasias inconscientes, como não precisar depender de ninguém, ter o controle total sobre o próprio corpo, eliminar os conflitos ou como um ato destrutivo de vingança contra os maus cuidados do objeto original, que é sentido como alguém que não cuidou do bebê como deveria. Condutas aditivas podem representar a externalização de algo que não pode ser contido e metabolizado pela via do pensamento, uma vez que, na infância, é uma mãe atenta que ajuda o bebê a processar sentimentos que ele não conseguiria manejar sozinho, portanto, ele projeta esses sentimentos na mãe, que os recebe, metaboliza e os devolve ao bebê de uma forma que ele possa tolerar e compreender, aprender com a experiência. Se tudo corre bem, depois de muitas dessas experiências de continência daquilo que foi projetado, o bebê internaliza a capacidade da mãe para resolver os problemas pela via do pensamento e para se autocuidar. Se esse processo falha, uma adição pode representar um substituto para a função materna de continência e cuidado, levando alguém a beber para esquecer ou beber para "afogar suas mágoas", ou tomar drogas para produzir um estado de estar fora de si, buscando um estado dissociativo ou sem mente, no qual qualquer coisa que não possa ser mantida na mente e digerida possa ser então negada ou apagada. A bebida também pode se constituir na representação de uma mãe maligna, que supostamente cuida e oferece soluções para os problemas, mas que no fundo acaba por destruir o filho.

Outras condutas aditivas podem ser uma representação simbólica de experiências que não puderam ser contidas no âmbito da mente, sobre as quais agora o adicto ganha um controle fantasioso por meio dos efeitos do álcool ou da droga.

Um aspecto com o qual muitos autores concordam é a persistência de traços infantis de gratificação oral que esses pacientes encontram no álcool, mantendo a boca como zona erógena mais importante. De fato, por conta dessa fixação na fase oral, os alcoolistas parecem preferir a gratificação oral do álcool do que a genital. Enquanto a primeira não exige a presença de um outro, a genitalidade torna necessária essa presença do outro para a gratificação sexual genital, em uma relação interpessoal.

Um outro aspecto muito relevante é a associação do álcool com os transtornos de humor, mais notadamente com a depressão. A bebida, ao induzir um estado elevado de humor, produz uma forma de defesa maníaca contra os estados depressivos, funcionando como uma automedicação, como se fosse um modulador de humor. Um ego frágil, perturbado por afetos depressivos e sem ter a força para superá-los, pode recorrer à bebida como fonte de estímulo para a vida.

O triunfo maníaco, uma manobra psíquica que elimina a necessidade dos vínculos, da presença e da dependência do outro, fica evidenciado pela falta de necessidade de outros humanos, bastando a garrafa cheia. Diante do copo no bar, o alcoolista esquece ou coloca em segundo plano os vínculos e as responsabilidades com os pais, a mulher ou o marido, os filhos, o trabalho no dia seguinte, os colegas de serviço etc. Nada e ninguém tem mais importância do que a bebida para o alcoolista. Como o personagem Gollum, de *O Senhor dos Anéis*, para quem o "Um Anel" era "*my precious!*", assim é a garrafa de bebida para o alcoolista, "minha preciosa", e ele irá protegê-la dos ataques daqueles que querem que ele a abandone, sejam familiares, sejam profissionais de saúde.

No entanto, se o álcool pode funcionar como um "medicamento precioso" para os problemas emocionais, ele também tem muitos efeitos colaterais complicados nessa área, uma vez que favorece a perda do controle dos impulsos, deixando à mostra aspectos da personalidade que podem ser agressivos, violentos, sádicos, promíscuos e/ou perversos, antes ocultos pela sobriedade. Um aforismo psiquiátrico diz que "o superego é solúvel em álcool", para se referir à perda dessa instância crítica durante o estado sob o efeito da substância.

Há uma questão divergente não resolvida. Alguns autores apontam problemas familiares ligados à dependência, enquanto outros veem a dependência e a instabilidade nas relações interpessoais como consequências do alcoolismo. Sob esse contexto, cabe destacar que parece haver uma boa correlação entre um ambiente familiar sadio e o não uso de álcool, enquanto a hereditariedade, os aspectos étnicos e a presença de comportamentos antissociais na infância apontam para maior risco futuro de alcoolismo. Outros autores evidenciaram a importância da figura paterna, uma vez que houve uma alta prevalência do uso do álcool entre os que tiveram uma má relação com o pai.

Em resumo, os alcoolistas têm déficits estruturais nas fases bem iniciais da vida, geralmente de natureza oral (a gratificação principal vem pela boca). O álcool é visto como um substituto para a gratificação erótica ou agressiva. Esses déficits estruturais resultam em afetos dolorosos poderosos, que, por não conseguirem ser "pensados" (metabolizados e processados pela via da mentalização), são "calados" ou "atuados" pelo álcool, fazendo a pessoa sentir que adquiriu controle sobre a sua dor. A persistência de traços narcisistas acentuados na personalidade (não corresponder às exigências de perfeição, sua própria ou de pessoas importantes) pode levar ao uso de álcool como uma maneira de lidar com o desconforto daí proveniente.

Em uma elegante visão integrativa entre as neurociências, a psicologia e a psicanálise, Johnson (1999) descreve três perspectivas diferentes e inter-relacionadas como uma tentativa de sintetizar muito do que já se escreveu sobre a dinâmica do alcoolismo. Ele fala da perspectiva neurobiológica, da intolerância ao afeto e do uso do álcool ou da droga como um objeto transicional, e propõe que as três sejam utilizadas de forma conjunta, já que nenhuma sozinha explica o fenômeno.

De forma resumida, a primeira das três perspectivas descritas por ele se refere às modificações neurobiológicas que acontecem no cérebro, no qual drogas viciantes compartilham a capacidade de aumentar a neurotransmissão da dopamina mesotelencefálica, cuja função psicológica é atribuir o que se chama de "saliência incentivadora" para a percepção e representação mental de eventos associados à ativação do sistema. A saliência incentivadora é um processo inicialmente psicológico, que transforma a percepção de estímulos, dotando-os de saliência, tornando-os atraentes, estímulos incentivadores que depois serão "procurados", em busca do prazer que proporcionaram anteriormente. Em alguns indivíduos, o uso repetido de drogas viciantes aumenta as adaptações nesse sistema neural, tornando-o cada vez mais, e talvez permanentemente, hipersensível a drogas e estímulos, uma necessidade que se torna biológica, exigindo satisfação. A sensibilização dos sistemas de dopamina é controlada por aprendizagem, o que atribui a saliência incentivadora excessiva ao ato de tomar drogas e aos estímulos associados ao consumo de drogas. A sensibilização da saliência do incentivo transforma o desejo comum em "fissura". Por sua vez, a sensibilização dos sistemas neurais responsáveis pela saliência incentivadora (desejar) pode ocorrer independentemente de mudanças nos sistemas neurais que medeiam efeitos prazerosos subjetivos de drogas (gostar) e sistemas neurais envolvidos na retirada. Após exposição suficiente, o prazer torna-se irrelevante, porque esse sistema neural é construído para estimular o organismo a buscar aquele objetivo prazeroso de antes. O uso compulsivo da droga continua apesar da falta de prazer e apesar dos fortes desincentivos – perda de emprego, falta de moradia ou a abstinência quando a substância é retirada. Um exemplo dessa sensibilização após exposição aconteceu quando um paciente meu, usuário pesado de cocaína, mas abstêmio de seu uso há cinco anos, referiu que bastava ler a palavra "cocaína" em alguma notícia de jornal que seu nariz começava a pingar, mesmo que conscientemente ele não desejasse fazer uso da droga. A teoria da sensibilização por incentivo explica muito bem o fenômeno clínico comum em que os pacientes dizem "não gostar" de fumar cigarros ou de usar cocaína ou beber, e ainda assim têm desejos intensos que aparentemente só podem ser satisfeitos pelo uso da substância.

A segunda perspectiva é a da adicção como manifestação da incapacidade de tolerar afetos, levando à hipótese da automedicação porque as drogas aliviam o sofrimento psicológico, sendo que a preferência por uma determinada droga diz respeito a algum grau de especificidade psicofarmacológica, por exemplo, opiáceos para atenuar sentimentos de raiva ou violência; depressores do SNC, como o álcool, para aliviar os sentimentos de isolamento, vazio e ansiedade; e, ainda, estimulantes, que poderiam aumentar a hipomania e, assim, aliviar a depressão ou neutralizar a hiperatividade e o déficit de atenção.

Embora os afetos sejam universais, nem todos sabemos lidar com eles. Khantzian (1985, 1995, 1997) traça as origens da incapacidade de regular os afetos no início da vida e menciona uma falha em internalizar o autocuidado dos pais, uma capacidade psicológica relacionada a certas funções do ego e suas maneiras de reagir aos estímulos. Essa capacidade é protetora e busca garantir a sobrevivência. Ela envolve teste de realidade, julgamento, controle, ansiedade-sinal e a capacidade de tirar conclusões, ligando causa e consequência. A capacidade de autocuidado se desenvolve a partir de cuidados internalizados via papéis protetores dados pelos pais desde a primeira infância e, mais tarde, das relações de objeto e interações entre pais e filhos. Por carecerem dessas internalizações, as pessoas viciadas não conseguem regular a autoestima ou os relacionamentos, ou cuidar de si mesmas.

Essa hipótese da automedicação é constantemente confirmada quando ouvimos os relatos dos pacientes, de como respondem a estados afetivos intoleráveis para eles, recorrendo ao álcool ou às drogas. Alguns pacientes começam o uso já no início desses transtornos, para lidar com estados afetivos que são incapazes de suportar.

De forma semelhante, Dodes (1990, 1996) sugere que os adictos têm uma vulnerabilidade narcisista (intolerância a frustrações) por terem experimentado vivências de desamparo. A centralidade do desamparo na criação do trauma psíquico é bem conhecida, e esse autor acredita que o comportamento adicto visa restaurar uma sensação de potência contra o desamparo e a raiva produzida por ele. Essa compreensão permite que o médico mostre que reconhece o impulso, sem encorajar o comportamento.

A terceira perspectiva é central para muitas teorias da adicção, pois ela enfatiza a natureza objetal da adicção, isto é, que a qualidade do comportamento adicto é a mesma de uma relação objetal com um objeto transicional (o paninho ou algum boneco que a criança não larga), sem o qual o paciente não consegue se sentir seguro. A garrafa de álcool adquire essa função, de ser um objeto reassegurador, com o qual o paciente sempre pode contar, uma das razões pelas quais não basta adverti-lo que deve parar de beber, mas que o importante é pensarmos em uma troca, por um outro objeto menos nocivo à saúde. É comum alcoolistas largarem o álcool e se tornarem muito religiosos ou colecionadores compulsivos, saídas mais saudáveis do que a bebida.

Em resumo, o alcoolista apresenta mais de uma das configurações a seguir, em geral associadas:

- Vulnerabilidade hereditária.
- Vulnerabilidades narcísicas (intolerância a frustrações, raiva).
- Experiências de desamparo e medo do abandono.
- Experiências de abandono e frustração no passado.

- Receio da alteridade.
- Déficits estruturais, geralmente de natureza oral e pré-edípica (fases bem iniciais da vida).
- Deficiências na capacidade de autocuidado.
- Falhas na internalização de bons objetos parentais cuidadores.
- Conserto de falhas na estrutura psíquica.
- Falhas na regulação da autoestima.
- Incapacidade de tolerar afetos.
- Hipótese da automedicação para alívio do sofrimento psicológico.
- O álcool como um substituto de cuidados e fontes de gratificação.
- Um tipo de objeto transicional (natureza objetal do álcool).
- Gratificações objetais narcísicas (difíceis de serem renunciadas).
- Traços infantis de gratificação oral.
- Má relação com o pai, mais do que com a mãe.
- Incapacidade de tolerar afetos, levando à hipótese da automedicação.
- Automedicação para os transtornos de humor, mais notadamente com a depressão, com sérios efeitos colaterais.
- Um substituto para a gratificação erótica ou agressiva.
- Modificações neurobiológicas permanentes no cérebro.
- Boa correlação entre um ambiente familiar sadio e o não uso de álcool.

Conversa com o paciente alcoolista

As versões mais comuns que escutamos quando o paciente chega ao tratamento são as duas simuladas a seguir.

Minha mulher diz que eu bebo

Leonardo, 40 anos, comerciário, casado, duas filhas adolescentes (uma menina de 12 e outra de 14 anos), veio ao posto por queixas vagas, como dores ocasionais e ardência no epigástrio, má digestão, dificuldades para dormir, dificuldade de concentração, falta de memória, desânimo, sensação de cansaço nas pernas, palpitações no coração. Essas queixas não eram novas, e ele não teria vindo por elas não fosse a insistência da esposa, que as atribuía ao fato de o marido beber em demasia, o que ele negava, alegando beber socialmente.

Doutor, quero parar de beber

Francisco, 50 anos, microempresário, casado, um filho adolescente de 16 anos, veio ao posto porque deseja ajuda para parar de beber. Sente que a bebida tem feito mal para o seu corpo e piorado as relações com pessoas que gosta, uma vez que, por causa da bebida, tem tido brigas com a mulher e negligenciado a relação com o filho, e se culpa por isso. Já tentou parar outras vezes, mas não conseguiu sozinho; pergunta se tem algum remédio que o ajude a parar de beber.

O primeiro caso é mais comum que o segundo, o que coloca uma questão a ser respondida: em que aspectos o paciente que nega é diferente do paciente que admite o problema? E o médico de família, diante de cada uma dessas situações, como percebe e vivencia o clima emocional (a transferência e a contratransferência) da consulta com esses dois pacientes iguais, mas diferentes? Quais os conceitos e os preconceitos do próprio profissional sobre o uso do álcool?

De acordo com as características psicodinâmicas descritas anteriormente, ao conversar com um paciente alcoolista, é importante que o médico entenda que pode haver uma base genético-hereditária, que suporte e trabalhe as intolerâncias, as frustrações e as raivas do paciente, sem abandoná-lo ou deixá-lo desamparado. Já que ele traz experiências de abandonos e desamparos acontecidos no passado, que irá atualizar e atuar na transferência, é preciso tolerarmos os medos e as desconfianças do paciente para ele nos reconhecer como alguém com quem possa contar e confiar, entendermos que ele terá grandes dificuldades em abandonar o álcool, visto que este pode já ter induzido modificações neurobiológicas permanentes no cérebro, e agora pode ocupar um lugar de destaque em sua vida de relação, mais até do que as pessoas, sendo uma fonte poderosa de alívio e gratificações. Dito de outra maneira, beber não é mais uma escolha, é um relacionamento permeado por uma compulsão e uma necessidade.

Por isso, costuma ser ineficaz insistir com conselhos para que ele se cuide melhor, porque, se tivesse tido bons cuidadores internalizados e conseguisse fazer isso sozinho, não estaria como está agora; são faltas que contribuem para sua baixa autoestima e sofrimento psicológico. O álcool é para ele um objeto que substitui os cuidados de mãe e pai que não teve, ajuda a tolerar afetos e traz gratificações eróticas ou agressivas, funcionando como automedicação e fonte de estímulos para a vida, mesmo que tenha sérios efeitos colaterais. Mais útil do que proibir ou descrever o que de ruim pode acontecer, seria perguntar algo como "Em que aspectos, ou em que momentos, você nota que o álcool lhe ajuda? E em que momentos, e de que forma, ele lhe prejudica?".

Duas questões psicodinâmicas relevantes devem ser levadas em conta na comunicação com o paciente alcoolista. A primeira é o papel transferencial que o médico adquire para o paciente que bebe e como esse profissional maneja sua contratransferência, geralmente negativa, como veremos mais adiante. Outro ponto pouco falado, mas de fundamental importância, é saber que experiências prévias ou atuais o médico tem (ele próprio) com o uso de álcool e/ou drogas, e como isso interfere no diagnóstico e na abordagem e tratamento de uma condição como essa. Freud foi dependente de cocaína por quatro anos e de tabaco a vida inteira; talvez por isso jamais tenha escrito um único trabalho sobre dependência química, era seu "ponto cego". E se o médico tiver bases psicodinâmicas semelhantes, ou ele mesmo tiver problemas com o álcool, o que fazer? Aqui não há respostas simples, obviamente, mas talvez o profissional devesse, ele mesmo, buscar ajuda para o problema.

No transcorrer da consulta, muitos temas psicodinâmicos relevantes que mereceriam nossa atenção poderão surgir. No entanto, o saudoso professor Odon Cavalcanti enfatizava que a conversa com alcoolista deveria ser conversa de um assunto só, o álcool. O ensinamento não significava desprezar as questões psicodinâmicas subjacentes, ou outros aspectos da vida do paciente, mas subordinar seu exame e compreensão ao uso atual do álcool, desencadeante ou agravante de várias situações e condições, que só deveriam ser mais bem examinadas após conseguir que o paciente estivesse abstinente. Isso porque o alcoolista sempre procurará evitar tocar no assunto "álcool", mediante uma negação que deve ser confrontada persistentemente, e o tema alcoolismo deve ser constantemente trazido de volta à entrevista pelo médico. Isso se deve, entre outras coisas, à ferida narcísica que significa reconhecer-se como alcoolista, implicando sentimento de impotência e perda de controle diante da bebida, fatos negados e projetados pelo paciente ("Meu vizinho é alcoolista, eu, não").

Eventualmente, o paciente dirá, de forma irônica ou agressiva, "Vai me dizer que o senhor não bebe?", tentando deslocar o foco do uso de álcool para o médico, igualando-nos com ele para minar nossa autoridade, que acredita que será usada contra ele, para obrigá-lo a parar de beber. Há uma piada antiga que retrata essa situação: o médico, atendendo um alcoolista, pergunta se ele costuma beber a esta hora da manhã. O paciente responde: "A esta hora não costumo beber, mas se o senhor for servir alguma coisa, eu o acompanho!". Se todos bebem, inclusive o médico, então o problema não existe mais.

O objetivo de qualquer abordagem do alcoolista é fazer o paciente alcançar e manter a abstinência, mas não basta nem é producente pedir ou exigir que o paciente pare de beber, isto é, abandone seu objeto transicional sem nada em troca. Sabemos a gritaria assustada que as crianças fazem quando perdem seu ursinho de pelúcia, ou a fúria que experimentam quando a mãe some com ele para lavá-lo. É preciso antes compreender que papel a bebida desempenha sobre seus sentimentos, conflitos, relacionamentos, experiências, relações familiares relevantes, expectativas e história de vida, aspectos fundamentais no planejamento de um programa de tratamento.

Nunca é demais lembrar que não estamos tratando o álcool, mas uma pessoa para quem o álcool tem um papel no mínimo ambivalente. Se, por um lado, é viciante e destrutivo, com problemas no curto prazo (intoxicação aguda) e no longo prazo (dependência), por outro, está sendo um aliado, desempenhando uma função protetora ou reparadora na economia psíquica, funcionando como uma relação objetal do paciente, mesmo que tóxica ou destrutiva, e precisa ser compreendida e respeitada, para depois ser modificada.

Para sermos bem-sucedidos nessa difícil tarefa, precisamos estar ao lado do paciente, não contra ele. Por isso, sempre que começo a tratar alguém que faz uso de álcool ou drogas, aviso que não sou padre, delegado ou juiz, que não vou exigir que pare de usar, mas que iremos tentar juntos descobrir o porquê desse desejo, que acabou se tornando uma necessidade, uma dependência. A única exigência que coloco, nesses casos, é que o paciente não compareça à consulta alcoolizado ou drogado, pois aí não terei uma mente com a qual dialogar. Com exceção das intoxicações agudas por álcool, não é útil atender um paciente sob o efeito de álcool ou drogas.

A psicoterapia médica do paciente alcoolista é um processo terapêutico gradativo, que deve evoluir por fases, sendo que a primeira delas é o reconhecimento mútuo do problema como real e importante. Não basta termos feito o diagnóstico; a segunda fase será "negociar", por assim dizer, a aceitação deste pelo paciente, vencer a negação para que consiga se engajar no tratamento. É clássica a frase negacionista "doutor, eu não sou alcoólatra, eu paro de beber quando eu quiser". E quando foi a última vez que quis? "Bem, foi há trinta anos". O médico também pode se associar a essa negação, minimizando ou desconsiderando o problema do paciente com o álcool, como algo que não necessita de tratamento.

Numa terceira fase, deve-se manter o foco no presente e na bebida, encorajando-o a reconhecer que perdeu o controle sobre o ato de beber, a perceber os efeitos negativos ou mesmo destrutivos sobre sua vida e a vida dos demais para, então, numa quarta fase, ajudá-lo a ligar os problemas passados e atuais que contribuíram para o uso do álcool. A quinta fase, se chegarmos lá, seria ajudar o paciente a não beber e a encontrar formas de manter essa abstinência, o objetivo central do tratamento.

A sexta e última fase é como proceder se houver uma recaída, e é realista esperar que ela ocorra, porque faz parte da história natural da doença. Nesse caso, em vez de criticar o paciente, ganha-se mais examinando com ele as circunstâncias ligadas ao que teria desencadeado o episódio, assim como o estado afetivo do momento (se estava mais ansioso, ou mais deprimido, ou raivoso etc., quando aconteceu a recaída). O objetivo será fazer a ligação, para o alcoolista, entre o uso do álcool, suas relações interpessoais e seus estados afetivos, coisa que, para ele, nem sempre está articulada dentro de sua mente ("Discuti infantilmente com minha mulher, depois bebi porque estava com raiva dela", em vez de "Bebo porque gosto, paro quando quiser"). Em todas as fases anteriores, é importante manter um reforço positivo dos *insights* e das conquistas, não apenas assinalar continuamente os aspectos negativos do uso do álcool.

Para voltar à questão da conversa de um assunto só, destaco que manter o foco da conversa na bebida significa reconhecer que o paciente tem questões psicológicas a serem resolvidas, mas, sempre que puder, recorrerá a expedientes e defesas para manter a negação, seja diretamente, seja recorrendo a expedientes como falar de eventos de um passado remoto – "quando eu tinha cinco aninhos minha avó me deixou cair do colo dela, bati com a cabeça no chão, depois disso é que fiquei nervoso" etc. –, em vez de falar de quanto bebeu ontem à noite, que tipo de bebida era, o que aconteceu depois etc., que é para onde devemos dirigir a entrevista. Após a conquista da abstinência, o caminho ficará livre para investigarmos outras áreas da vida do paciente, presentes e passadas, inclusive dos conflitos com as figuras parentais e com a avó que o derrubou.

Aspectos contratransferenciais no alcoolismo

Falei antes dos sentimentos negativos que esses pacientes acionam em nós. Os mais comuns são as nossas dificuldades e evitações com o diagnóstico de alcoolismo e com os próprios pacientes, uma das razões pelas quais uma doença tão comum seja tão pouco reconhecida em ambientes clínicos, dado o desconforto ou o medo de tocar no assunto da bebida, o que leva o profissional a optar (consciente ou inconscientemente) por fugir de temas ligados à bebida com esses pacientes.

Se o médico bebe, mesmo que socialmente, considera a bebida uma questão cultural como tantas outras ou se ele também tem problemas com o álcool, pode se sentir consciente ou inconscientemente inibido para abordar o que ele mesmo não vê como um problema de saúde a ser tratado, criando-se um ponto cego na relação médico-paciente. Por outro lado, se o médico tem uma visão crítica de ordem religiosa ou moralista sobre o uso do álcool, ele pode se tornar um crítico severo daquilo que é um problema para o qual o paciente precisa de ajuda, não condenação. O médico precisaria, então, funcionar como um ego auxiliar para lidar com os aspectos faltantes ou mal estruturados do ego do paciente, em vez de funcionar como um superego que o condenaria ainda mais.

Contratransferencialmente, o médico pode se sentir atacado e frustrado em sua vaidade (quem não gosta de ser bem-sucedido nos tratamentos?) com as recaídas do paciente, sentir-se abatido e impotente diante da autodestrutividade desse último, ou experimentar uma raiva contida ao ver os esforços terapêuticos frustrados por mais uma bebedeira, passando então a funcionar como uma instância crítica ou agressiva. O negativismo autodestrutivo do alcoolista pode ser projetado e colocado no médico, muitas vezes fazendo-o não ter vontade ou desistir de tratar aquele paciente, ou de tratar alcoolistas em geral. Já ouvi de mais de um colega a frase "eu não gosto de tratar alcoolistas", como se isso fosse uma simples questão de gosto, em vez de um ato profissional.

Outros recursos psicoterapêuticos

Além da psicoterapia individual, a psicoterapia de grupo e a terapia familiar são modalidades muito úteis no tratamento do alcoolista e seus familiares, mas não é o meu objetivo abordar detidamente aqui essas modalidades. Porém, é importante ressaltar que esses atendimentos em grupos são uma opção útil no tratamento de alcoolistas porque, entre suas vantagens, está a possibilidade de a confrontação feita pelo grupo sobre as negações e as racionalizações do paciente ser mais eficaz do que a do médico sozinho. A troca de experiências e o aprendizado conjunto ajudam a melhorar a autoestima do paciente, assim como a participação de outros pacientes abstinentes pode infundir esperança de melhora e controle sobre a bebida. Os grupos de Alcoólicos Anônimos são uma opção sempre bem indicada, com boas taxas de abstinência.

Sempre que possível, deve-se avaliar a família do paciente e quando é indicado tratá-la, ou a dupla marido-mulher, especialmente porque a sobriedade de um frequentemente desencadeia poderosas reações inconscientes no outro. É comum haver uma codependência da bebida, porque o cônjuge do alcoolista pode ser uma pessoa tão ou mais perturbada do que ele, a diferença é que seus conflitos ficam ocultos por detrás da patologia daquele que bebe, no qual ficam projetados todos os problemas do casal ou da família. Quando o alcoolista para de beber, o cônjuge pode descompensar por não ter mais em quem projetar seus conflitos internos, ocultos até então pelos conflitos externos da relação com o outro. Eventualmente, o cônjuge pode se tornar alcoolista ou ter descompensações que evidenciam um transtorno mental, muitas vezes insuspeito.

Esse foi o caso de Maria da Graça, de 60 anos de idade, que pediu encarecidamente à sua médica de família um encaminhamento a mim, como psiquiatra de referência da sua unidade de saúde. Ela era esposa de um alcoolista, no momento em abstinência já há alguns meses, graças ao tratamento com a mesma médica. Quando lhe perguntei como poderia ajudá-la, ela me disse que o problema era que o marido parou de beber. O que supostamente deveria ter sido uma solução para uma vida inteira de queixas e lamentações contra "aquele vagabundo, mulherengo!" e outras ofensas mais, tinha então se tornado um problema para ela? De que maneira ele deixou de ser o problema por beber e passou a ser um problema por não beber?

A resposta, do ponto de vista da psicodinâmica, não era tão complicada quanto parece. Antes, ela aturava as ofensas, ataques e traições do marido, sendo vista como uma verdadeira santa para as vizinhas e para a comunidade, que sabia de suas dificuldades, o trabalho que passava com aquele homem tão difícil. O papel de vítima lhe caía muito bem, estava habituada a ele. Quando o marido parou de beber, essa santidade toda se desvaneceu, deixou de ser a vítima agredida e passou então ela a brigar com ele, agredi-lo e ofendê-lo, mas esse ainda não era o motivo da busca de ajuda. Ela, que nunca havia bebido, agora tinha começado a beber, bastante, e o chamava de fraco por ter parado, por não a acompanhar nas bebedeiras. Veio à consulta após um descontrole da agressividade, um episódio no qual destruiu a geladeira de casa porque ele, tentando se manter sóbrio e preocupado com o recente alcoolismo dela, colocou todas as bebidas no lixo. Quando ela chegou em casa, encontrando a geladeira vazia, sem nenhuma bebida, teve um acesso de fúria e destruiu o coitado do eletrodoméstico, que não tinha culpa alguma.

Queria minha ajuda pois esse episódio a assustou muito, ficou muito ansiosa e com medo de estar enlouquecendo, porque não se entendia mais, não sentia que fosse mais ela mesma. Ao passar o acesso de fúria, ver a geladeira destruída a fez tomar consciência de que havia algo de muito errado com ela. Seus conflitos, que nunca tinham surgido em consultas anteriores, pois estavam todos projetados no marido alcoolista, voltaram abruptamente para dentro dela, causando uma desestruturação psíquica poderosa, para a qual passou a usar o álcool como medicação, não sendo bem-sucedida e, por fim, perdendo o controle dos impulsos e tendo um surto de agressividade.

Conclusão

Uma ideia ainda muito difundida, atrapalhando os tratamentos, é a de que o alcoolismo é uma fraqueza de caráter, um defeito, um hábito nocivo adquirido ou mesmo falta de Deus na vida da pessoa. Os pacientes alcoolistas, como os adictos em geral, ainda sofrem discriminações e preconceitos, tanto de leigos quanto de profissionais de saúde, médicos inclusive, porque com frequência nos sentimos impotentes e não sabemos o que fazer para que o paciente deixe de beber, já que não existe nenhum tratamento satisfatório para o alcoolismo, apenas para suas complicações.

Para tratarmos o alcoolista com mais compaixão, é preciso perceber e aceitar que todos nós temos a capacidade de desenvolver comportamentos de dependência, de acordo com os fatores biológicos, psicológicos e socioculturais presentes nas diferentes fases evolutivas da vida, porém apenas uma minoria desenvolverá uma adição prolongada e problemática; os demais encontrarão maneiras mais saudáveis de lidar com os conflitos e problemas.

Ajudar um alcoolista depende muito da nossa capacidade de compreensão de um problema tão complexo, da nossa tolerância, resiliência e de diálogo com o paciente, o que nem sempre é fácil, como vimos neste capítulo. Entretanto, essa é uma tarefa que pode, e deve, ser realizada pelo médico de família, não apenas pelos especialistas.

Referências

Alcoólicos Anônimos. *Homepage.* https://www.aa.org.br/informacao-publica/sobre-a-a/a-a-e-para-voce

Chafetz, M. E., & Demone, H. W. (1962). *Alcoholism and society.* Oxford University Press.

Diehl, A. (2011). *Dependência química: prevenção, tratamento e políticas públicas.* Artmed.

Dodes, L. M. (1990). Addiction, helplessness, and narcissistic rage. *Psycho-analytic Quarterly, 59,* 398-419.

Dodes, L. M. (1996). Compulsion and addiction. *Journal of the American Psychoanalytic Association, 44,* 815-835.

Hales, E., Stuart, C., Yudofsky, G., & Gabbard, O. (2012). *Tratado de psiquiatria clínica* (5a ed.). [recurso eletrônico]. Artmed.

Johnson, B. (1999). Three perspectives on addiction. *Journal of the American Psychoanalytic Association, 47*(3), 791-815.

Khantzian, E. J. (1985). The self-medication hypothesis of addictive disorders. *American Journal of Psychiatry, 142,* 1259-1264.

Khantzian, E. J. (1995). Self-regulation vulnerabilities in substance abusers: treatment implications. In S. Dowling (Ed.), *The psychology and treatment of addictive behavior* (p. 1742). International Universities Press.

Khantzian, E. J. (1997). The self-medication hypothesis of substance use disorders: a reconsideration and recent applications. *Harvard Review of Psychiatry, 4*, 231-244.

Organização Pan-americana de Saúde (OPAS). *Álcool.* https://www.paho.org/pt/topicos/alcool

13. O paciente "poliqueixoso"

*O problema do hipocondríaco com a medicina preventiva
é que ele nunca saberá que doenças deixou de ter!*

(Autor desconhecido)

O paciente chamado de "poliqueixoso"

Do que realmente sofre a pessoa que sofre de tudo? Um antigo aforismo médico diz que "quando tudo dói, a dor não é do corpo". Isso acontece porque, além do corpo biológico, que é o objeto de estudo da medicina clínica, temos uma representação mental desse corpo, ao qual podem ser atribuídas dores diversas, principalmente as de natureza emocional, algo que se deve em grande parte ao fato de esses pacientes serem, em geral, pessoas dotadas de pouca capacidade de mentalização e de subjetividade, como veremos mais adiante.

Para melhor compreendermos tais queixas com pouca ou nenhuma base orgânica, devemos abandonar a dualidade cartesiana que opõe corpo e mente e pensar o corpo como um campo onde acontece o complexo jogo das relações entre o psíquico e o somático. Essa dupla inscrição confere ao corpo um lugar polêmico na compreensão do fenômeno das múltiplas queixas, às vezes chamadas de "doenças funcionais". Elas não pertencem ao corpo somático, mas só podem se referir a ele como seu local de origem, pois a fonte psíquica da dor não é percebida e compreendida.

O tratamento desses pacientes é sempre difícil, por várias razões. Em geral, eles consomem muito tempo e consultas demoradas, para que se possa avaliar e compreender bem os problemas. Além disso, existe um desejo natural em todos os médicos de que seus pacientes melhorem, e estes podem continuar por um longo tempo sem apresentar melhora, ou até pioram com o tempo. São pacientes que já passaram por diversos médicos antes, entre generalistas e especialistas, sem obter a melhora que desejavam, e chegam à consulta céticos, ansiosos e frustrados com o cuidado recebido, sem ter compreendido a natureza do seu problema. Assim como o paciente, o médico também pode experimentar ansiedade e frustração, porque muito lhe é exigido em termos de atenção, dedicação, paciência e um longo trabalho diagnóstico, razões pelas quais, contratransferencialmente, começa a evitar ou se irritar, algo que não melhora em nada a relação médico-paciente ou o prognóstico.

Mesmo que, na anamnese, não pareça se tratar de um problema orgânico, sempre precisamos ver o que há de real e objetivo nas queixas e o que há de fantasioso nelas. Carlos Grossman, um mestre na arte de clinicar, me ensinou que "até prova em contrário, tudo é orgânico" (comunicação pessoal). Se nos exames físicos, laboratoriais e de imagem não for constatada nenhuma patologia orgânica que justifique os sintomas, antes de dizer que o paciente não tem nada, deveríamos considerar a ideia de que ele talvez tenha outras razões, além das objetivas, para tantas queixas. O que não se pode esquecer jamais é que há um sofrimento verdadeiro encoberto nessas queixas emocionais ou funcionais, cuja forma de expressão é diferente daquela que esperamos habitualmente encontrar.

A queixa orgânica costuma ser um bilhete de admissão à consulta, como se as dores psíquicas não fossem interessar. Infelizmente, isso é mais verdadeiro do que gostaríamos que fosse; nós, médicos, ensinamos aos pacientes que as queixas orgânicas objetivas têm mais valor que as subjetivas. Dizer ao paciente que ele não tem nada ou que seu problema é "apenas emocional" ou "dos nervos", além de ser falso, não resolve o problema e não faz o paciente se convencer de que não tem uma doença orgânica, e ele acaba indo a mais médicos e fazendo mais exames. O resultado é que todos ficam insatisfeitos: paciente, médico, equipe de saúde – e a relação e os cuidados a cada nova consulta se deterioram.

As queixas podem se referir a todo e qualquer sistema orgânico, com frequência mais de um ao mesmo tempo (queixas pulmonares, gástricas, ginecológicas e musculares, por exemplo). O problema costuma vir de longa data, acompanhado da história de consultas a muitos médicos, muitos exames e medicações ineficazes, a algumas das quais o paciente pode ter se tornado adicto (dependência de ansiolíticos ou de analgésicos, por exemplo). Quando chegam ao médico de família, acabam sendo encaminhados a diversos outros especialistas, com a esperança de que estes encontrem a verdadeira doença. Quando nada é encontrado, finalmente são encaminhados ao psiquiatra ou psicólogo, como último recurso (caso da paciente Leila, no Capítulo 7).

Psicodinâmica dos pacientes "poliqueixosos"

O paciente "poliqueixoso" costuma apresentar deficiências na área da subjetivação e do pensamento abstrato, no reconhecimento dos afetos e sua expressão nas relações interpessoais. É uma pessoa que se conhece muito pouco intimamente, uma das razões para não reconhecer seus conflitos emocionais e as ansiedades que estes produzem, traduzindo-os em manifestações físicas.

As falhas no processamento das emoções e na formação do pensamento abstrato vêm da primeira infância e são responsáveis por essa má tradução. Quando a construção da capacidade para pensar se desenvolve de forma saudável, ela evolui do concreto ao simbólico, isto é, de um mundo de sensações sem pensamento do bebê até a possibilidade de compreender símbolos e pensar de forma abstrata, reconhecendo o valor e a importância da subjetividade na vida.

Quando as condições de desenvolvimento físico e psicológico são boas e a estruturação do aparelho psíquico se dá de forma adequada, as ausências e as frustrações podem ser toleradas dando lugar à imaginação, uma qualidade básica do pensamento abstrato, e às dúvidas, alicerce para a curiosidade e o pensamento investigativo, científico.

Ao contrário, quando a formação dessas capacidades não evoluiu bem, o resultado são pessoas ansiosas, com pouca tolerância à frustração, sem muito interesse de pensar e compreender a angústia em suas origens, descarregando-a no corpo, e o pensamento, além de pobre em conteúdo, dá lugar ao ato impulsivo. São pessoas que agem antes mesmo de entender o problema, têm dificuldade de postergar a satisfação de seus desejos, o que talvez explique o porquê de exigirem tantos exames que mostrem logo o que eles têm, e que o médico resolva o quanto antes, por meio de atos (não de pensamentos ou conversa) o que está errado com eles. Imaginam que o sintoma X deverá ser resolvido pelo exame Y e pelo medicamento Z, de preferência imediatamente.

O problema é que, com frequência, essa urgência ansiosa se transfere para o médico e este, sentindo-se pressionado, às vezes responde também agindo antes de pensar, solicitando exames desnecessários, prescrevendo medicações sintomáticas ou placebos, "para não se incomodar", uma vez que a explicação e o convencimento da não necessidade demandariam tato e tempo. É um fato comum e frequente nas discussões de caso e nos matriciamentos em saúde mental ver que medicações já foram prescritas antes mesmo de alguém ter compreendido a dinâmica da situação ou, pelo menos, ter feito o diagnóstico etiológico correto. Um paciente com alterações de personalidade por síndrome orgânica cerebral após traumatismo cranioencefálico queixava-se de inúmeros sintomas físicos, entre eles cefaleia, fraqueza no corpo e dores nas pernas, e, por isso, vinha sendo medicado inutilmente há quase dois anos para depressão, sem qualquer melhora, já que o diagnóstico era outro.

Autores de diferentes escolas teóricas demonstraram a existência de pessoas praticamente desprovidas de vida subjetiva e pensamento simbólico (no exemplo descrito, essa perda era consequência da lesão por trauma no tecido cerebral). O quadro clínico desses pacientes revelava aspectos como não reconhecer ou não expressar os afetos, assim como a falta de subjetividade, de curiosidade, de espontaneidade, de imaginação e, muitas vezes, o uso do corpo como via de expressão em vez de um conflito mental. Nos pacientes que têm essa capacidade reduzida para a compreensão subjetiva dos problemas, o corpo funciona como o local de descarga da quantidade de tensão acumulada.

Sifneos (1972) notou que muitos dos pacientes que viu com transtornos funcionais tinham significativas dificuldades, não só para reconhecer e expressar emoções, mas também para verbalizá-las. Quando eram convidados a falar sobre como se sentiam, mencionavam de forma repetitiva apenas sensações somáticas, sem relacioná-las com pensamentos, fantasias ou conflitos que as acompanhavam. Outros pareciam não ser capazes de especificar se estavam irritados ou tristes, outros não conseguiam diferenciar entre emoções agradáveis e desagradáveis, sequer se queixavam de ansiedade. Geralmente, respondiam a essas perguntas descrevendo as ações que eles tomavam nessas circunstâncias e, quando pressionados por mais detalhes, mostravam irritabilidade e aborrecimento. Tinham vocabulários limitados e dificuldade em encontrar palavras apropriadas para descrever suas emoções. Eles pareciam confusos e davam a impressão de que não entendiam o significado da palavra "sentimento".

Sifneos chamou esse quadro de "alexitimia", cujos traços característicos são:

- Dificuldade em identificar sentimentos e distinguir entre sentimentos e sensações corporais de excitação emocional.
- Dificuldade em descrever sentimentos para outras pessoas.
- Processos imaginativos limitados, como é evidenciado por uma escassez de fantasias.
- Um estilo cognitivo orientado para os acontecimentos externos, não reflexivo.

Tais pacientes podem falar sobre qualquer assunto externo ou concreto, exceto sobre si mesmos, sua personalidade e seus sentimentos, a não ser de forma concreta também, desligados de suas origens emocionais. De modo geral, tentam resolver suas dificuldades com medicação, alcoolismo ou drogadição, elementos concretos dos quais esperam a solução dos problemas que possam estar enfrentando. Claro que nem todo "poliqueixoso" é um alexitímico, porém o conceito nos ajuda a compreender as deficiências na formação do pensamento abstrato e uma das causas da falta de ligação entre fatos e afetos.

A compreensão de que existem outros tipos de mentes, com falhas nos processos de subjetivação, tem uma repercussão muito importante na técnica. Um erro comum é pressupor que o paciente tenha uma capacidade cognitiva ou subjetiva igual à nossa, como se esperássemos uma simetria natural que tornasse a comunicação clara e direta, sem arestas. Sabemos que não é isso que acontece na realidade, na qual as dificuldades de compreensão e comunicação são a regra, não a exceção (ver Capítulo 5).

As múltiplas queixas são sempre um problema de mão dupla. O que afeta a mente, e esta não dá conta, expressa-se no corpo. Pode haver uma falha na leitura dos eventos emocionais (apesar de existirem, eles não têm um registro psíquico que permita serem experimentados no campo afetivo com seus respectivos nomes), que então são expressos como queixas físicas. Assim, frustração vira cansaço nas pernas, impotência vira fraqueza, raiva vira dor de cabeça, medo vira taquicardia, e assim por diante. Da mesma forma, eventos físicos significativos podem não ser traduzidos nas emoções correspondentes, algo organicamente grave pode não ser levado a sério, enquanto problemas menores são hipervalorizados. Eventualmente, as muitas queixas servem como uma cortina de fumaça, para ocultar do médico o que realmente importa.

Diagnóstico diferencial

Os transtornos classificados como somatoformes, principalmente a hipocondria, o transtorno doloroso somatoforme e o transtorno conversivo, também podem se apresentar com semelhanças e diferenças, às vezes com múltiplas queixas, merecendo um olhar sobre cada um deles.

Hipocondria

O paciente "poliqueixoso" costuma apresentar essa forma muito particular de estrutura psíquica aqui descrita. O hipocondríaco, por sua vez, apresenta uma relação íntima com os transtornos ansiosos, típicos de uma falta de continência materna que tivesse permitido à criança a construção de um mundo interno calmo e confiante. No início da vida, é necessário alguém que contenha e nomeie os estados mentais ansiosos que, para o bebê, não tem um nome ou um significado. Ele não sabe dizer quando sente dor, fome ou frio; é uma mãe bem conectada com ele que percebe e providencia o conforto necessário, por meio de ações físicas que resolvam a dor, a fome ou o frio, mas também por ações psíquicas, que tranquilizem e demonstrem que a situação está sob controle, que tudo ficará bem. A repetição desses cuidados ao longo do tempo cria na criança a sensação de segurança e confiança. Na falta desses cuidados, ela experimenta ansiedades persecutórias vindas do mundo externo, mas também originadas em órgãos, sentidos como "perseguidores" em potencial. A expressão "atacado do fígado" ou "atacado dos rins" etc. é comum, cabendo ao órgão o papel persecutório de quem ataca a pessoa a partir de dentro. Não o dentro do mundo interno, e sim um "dentro" corporal, físico.

A hipocondria também é uma forma de obter a atenção e o cuidado que faltaram em épocas mais precoces da vida, porém a raiva inconsciente que acompanha o processo acaba gerando mais rejeições, tanto da família quanto dos médicos, criando um círculo vicioso de queixa, rejeição e intensificação das queixas.

O paciente hipocondríaco sofre de um paradoxo. Por um lado, ele acredita que apresenta ou possa vir a ser acometido por uma doença física, geralmente grave, e passa a ter uma preocupação constante e grande interesse pelo próprio corpo e seus processos;

por outro lado, evita ir ao médico, para não ter aquela premonição fantasiosa comprovada. O que para o "poliqueixoso" é uma tosse, para o hipocondríaco é um câncer de pulmão e, na melhor das hipóteses, uma tuberculose, e esta passa a ser a razão para não ir ao médico. Por isso, os hipocondríacos em geral não são consultadores frequentes.

Caso vá consultar e os exames descartem um diagnóstico orgânico, o paciente não aceitará essa conclusão, permanecendo aferrado à ideia de que tem, sim, uma doença grave, rejeitando a opinião calmante do profissional e parecendo gostar da ideia de que tem mesmo uma doença grave, demandando mais atenção e consultas inúteis. Em troca, isso produz no médico uma contratransferência negativa, de frustração, irritação e impotência, já que nada do que faz dá certo ou parece ajudar.

Hipocondria é uma doença, portanto, é errado dizer ao paciente que ele não tem nada. Na hipocondria, o principal sintoma é o medo irracional de ter alguma doença grave (nunca é algo leve ou passageiro). O hipocondríaco se acha sempre em risco de ter uma doença, especialmente as mais graves, um medo desproporcional de que nem sempre pode ser acalmado pelas explicações médicas tranquilizadoras. Ele reinterpreta os sintomas, sempre escolhendo a pior hipótese. O medo da doença traz, no fundo, o medo primordial da morte.

Transtorno doloroso somatoforme

O paciente se queixa de dores prolongadas ou crônicas, geralmente em mais de um sítio orgânico, cuja origem e intensidade não podem ser explicadas por alguma patologia física ou processo fisiológico localizado, quadro que acontece durante conflitos emocionais ou problemas psicossociais prolongados. Em muitas situações, a dor parece desproporcional à lesão, o que é de difícil determinação, uma vez que dor é um fenômeno com alta dose de subjetividade, tornando difícil a avaliação do quadro.

Transtorno conversivo

Antigamente, era chamado de "histeria conversiva", quadro em que os problemas emocionais que não podiam ter acesso à consciência eram então "convertidos" em sintomas físicos, geralmente sem uma base fisiológica ou anatômica (a anestesia da mão em luva, por exemplo), mas com significado simbólico oculto (portanto, sem alexitimia). Os sintomas conversivos guardam uma boa correlação com eventos estressores recentes, portanto, são mais agudos do que crônicos.

Transtornos ansiosos

Com frequência, pacientes ansiosos queixam-se de sintomas físicos, um disfarce comum da ansiedade ou um substituto para ela, e esses sintomas são sua forma de expressá-la, apesar de desligada de suas fontes internas. Queixar-se de uma dor no peito, que acredita ser um infarto, pode ser uma proteção contra a ansiedade que a ideia de poder estar enfartando de verdade traria numa pessoa que, por exemplo, tenha perdido ambos os progenitores por doença cardíaca, e assim demonstra que teme ser o próximo, mesmo sendo hígido. É mais fácil dizer que tem uma "dor no peito" em vez de dizer "tenho medo de adoecer e morrer como eles", e poder falar desses medos dando nome a eles. Nesses casos, uma boa conversa costuma ajudar mais do que vários eletrocardiogramas normais, que mesmo assim não convencem o paciente de que não morrerá de problemas no coração.

Conversa com o paciente "poliqueixoso"

É preciso que o médico esteja preparado para se defrontar com ignorância, teimosia, falsas crenças e uma mistura de medo do que vá se descobrir, vergonha por consultar tão frequentemente, além de um desafio arrogante à sua capacidade diagnóstica ("nenhum médico até hoje foi capaz de descobrir o que eu tenho!"). O profissional deve poder suportar a ansiedade, o desconforto, a desconfiança do paciente, e mesmo sua agressividade.

Junta-se a isso uma constatação do cotidiano: médicos de família têm uma grande carga de trabalho e pouco tempo útil para explorar as múltiplas queixas de um paciente, especialmente quando elas não parecem ter um substrato orgânico visível, que facilite e torne o manejo mais objetivo. A despeito disso, é preciso dar ao paciente tempo suficiente para contar sua história, explorando minuciosamente os pontos que parecerem mais importantes. Se isso não puder ser feito em uma única consulta, que se marquem outras, até que a história tenha sido toda escutada e compreendida.

Não adianta tentar convencer apressadamente o paciente que seu problema não é orgânico e fazer logo um encaminhamento para a saúde mental, porque o paciente não estará preparado ou sequer compreenderá a sua utilidade, uma vez que pode estar convencido de que o problema é orgânico e que só não foi ainda diagnosticado pelo médico clínico. Esse é um outro momento em que erros importantes acontecem ao comunicar que a doença é de origem funcional, o que pode soar como uma acusação para o paciente. É óbvio que os pacientes nem sempre reagirão bem à comunicação de que têm um problema funcional ou emocional, podendo se tornarem insistentes ou mesmo agressivos na exigência dos exames e procedimentos, o que faz muitos médicos cederem a essas demandas, que jamais resolvem o problema.

Isso costuma acontecer quando o médico, ao ver a reação de contrariedade do paciente ou pela insistência deste, cede e solicita alguns exames pela pior das vias, a famosa "por via das dúvidas". Isso é muito negativo, pois manterá o paciente aferrado à ideia de que tem mesmo algo orgânico, do contrário o médico não lhe teria pedido exames. Essa conduta pode se tornar ainda mais complicada se, por exemplo, um dos exames der um falso-positivo, gerando mais consultas e mais testes.

Se essa confrontação não for feita de forma delicada, porém firme, muitos pacientes se verão privados de uma explicação e uma compreensão sobre seu problema, contribuindo para sua cronificação.

Caso seja mesmo necessário referir o paciente a algum especialista, por alguma comorbidade, esse encaminhamento deve ser discutido e trabalhado com o paciente, até que ele possa compreender sua necessidade e importância; do contrário, muitos desses encaminhamentos sequer chegarão ao nível secundário dos cuidados de saúde.

Também devemos evitar múltiplos encaminhamentos (urologista, gastroenterologista, pneumologista etc.), que resultarão em custos econômicos desnecessários, horas perdidas em deslocamentos, salas de espera, mais exames especializados, tudo em vão. Além disso, o paciente pode vivenciar tais encaminhamentos como um sinal de desinteresse do médico de família, que tenta se livrar dele, ou até como uma acusação de que o médico pensa que ele está fingindo ter problemas para obter algum tipo de ganho secundário.

O vínculo com seu médico de família é o centro do cuidado desses pacientes na atenção primária. Por isso, deve ser estreitado à base de consultas regulares de retorno e é fundamental também como proteção do paciente, para evitar excessos de prescrição ou indicações indevidas de procedimentos invasivos, sejam diagnósticos, sejam curativos. Um elemento fundamental no estabelecimento e na manutenção desse vínculo é a escuta empática, isto é, o paciente não deve se sentir criticado pelo seu médico por causa do grande número de consultas que solicita ou ao retornar com exames negativos ou inconclusivos. Nesse último caso, um elemento adicional é como o médico vai comunicar isso ao paciente. Deve dizer como quem é parceiro numa investigação complexa, não como alguém triunfante, que está provando ao paciente que tinha razão. Deve-se evitar que o paciente acredite que o médico considera suas queixas de pouca importância e uma perda de tempo, ou que ele está simulando ou é mal-intencionado.

Como em todas as outras situações de busca de ajuda, é importante determinar os fatores desencadeantes, os fatores agravantes e os que melhoram o quadro. Estabelecer a ligação entre o sintoma físico com os eventos psíquicos e as emoções desencadeadas é o objetivo ideal, mas nem sempre viável em uma consulta única ou no início de tratamento, daí a importância do atendimento continuado, longitudinal. De qualquer forma, é preciso ajudar o paciente a criar uma linguagem simbólica na consulta, que o ajude, aos poucos, a traduzir em termos emocionais as queixas físicas. Talvez a dor no peito que tanto incomoda seja mais bem compreendida se for ligada à tristeza, ou as cefaleias tensionais explicadas como substitutas da irritação ou raiva, que a fraqueza nas pernas ou no corpo correspondam a uma sensação de impotência diante de uma perda. Ajudar um paciente a se compreender melhor é um objetivo terapêutico ao alcance de qualquer médico.

Essas possibilidades se perdem quando o profissional, para se livrar de um paciente potencialmente problemático, prescreve um ansiolítico ou um antidepressivo, quando estes não seriam necessários. Nesses casos, a verdade é que o médico estará se automedicando, para se convencer e se tranquilizar de que está fazendo algo pelo paciente.

Outras maneiras mais úteis para lidar com as múltiplas queixas são a aceitação delas, a disponibilidade para investigá-las ("eu não sei exatamente o que você tem, mas farei todo o possível para lhe ajudar"), o uso sensato de exames complementares e medicações (só quando forem muito necessárias), estabelecer um ambiente com tempo definido de consulta (do contrário, elas podem se estender demais), prestar atenção a possíveis eventos estressores que desencadeiam ou agravam as queixas, cuidar para evitar o ganho secundário de atestados e laudos de incapacidade, evitar promessas de melhora ou cura em um tempo predeterminado (muitas vezes, o paciente cobrará isso).

Uma longa explicação sobre a relação corpo/mente não costuma ser útil, caindo no campo da racionalização (que pode ser usada com fins defensivos, tanto pelo paciente quanto pelo médico). Explicações racionais tranquilizadoras sobre a inexistência de gravidade ou risco à saúde podem acalmar o paciente em uma consulta ou duas, mas não funcionam no longo prazo, porque os mecanismos defensivos que levaram à criação dessa estrutura psíquica seguirão intocados. Isso não significa que não se deva tentar tranquilizar o paciente, mas sempre será mais importante ajudá-lo a reconhecer e nomear as emoções ou conflitos ligados a seus sintomas, relacionando-os aos eventos psicológicos correspondentes, como veremos nas histórias clínicas a seguir (uma situação aguda e outra crônica).

Rejane, de 21 anos, uma moça bonita e bem vestida, procurou pelo meu atendimento por eu ser o médico recém-chegado na cidade; já havia ido a outros clínicos até em outras cidades e feito diversos exames, sem melhora de seus sintomas. Começou a relatar suas queixas, de forma ininterrupta, por vários minutos. Elas eram tantas e em tantos sistemas orgânicos diferentes que ficou impossível registrar tudo, de forma que parei de prestar atenção a elas e comecei a contá-las, fazendo riscos no receituário. Por volta da vigésima queixa, fechando o quarto quadradinho, achei que era o momento de interrompê-la. Disse-lhe então que havia contado até ali vinte queixas diferentes, o que me parecia demasiado para uma pessoa tão jovem e com aparência saudável. Com a interrupção, ela parou e passou a me escutar com atenção. Foi o momento de perguntar o que a estava preocupando, de verdade. Ela baixou a cabeça e começou a chorar. Quando interrompeu o choro e levantou a cabeça novamente, disse-se que o problema mesmo era o seu casamento que estava próximo, que o pensamento de desistir na última hora a apavorava.

Perguntei o que a deixava tão preocupada assim em relação ao casamento, a ponto de pensar em desistir dele. Contou que o noivo era de ascendência germânica e, mesmo sendo branca, para a família dele ela era "brasileira", uma mestiça que não era ariana pura, e se opunham tanto ao matrimônio que haviam deserdado o filho, que iria se casar com Rejane a qualquer custo no mês seguinte. Nesse momento, disse a ela que entendia a razão de sua preocupação, que não deveria estar sendo fácil experimentar tanto ódio racial.

Ela contou então que, sim, estava triste pela rejeição da família dele, até ali incompreensível para ela, mas que não era só isso; também se sentia culpada pelo noivo, que havia sido deserdado e expulso de casa. Não queria ter tido esse peso sobre o destino dele ou prejudicá-lo.

Conversamos um tempo sobre que responsabilidade ela teria na criação daquela situação de racismo explícito, e ela se deu conta de que nenhuma. Mostrei-lhe que o fato de não ser ariana pura não havia impedido o amor de seu noivo germânico, a ponto de ele largar tudo para ficar com ela, uma prova de grande afeto. Disse-lhe que não via culpa nela, porque ele é que havia escolhido aquele destino, por amor a ela. Perceber que o problema era a família preconceituosa dele, e não ela, foi um elemento de grande alívio, com mudanças na sua postura corporal, que de tensa passou a mais relaxada. Também pôde perceber que a escolha do noivo por ela, e não pela família, deveria ser motivo de felicidade ao invés de tristeza, por ser tão amada assim.

Ao final da consulta, sem termos a necessidade de aprofundar as vinte queixas anteriores, agradeceu por eu ter conversado com ela, disse que se sentia bem melhor, levantou-se e saiu sem que eu precisasse sequer fazer o exame físico de praxe, sem voltar em outra data para rever ao menos uma sequer daquelas queixas. A vigésima primeira era a única que importava, e a única que não tinha feito.

Olga, sobre quem já falei no Capítulo 9, era uma dessas consultadoras frequentes do posto de saúde, o que provocava um rechaço da equipe, que perdeu o interesse em ajudá-la, atribuindo a ela o pejorativo título de "poliqueixosa". Em uma das consultas, revisei antes o prontuário e fiquei intrigado com o grande número de visitas mensais, por sintomas os mais variados e inconclusivos. Perguntei então se havia algo mais que pudesse estar lhe incomodando, para que comparecesse tantas vezes ao posto. Acrescentei: "Quem sabe tem algo mais que a senhora ainda não conseguiu contar?". Ela respondeu dizendo: "De fato, doutor, tem uma coisa que eu ainda não contei, porque fico com vergonha. Mas, já que o senhor perguntou, vou contar".

Aqui temos uma observação importante a fazer. Quando damos tempo e permitimos, quando demonstramos interesse real em saber da vida das pessoas, toda ela e não só seus sintomas clínicos, elas acabam por nos contar, de uma maneira ou de outra, a razão de suas inúmeras consultas. O principal motivo de continuarem vindo é porque ainda não tiveram sua verdadeira queixa escutada, por isso seguem consultando, na esperança inconsciente de que alguém um dia escute. No caso de Olga, era sua sexualidade que não havia sido investigada nem levada em conta, fato aliás bastante comum: evitar entrar em áreas consideradas da intimidade dos pacientes, sendo que é justamente na intimidade que residem muitas das causas dos problemas de saúde sobre os quais as pessoas não conseguem falar, transformando-os em múltiplas queixas somáticas.

Olga só queria poder falar de sua frustração com a falta de relações sexuais e, secretamente, investigar se poderia realizá-la fora do casamento, solução que já tinha imaginado, mas sem se animar a pôr em prática. Ser ouvida com interesse e sem crítica deu-lhe internamente a autorização que buscava e que resolveu o problema.

São dois casos comuns em medicina de família, cuja abordagem foi bem-sucedida, para demonstrar como é possível ver o problema por outro ângulo, ajudando em sua compreensão e alívio. Nem todas as situações são assim tão simples, há pacientes, claro, que seguirão tendo múltiplas queixas pela vida afora, e peregrinando por diversos consultórios, mas a chave para compreendê-los e ajudá-los, quando possível, certamente não passa por colar neles um rótulo pejorativo. Melhor é dar-se conta que ali o sofrimento pode ser recente e agudo, ou antigo e crônico, nem sempre podendo ser resolvido, mas sempre podendo ser confortado e cuidado.

Conclusão

Temos de aprender a lidar com a sensação de estar falando com alguém que não nos entende ou não nos escuta, ou pelo menos não nos escuta na mesma língua que estamos falando, aquela que inclui os afetos e a subjetividade. Tolerar que o paciente não consiga entender nem acreditar quando não achamos nenhuma doença física que explique tudo que ele sente.

Se o resgate da conexão dos sintomas com os conflitos e as emoções tiver sido alcançado, em algum nível, o final da consulta será o momento em que as diferenças entre doença orgânica e funcional devem ser explicadas ao paciente com clareza, sendo essencial, neste momento, descrever não somente o que é doença funcional, mas também o que não é, para desfazer falsas concepções. Deve ficar bem esclarecido que seus sintomas não são fruto da sua imaginação ou de desejar estar doente, nem simulação ou sinal de doença mental, e reassegurar o paciente de que todos nós podemos ter tais sintomas em alguns momentos de nossas vidas.

Somente com a compreensão de que parte do paciente está realmente doente, e sua adequada comunicação a ele, é que poderemos ajudá-lo sem colocar neles rótulos que nada explicam e só levam à segregação e mais sofrimento.

Referência

Sifneos, P. (1972). *Short-term psychotherapy and emotional crisis.* Harvard University Press.

14. O paciente apaixonado

*Não chamo meu amor de idolatria
E nem de ídolo você a quem eu amo.
Sei que não posso exigir seu amor
Assim como proclamo meu amor galante.*

(William Shakespeare)

Introdução

O conteúdo deste capítulo foi adaptado e resumido de um artigo de conclusão do primeiro ano da minha formação psicanalítica, com material clínico de uma paciente atendida em uma Unidade Básica de Saúde (UBS), enquanto eu ainda era médico de família. A compreensão teórica psicanalítica e psicodinâmica veio alguns anos mais tarde, como uma maneira de repensar e ressignificar o atendimento realizado na época. O caso clínico a seguir é um exemplo prático de como compreender e lidar com o apaixonamento do paciente pelo seu médico, situação que não é incomum, além de potencialmente danosa para ambos se for malconduzida.

O paciente apaixonado

Albuquerque (1996) descreve como o surgimento de afetos entre o paciente e o médico que o atende é reconhecido e estudado há muito tempo. Esses afetos podem ser realistas, adequados e positivos (situações em que predominam os afetos amorosos e construtivos na busca da saúde, chamados de transferência positiva). Nesse caso, são favorecedores da boa relação, na qual ambos ficam satisfeitos e alcançam o objetivo mútuo que é o cuidado da saúde. Por outro lado, os afetos podem ser pouco realistas, inadequados e negativos (situação em que predominam os afetos agressivos ou destrutivos para a saúde física ou mental, chamados de transferência negativa), com efeitos deletérios sobre a relação médico-paciente, com a possibilidade de iatrogenias e prejuízo para ambos.

Não existe relação médico-paciente sem transferência, por isso, o tema da compreensão e do manejo dela é tão fascinante quanto problemático, não só para psicoterapeutas e psicanalistas, mas para todos os profissionais de saúde que atendem pacientes e que precisam lidar com sujeitos históricos, dotados de uma biografia e de subjetividade, elementos trazidos continuamente para a relação.

Nessa área, um problema particularmente difícil de lidar, mas visto com alguma frequência inclusive nas UBS, onde esses apaixonamentos também acontecem, é o manejo da transferência erotizada, isto é, o amor do paciente pelo seu médico, fenômeno inicialmente chamado por Freud (1969e) de *amor transferencial*.

A primeira vez que a palavra transferência foi utilizada por Freud (1969a) se deu num contexto em que ele tentava explicar as resistências ao tratamento, sobretudo quando se sentia pessoalmente envolvido nas comunicações e nos sentimentos do paciente. Assinalou que os fenômenos transferenciais eram regulares e constantes em qualquer tratamento. Além disso, já tinha presente em sua teoria a dialética presente-passado da transferência, o passado se tornando de novo presente por meio da transferência.

Freud (1969d) definia as transferências como um gênero especial de formações de pensamento, na sua maioria, inconscientes. Afirmava que elas são reedições nas quais "toda uma série de experiências psíquicas prévia é revivida não como algo do passado, mas como um vínculo atual com a pessoa do médico". Podemos, então, inferir que a transferência é onipresente em qualquer tratamento, seja ele clínico, psicoterapêutico ou psicanalítico, e não há nenhum meio de evitá-la.

Hoje sabemos que a transferência deve ser vista não apenas como um fenômeno a serviço da resistência às mudanças, mas como um instrumento a favor da técnica. "A transferência, destinada a constituir o maior obstáculo à psicanálise, converte-se em sua mais poderosa aliada quando se consegue detectá-la a cada surgimento e traduzi-la para o paciente" (1969d, p. 111). Esse trecho é considerado o primeiro em que Freud indica a importância da transferência como um fator do processo terapêutico da psicanálise. Ele esclarece que "o tratamento psicanalítico não cria a transferência, mas simplesmente a revela" (1969d, p. 111). A transferência é uma experiência humana universal, talvez a mais importante no campo dos relacionamentos interpessoais, e a psicanálise é o meio terapêutico pelo qual se pode influenciar ou modificar de forma mais eficaz a qualidade das relações interpessoais.

Freud diz que a transferência se trata de "uma transferência de sentimentos à pessoa do médico" (1969c, p. 515) e "suspeitamos que toda a presteza com que esses sentimentos se manifestam deriva de algum outro lugar, que eles já estavam preparados no paciente e, com a oportunidade ensejada pelo tratamento, são transferidos para a pessoa do médico" (1969c, p. 515). Isso expressa a ideia fundamental: os sentimentos transferenciais já estão prontos dentro do paciente, não são criados pela figura do médico ou pelo tratamento, mas são revelados por eles.

Freud (1969e) diz, nas recomendações aos médicos que exercem a psicanálise, que "as únicas dificuldades realmente sérias que eles têm de enfrentar residem no manejo da transferência". Ele parece alertar nesse artigo de recomendações técnicas que o amor transferencial é uma ocorrência ao mesmo tempo frequente e séria dentro de um tratamento e que traz grandes dificuldades, podendo inclusive torná-lo inviável se for mal manejada.

A respeito do amor transferencial, ele diz que, para um leigo esclarecido, há três desfechos concebíveis para o enamoramento de uma paciente pelo seu médico: a união legal, a separação e o abandono do tratamento ou um relacionamento amoroso ilícito. Já para o médico, diz que "ele deve reconhecer que o enamoramento da paciente é induzido pela situação analítica e não deve ser atribuído aos encantos da sua própria pessoa" (1969e, p. 210).

Referindo-se à paciente enamorada, diz que "ela repentinamente perde toda a compreensão do tratamento e todo o interesse nele, e não falará ou ouvirá a respeito de nada que não seja o seu amor, que exige que seja retribuído" (1969e, p. 211). Mais adiante, ele afirma que "tudo que interfere com a continuação do tratamento pode constituir expressão da resistência" (1969e, p. 211). O material clínico a seguir demonstra o quanto isso é verdadeiro.

"É, portanto, tão desastroso para a análise que o anseio da paciente por amor seja satisfeito, quanto que seja suprimido. O caminho que o analista deve seguir não é nenhum desses; é um caminho para o qual não existe modelo na vida real", menciona Freud (1969e). Ou seja, só pode ser aprendido se o analista passar por ele, fizer seu próprio mapa do caminho. É importante o alerta sobre *não suprimir ou proibir o amor da paciente*, pois, além da inutilidade prática da proibição, faria o médico perder importante comunicação afetiva com o mundo inconsciente da paciente. "Se se acrescenta a dose necessária de paciência... é geralmente possível superar a difícil situação e continuar o trabalho com um amor que foi moderado ou transformado" (1969e, p. 217).

Ele deixa subentendido, portanto, que o amor transferencial talvez possa nunca desaparecer completamente do cenário da relação terapêutica, permanecendo como uma cicatriz afetiva, mesmo que atenuado. A essência da transferência pode ou não ser sublimada adequadamente, ter seus componentes amorosos desviados para outros fins. Isso parece ligar indissociavelmente a transferência com o conceito freudiano de amor transferencial, variando apenas o modo como se apresenta, mais ou menos sublimado. A transferência, quando erotizada em excesso, é claramente uma resistência disfarçada de atitude amorosa, que pode inclusive inviabilizar o tratamento. Hoje em dia, a teoria psicanalítica daria também ênfase aos aspectos agressivos e mais primitivos, trazidos para a relação com o médico, mas Freud ainda não havia feito essa diferenciação e enfoque naquele tempo.

Patrícia, 29 anos, procurou tratamento no posto com um quadro de sintomas depressivos e ansiosos, mas inicialmente não os associava a nenhum fator desencadeante específico. Relatava dificuldades na sua relação com o marido, com as filhas e com seus próprios pais, e insatisfação com a sua vida em geral, mas não especificava algo em particular que fosse a origem do quadro.

De início, precisou ser medicada com antidepressivo tricíclico junto com uma abordagem psicoterápica breve, medidas que deram bom e rápido alívio dos sintomas. No entanto, após a melhora sintomática, surgiu uma história de importantes dificuldades no relacionamento afetivo com o marido e no trabalho, que minavam sua vida sexual e profissional, deixando um saldo de muitas frustrações e ressentimentos.

Após quatro meses de tratamento, com entrevistas ora semanais ora quinzenais, coincidindo com o exame que fazíamos de seu desejo de se separar do marido, começou a expressar desejos sexuais em relação a mim, a princípio de forma indireta, com culpa e vergonha que lhe davam vontade de abandonar o tratamento por ter o que chamava de "pensamentos vergonhosos" comigo, que não incentivei ou proibi, apenas deixei que os expressasse. No entanto, de forma progressiva e audaciosa, foi assumindo uma postura mais sedutora tanto na maneira de se vestir para as consultas, com vestidos cada vez mais curtos e decotes cada vez mais abertos e profundos, quanto na forma sensual de falar sobre temas sexuais.

Em pelo menos dois de seus locais de trabalho prévio, havia seduzido e se envolvido sexualmente com os chefes, relacionamentos que a tinham machucado e a faziam sentir-se como se tivesse sido usada e abusada. Apesar desses fracassos, nada aprendeu com eles, já que era a isso que se propunha mais uma vez, agora comigo, na terapia.

Os assuntos que até então tinham, da parte dela, o caráter de uma sutil sedução evoluíram para uma abordagem cada vez mais explícita, que acabou por incluir convites abertos para interrompermos o tratamento e passarmos a ter relações sexuais. Dizia que não via problema no fato de eu ser casado, que seria minha amante e poderíamos ir a motéis para transar. Descrevia de maneira muito crua e direta as formas que gostaria de fazer sexo comigo, as posições nas quais gostaria que eu a penetrasse, como se masturbava e gozava pensando em mim etc.

Nessas horas, eu costumava interpretar – repetidas vezes – que, de fato, havia algo que ela gostaria muito de me dar e não dava, mas que não era o seu corpo, e sim as causas de sua depressão, que ocultava e não me entregava. Tais colocações não serviam para que pensasse e a deixavam muito brava. Ela retrucava dizendo serem "conversa de médico", que conversa e medicação não eram necessárias, o que precisava mesmo era de uma boa trepada comigo e nada mais. No seu modo de ver, não achava problema algum interromper o tratamento e passar de paciente a amante.

Enquanto isso, eu seguia tentando ligar esses sentimentos transferenciais com algo do seu passado, mas, como bem assinalava Freud, ela não dava a mínima atenção e nada a demovia da ideia de que deveríamos encerrar o tratamento e ter um envolvimento amoroso.

Como confirmação à tese de que o desejo amoroso transferencial se origina em algum momento do passado do paciente, ela nunca perguntou e não tinha nenhum interesse em saber dos meus sentimentos por ela, apenas dos dela por mim. Olhando pelo ângulo da contratransferência, nunca experimentei sentimentos amorosos ou desejos sexuais que fossem despertados pelas suas declarações de amor. Suas exigências de retribuição nada tinham a ver com amor, apresentavam um caráter de urgência acompanhada de grande angústia e irritação, e até alguma agressividade, tornando as consultas tensas e difíceis. Contratransferencialmente, às vezes, sentia-se impotente para reverter esse quadro, até que entendi que ela me fazia experimentar a impotência que teve na infância para impedir um abuso que sofreu, ao qual voltarei mais adiante. Cheguei a sentir algumas vezes vontade de interromper os atendimentos, por não acreditar ser possível levá-la a participar do tratamento em outras bases.

Apesar dessas dificuldades, fui seguindo intuitivamente as recomendações técnicas de Freud e, em nenhum momento, rechacei suas declarações ou as tratei como inadequadas, mas também não as incentivei ou correspondi ao seu desejo transformando-me num médico abusador, como uma figura do seu passado, o que ela sempre interpretava não como cuidado, mas, sim, como uma atitude agressiva minha, de descaso e rejeição. Os temas descaso-rejeição-abuso tomariam forma mais adiante, como veremos.

Como eu não cedia às suas investidas, a raiva foi aumentando e ela abandonou o tratamento, dizendo-se muito decepcionada comigo, reafirmando que não queria mais se tratar, só transar, e, como eu não queria o mesmo que ela, não havia mais o que fazermos juntos. No entanto, após seis meses, retornou menos angustiada, expressando o desejo de retomarmos o tratamento, pois ainda necessitava dele, e agora acreditava poder levá-lo adiante em melhores condições. Pudemos examinar em detalhes aspectos-chave não revelados da sua infância, que davam novo sentido à sua história. Patrícia havia sido dada pelos pais para ser criada pelos avós antes de completar 1 ano de idade, e o avô exerceu um papel paterno amoroso muito importante na vida dela, em contraste com o papel do pai, que revelaria nas consultas seguintes.

Admitiu com muita vergonha e sofrimento que eu estava certo, que tinha mesmo mais coisas que gostaria de me dar, além de seu corpo. Fez a ressalva que ainda me amava e que gostaria que tivéssemos relações sexuais, mas estava conformada que isso não aconteceria. Só então conseguiu contar que, ao voltar a morar com os pais (na idade da latência), havia sido abusada sexualmente pelo pai, com a conivência velada da mãe, fato que não é raro nesses casos. Esse era um segredo muito bem guardado por ela, que jamais havia conseguido contar a ninguém e que, por isso, escapou da repressão com tanta intensidade e agressividade na transferência. Porém, isso não era tudo o que estava oculto; com frequência, os segredos têm mais de uma camada, e outras revelações traumáticas ainda viriam.

O importante até aqui é a confirmação de um dos postulados importantes da psicodinâmica, que o passado é prólogo. Podemos ver que, nas suas relações com figuras importantes de sua vida infantil, tanto as amorosas quanto as abandonadoras e abusadoras, estavam as condições para complicações posteriores nas suas relações afetivas, e comigo na transferência, que era uma tentativa de fazer o passado acontecer no presente.

Durante o período de afastamento, fez alguns movimentos na direção da saúde mental. Separou-se do marido, que, como o pai, tinha características abusadoras, pois era um homem agressivo e que, com frequência, a forçava a fazer sexo mesmo quando não desejava. Retomou a vida profissional, que havia abandonado após se envolver em situações de relacionamentos sexuais com o chefe no último emprego, da mesma forma que tentara fazer comigo até ali. Recomeçara a sair com homens apesar de muitos receios para uma entrega afetiva desejada, porém temida, pois, para ela, todo homem era a imagem do pai, um abusador em potencial.

A partir da revelação do abuso, senti que haveria alguma luz no horizonte e que poderia, então, entender um pouco melhor as origens infantis de seus intensos desejos sexuais e da raiva que sentia dos homens, eu aí incluído. Nessa segunda etapa do tratamento, as consultas foram bem mais produtivas e confortáveis para ambos; a pressão agressiva e imperativa para ter relações sexuais comigo foi diminuindo, substituída por uma sedução mais carinhosa do que erótica, e o trabalho terapêutico experimentou menos resistências. Foi então que finalmente apareceu o verdadeiro segredo que ocultava, a última camada reveladora de sua depressão: contou que, na época em que procurou tratamento comigo pela primeira vez, seu pai havia tentado abusar de sua filha mais velha, e isso foi o desencadeante de sua crise.

Pela culpa, pela vergonha e pela raiva que sentia, mas não podia reconhecer nem verbalizar, conseguiu apenas atuar a cena, abusando de mim verbalmente e atuando para que eu me transformasse num abusador. A transferência criou o cenário ideal para uma atualização do trauma infantil, jamais resolvido dentro dela e que estava sendo recriado de forma assustadora na tentativa de abuso de sua filha. Foram momentos de *insights* muito duros e de muita tristeza para ela, mas conseguiu discriminar a tristeza que agora sentia da depressão anterior.

Sua terapia terminou com a cura sintomática do quadro depressivo, acentuada melhora na sua capacidade de manter trabalho produtivo, com relações afetivas estáveis e menos problemáticas. Tornou-se uma profissional benquista em seu novo ambiente de trabalho, e me relatou com orgulho ter sido promovida duas vezes. Passou a namorar um médico do hospital onde trabalhava, dizendo que o amor que sentiu por mim foi algo muito importante em sua vida, comparável ao que sentia pelo avô, e que, de certa forma, ainda me amava, mas compreendia agora também as origens desse sentimento e que estava grata pelo quanto pude ajudá-la.

Ainda não conseguia se relacionar bem com seus pais, dos quais sentia muita raiva pelo abandono nos anos iniciais e pelo abuso posterior, mas já conseguia tolerá-los, o que antes sequer era possível. Paralelo a isso, proibiu o pai de visitar sua casa e de ver as netas na sua ausência, dando às filhas a proteção que ela mesma não teve contra o abuso, com o que se livrou do sentimento de impotência. Proteger as filhas representava agora poder se proteger também, não ser mais impotente diante de situações de abuso, independentemente do tipo que fossem (pai, marido ou chefe).

No final de seu tratamento, ao terminarmos a última consulta, perguntou se poderia me abraçar, com o que concordei, e me deu um abraço agradecido e com um carinho não erotizado, o carinho que uma filha poderia dar e receber de um pai sem o risco de sofrer abuso.

"Só amei a dois homens na vida, meu avô e a ti." Essa frase, dita ao final do tratamento, representou bem a ligação do amor transferencial que expressou por mim durante boa parte do tempo, com suas origens infantis, na figura paterna não abusadora do avô.

Esse material clínico é bastante representativo daquilo que Freud ensinou aos médicos sobre a transferência. Vários acontecimentos descritos por ele sobre transferência e amor transferencial estão aqui representados, e podemos ver qual sua utilidade na compreensão mais profunda da relação médico-paciente, com ou sem uma psicoterapia.

Sem entrar em mais considerações técnicas ou psicodinâmicas sobre os conflitos da paciente e seu tratamento, desejo assinalar que a transferência estabelecida e o surgimento de um forte amor transferencial estavam relacionados às suas relações com as figuras parentais de sua infância, tanto as abusadoras (o pai) quanto as protetoras (o avô).

Como entender o que se passou no tratamento aqui descrito? Ela buscava em mim o pai abusador que, se tivesse encontrado, teria confirmado para ela seu total descrédito dos relacionamentos amorosos confiáveis com os homens. Buscava vingança contra esse pai ambivalentemente amado e odiado, vingança essa que se concretizaria se destruísse sua relação profissional comigo e destruísse meu lugar de médico, caso me transformasse em seu amante. Estão aí claramente representados também os aspectos hostis e destrutivos que se ocultam por trás desse tipo de impulsos amorosos, como Freud perspicazmente assinalou.

Por outro lado, Patrícia também procurava em mim o avô paternal e amoroso, que a protegeria dos abandonos e dos perigos. Com essa necessidade de repetir conflitos infantis na transferência, evitava lembrá-los ou pensá-los, sendo assim a expressão da resistência. Ao mesmo tempo, essa transferência fortemente erotizada foi a única forma que essa mulher teve de trazer à tona esses intensos, ambivalentes e penosos sentimentos para poder tratá-los na segurança de uma relação afetiva protegida e continente. Eis aí os dois aspectos citados anteriormente, da transferência como resistência, mas também como via de acesso e abordagem privilegiada ao mundo das relações infantis da paciente.

Portanto, a transferência é sublimada e modificada ou permanece em estado bruto, "crua e original", o que leva o relacionamento com o médico a uma situação de inviabilidade e de rompimento definitivo, como quase chegou a acontecer no caso aqui relatado.

Foi possível, com alguma técnica herdada da cadeira de psiquiatria da faculdade, somada à conduta ética e muita paciência e tolerância, criar a possibilidade de influir positivamente nesse desfecho. Isso reforça a ideia de que, por meio das vivências transferenciais, que consomem um tempo para cada paciente, ou cada dupla médico-paciente, melhor dizendo, é possível avançar por um caminho nunca explorado.

A questão da transferência de elementos do passado infantil, já preparado dentro da paciente, para a pessoa do médico também fica muito clara neste material, com os fatos sendo devidamente atualizados para o vínculo atual com a figura do médico, constituindo-se numa falsa ligação, isto é, falsa na realidade dos fatos presentes, mas verdadeira se considerarmos as verdades transferenciais que levam em conta o inconsciente atemporal.

A paciente com transferência erotizada parece apresentar duas personalidades distintas, fruto de uma dissociação importante na sua vida mental. Por um lado, age como uma criança repetindo pautas inconscientes de sua infância, e, por outro, age como uma mulher aparentemente adulta e sexualmente apta para a vida genital. A paciente com uma transferência fortemente erotizada não se percebia repetindo pautas infantis inconscientes, mas se via como uma mulher adulta apaixonada e capaz de levar a termo conscientemente suas necessidades sexuais.

Freud pensava que era necessário traduzir essa transferência para a paciente e, assim, abrir a possibilidade de vencer a resistência, mas também era preciso vivenciá-la, entrar e passar pelo conflito para que essa tradução fosse afetivamente eficaz.

Este capítulo trata do apaixonamento de uma paciente do sexo feminino pelo médico do sexo masculino, como Freud descreveu originalmente, mas o mesmo procedimento terapêutico se aplicaria se fosse um paciente homem e uma médica mulher, ou uma paixão homossexual. A recomendação principal continua sendo a mesma em todos os casos: ao reconhecer os aspectos traumáticos e infantis atualizados na transferência erotizada, o médico não deve se envolver, em hipótese alguma, numa relação interpessoal íntima com seu paciente. Do contrário, o resultado costuma ser problemático, quando não destrutivo, para os envolvidos.

Referências

Albuquerque, M. A. C. (1996). *A transferência e o amor de transferência em Freud*. https://www.academia.edu/34798406/

Freud, S. (1969a). A dinâmica da transferência. In *Edição standard brasileira das obras psicológicas completas de Sigmund Freud* (Vol. 12). Imago.

Freud, S. (1969b). A psicoterapia da histeria. In *Edição standard brasileira das obras psicológicas completas de Sigmund Freud* (Vol. 2). Imago.

Freud, S. (1969c). Conferências introdutórias sobre psicanálise. In *Edição standard brasileira das obras psicológicas completas de Sigmund Freud* (Vol. 16). Imago.

Freud, S. (1969d). Fragmentos da análise de um caso de histeria. In *Edição standard brasileira das obras psicológicas completas de Sigmund Freud* (Vol. 7). Imago.

Freud, S. (1969e). Observações sobre o amor transferencial (novas recomendações sobre a técnica da psicanálise III). In *Edição standard brasileira das obras psicológicas completas de Sigmund Freud* (Vol. 12). Imago.

15. O paciente agressivo

A triste verdade é que os maiores males são praticados por pessoas que nunca se decidiram pelo bem ou pelo mal.

(Hannah Arendt)

A agressividade

Esse é um elemento com o qual nós, médicos, sabidamente não lidamos muito bem nas consultas e, no entanto, ele estará presente em muitas delas, precisando não ser rechaçado de imediato, e sim ser entendido quanto às origens e bem manejado tecnicamente, sob pena de diversos prejuízos para a dupla médico-paciente na relação, para os seus resultados e sua eficácia.

A agressividade é uma forma inata de expressão ou de reação composta de aspectos biológicos e psicológicos, um fenômeno natural do comportamento humano não necessariamente patológico, expressando-se na saúde ou na doença. Na saúde, ela nos dá a energia para agir, progredir e transformar de forma construtiva as situações, fornece a energia para as atividades físicas, esportivas, científicas etc. Na doença, pode estar presente como sintoma em diversas patologias, das mais comuns em atenção primária, como ansiedade, depressão e alcoolismo, até as menos frequentes no cotidiano do médico de família, como transtornos de personalidade, psicoses, demências e retardos mentais. A agressividade também pode ser o resultado de diversos processos que afetam a saúde, como se perceber doente, incapacitado fisicamente ou ter uma doença grave e/ou terminal.

Ela sempre existiu e sempre existirá, mas, atualmente, parece estar muito mais presente e ostensiva do que já foi antes. Pessoas que há vinte ou trinta anos se envergonhariam de demonstrar publicamente sua agressividade hoje se orgulham dela nas redes sociais, confundindo a dificuldade ou incapacidade de contê-la com liberdade de expressão, como se agredir os demais fosse um direito natural que havia sido perdido e agora foi reconquistado; uma versão modernizada da lei de Talião, "olho por olho, dente por dente", agora transformada em "sempre que eu me sentir agredido, agredirei de volta".

Como médicos, precisamos reconhecer essas transformações culturais que o mundo atravessa para compreender as alterações na forma como as pessoas expressam sua agressividade, como reagem à agressividade dos outros e como nos trazem isso nas consultas. Acompanhando esse fenômeno sociocultural, há cada vez mais relatos de agressividade dos pacientes contra profissionais de saúde, com a consequente dificuldade para o estabelecimento de uma boa relação médico-paciente, em que predomine a transferência positiva e a busca comum de soluções para os problemas.

Quando é um sintoma de patologia, a agressividade costuma vir acompanhada de um pobre controle dos impulsos, e a raiva é o afeto predominante, nas suas mais diversas formas de expressão. O paciente pode, verbalmente, ser sarcástico, irônico ou abertamente ofensivo. A conduta pode variar de uma leve agitação motora à violência física.

A agressividade não é um fenômeno individual; ela é onipresente nos grupos sociais e na cultura, com canais adequados para sua expressão e leis para contê-la ou puni-la. Já era prevista nos Dez Mandamentos (o sexto é "não matarás"), mas agora, com o advento da internet e a onipresença da vida digital, muitas coisas construtivas inimagináveis antes se tornaram possíveis, mas também as diversas formas de ódio e agressividade destrutiva foram liberadas e globalizadas, surgindo um novo perfil de usuário, os *haters*, ou "odiadores", novos modos de expressão da agressividade, dos quais não estamos livres.

Isso é ainda mais importante num momento em que há uma percepção generalizada de que os pacientes estão menos tolerantes às frustrações impostas pela doença ou pelo tratamento, e mais intolerantes e agressivos com seus médicos, exigindo respostas imediatas e resolutivas, mesmo quando estas não são possíveis. Por sua vez, como ninguém gosta de ser ofendido ou atacado, os médicos estão reagindo cada vez mais agressivamente ao ataque dos pacientes, às vezes sem dar-se conta dos aspectos transferenciais e contratransferenciais envolvidos na relação médico-paciente, que deveriam ser entendidos e trabalhados, em vez de atuados. A combinação de pacientes intolerantes com médicos que se ofendem com facilidade é potencialmente explosiva e nefasta para qualquer tratamento no qual a relação humana seja um meio terapêutico para a melhora ou cura.

Mesmo que seja inata e natural, ninguém gosta de reconhecer e admitir a própria agressividade, nem médicos nem pacientes, mas, algumas vezes, ela entrará na sala de consulta sem ser convidada. Além de ser impossível evitá-la, negar sua presença e seus efeitos em nosso cotidiano profissional é ingênuo e pouco eficaz. Por isso, quando identificarmos sinais indicativos de agressividade na relação, diretos ou indiretos, teremos de encontrar uma forma de lidar com ela, a dos pacientes e a nossa. Uma tentativa de decodificar e colocar em palavras sua presença pode ser de grande valor, porque sentimentos de raiva, quando reprimidos e não expressos, podem trazer perturbações ao pensamento e ao comportamento razoável, dificultando a abordagem e o tratamento.

Na doença (física ou mental), a agressividade não pertence a uma patologia em particular, mas pode estar presente em todas elas com diferentes graduações de intensidade, das quais a mais extrema a ser evitada é a violência, sintoma da perda de controle dos impulsos. Quando a agressividade entra em nossos consultórios, costuma nos criar diversos problemas, que vão desde a aceitação de sua presença como algo inerente à natureza humana até a maneira de compreender suas origens e formas de expressão, para poder lidar com ela da forma mais adequada em cada situação. Poucos médicos gostam dos pacientes agressivos, e menos profissionais ainda toleram um paciente com histórico de agressões ou violência, o que leva a se lançar mão de mecanismos de defesa para lidar com tais expressões da agressividade.

Quando nos sentimos ameaçados pelas atitudes agressivas de um paciente, os mecanismos de defesa mais comumente utilizados são a negação e a evitação. A negação se dá quando percebemos os sinais da agressividade do paciente, mas agimos como se não a tivéssemos percebido, porque a primeira reação contratransferencial costuma ser de rechaço, acompanhado de evitação do paciente dali em diante. Recusar-se a atender um paciente que se porta de forma agressiva, mas sem chegar à violência verbal ou física, é sempre uma opção do médico, mas ela é pouco profissional e ineficaz se quisermos ajudar aquela pessoa.

Embora não seja a regra, pode acontecer um revide por parte do médico, às claras ou disfarçado, mas, nesses casos, ele não é um mecanismo de defesa, tratando-se de um aspecto bastante inadequado do comportamento profissional, que acontece por dificuldades pessoais do médico ou por falta de treinamento.

Usar a nossa contratransferência de forma empática para compreender a experiência interna do paciente talvez seja mais interessante e útil para ajudá-lo a reconhecer e lidar com a própria agressividade. "Percebo em você um sentimento de grande irritabilidade, talvez até raiva. É um sentimento que, às vezes, nos acontece, mas será importante compreendermos o que houve para que você se sinta assim. Pode me contar mais a respeito disso?" pode ser uma forma de colocar em palavras a tensão agressiva presente no ar, dar-lhe uma forma que permita sua pesquisa e entendimento, ao mesmo tempo que informa ao paciente que não estamos assustados ou rechaçando seus sentimentos hostis, mas interessados na sua compreensão. Quando fazemos isso de maneira apropriada, gentil, mas firme, muitas vezes o paciente é capaz de reconhecer que foi inadequado e modifica seu comportamento.

Alguns componentes da agressividade podem nos ajudar a compreender sua função na vida do paciente. Como dito antes, ela é inata e universal, possui uma historicidade com raízes no passado que condicionam a modulação de sua expressão no presente. Na consulta, ela costuma se apresentar na relação transferencial, em que o médico representa alguma figura significativa do passado do paciente contra a qual este dirige sua agressividade ou raiva. Por isso, diz-se que a transferência traz o passado para o presente. Mais do que estranhar ou revidar à agressividade de um paciente para conosco, é preciso estar preparado para reconhecê-la e suportá-la, em sua forma aberta ou oculta, como veremos adiante.

Assim como as respostas ansiosas a situações perturbadoras são baseadas em experiências anteriores e modos de reagir ao passado, a agressividade tem as mesmas premissas. Ela tem um passado histórico no qual podemos reconhecer as razões para o indivíduo mostrar-se agressivo no presente.

Transferência e contratransferência com o paciente agressivo

Quando a raiva é dirigida à figura do médico pela via da transferência, chamamos de transferência negativa. É preciso reconhecer esse elemento transferencial da agressividade nos padrões anteriores encontrados na história do paciente, perceber que uma boa parcela da atual agressividade se origina em suas experiências infantis e se dirige contra o médico nesse momento apenas porque este representa uma figura desse passado, geralmente com características mistas de figura cuidadora e de autoridade, visto que esses papéis são simbolicamente projetados no profissional. Bird (1978) afirma que, considerando a agressividade à luz desse princípio básico, um médico pode estar certo de que, quando um paciente é negativista, desconfiado, agressivo ou resistente, a fonte da agressividade é inerente ao paciente e nada tem a ver com o que o médico fez ou não fez.

Naturalmente, o médico pode fazer algo que faça um paciente ficar desagradado ou furioso com ele, mas, em geral, não é isso o que acontece. Ele apenas representa alguém contra quem o paciente teve ou ainda tem um motivo para sentir raiva. Esse é um princípio fundamental, os sentimentos que o paciente manifesta em relação ao médico muitas vezes são um deslocamento atualizado de sentimentos que teve ou tem diante de outras pessoas das suas relações, ou de outras experiências malsucedidas de atendimento prévio. Esse conhecimento teórico nos ajuda a entender que a agressividade não é pessoal, contra nós, mas talvez contra quem nós estejamos representando.

Talvez exemplos comuns do cotidiano tornem mais claro esse assunto: se um paciente homem está com muita raiva da esposa, discute muito com ela ou a agride verbalmente, e a médica que o está atendendo guarda alguma semelhança física com aquela, o paciente pode ter o mesmo tipo de agressividade verbal com a profissional, que, nesse momento, parece representar sua esposa. Ou um homem que se sinta fracassado na vida, e que secretamente inveja um filho jovem que avançou social e profissionalmente, pode reagir com sentimentos de inveja e raiva ao ser atendido por um médico jovem, de aparência bem-sucedida, que lembre as conquistas de seu filho.

Uma forma comum, mas disfarçada, de apresentação da agressividade na consulta pode ser falar mal de outros médicos que já o atenderam no passado. Algumas queixas contra tais atendimentos anteriores podem ser realmente verdadeiras, porém usadas de forma a justificar a agressividade atual do paciente, por ter sido vítima (real ou imaginada) de más condutas no passado. Por outro lado, muitas narrativas de maus atendimentos prévios não são completamente verdadeiras. O paciente, ao dizer tais coisas, mesmo que razoáveis, pode estar consciente ou inconscientemente provocando o médico a tomar uma posição, seja simbolicamente concordando com o paciente nas queixas que ele tem contra seus objetos internos, seja defendendo o colega de profissão contra as ofensas recebidas, o que será entendido como o médico tomando o partido dos objetos que não cuidaram bem do paciente na infância. Nenhuma dessas duas posições favorece a construção de uma relação de confiança. O melhor é evitar esse tipo de tomada de posição, de aliança ou oposição, trazendo o paciente para o momento presente da consulta e da tarefa que ambos têm de realizar juntos.

Quando um paciente nos consulta pela primeira vez e se queixa dos médicos anteriores, uma coisa é bem provável que aconteça: as mesmas reclamações irão se voltar contra nós mais adiante.[1] Se aceitarmos que a insatisfação desse paciente representa um padrão do seu passado e entendermos que não é algo pessoal contra nós, talvez se torne possível suportar as agressividades que surgirem, a fim de encontrar uma maneira de lidar com elas conjuntamente.

Não estou dizendo aqui que é fácil de trabalhar com ela, mesmo quando compreendida. Contratransferencialmente, a agressividade é sempre cansativa, aborrecida e perturbadora para conviver e lidar, não oferece grandes fontes de prazer e satisfação ao atender, pelo contrário. A experiência mostra que esses pacientes estão entre os que mais oferecem dificuldades ao manejo, principalmente pelos médicos mais jovens e iniciantes na profissão, quando estes se deparam com afetos agressivos que não imaginavam ou não esperavam que lhes fossem dirigidos, muitas vezes sem motivo aparente. A falta de vivências e de experiências no lidar com a própria agressividade, e a dos pacientes, produz sentimentos contratransferenciais difíceis de reconhecer, de aceitar como sendo seus e de assumir a responsabilidade de lidar com tais sentimentos, porque sempre será mais fácil acusar e culpar o paciente pela agressividade na consulta.

Com uma frequência maior do que gostaríamos, o médico acaba por sentir-se pessoalmente atacado e contra-ataca, consciente ou inconscientemente, de várias maneiras. Pode tornar-se

---

[1] Já dizia um samba clássico: "Será que essa gente percebeu/Que essa morena desse amigo meu/Tá me dando bola tão descontraída/Só que eu não vou em bola dividida/Pois se eu ganho a moça eu tenho o meu castigo/Se ela faz com ele, vai fazer comigo" (Ayrão, 1975).

ele mesmo irônico, brusco e seco com o paciente, perdendo o foco inicial da consulta, fazendo-lhe perguntas embaraçosas, repreendendo o paciente ou negando-se a continuar tratando esse paciente no futuro, como forma de "punir" o paciente pelo seu "mau comportamento", mas também como uma defesa pessoal contra as ansiedades produzidas por uma situação com a qual não consegue lidar bem.

Nunca devemos esquecer que a agressividade do paciente pode ter funções defensivas, que ocultem uma fonte de ansiedade ou de sentimentos depressivos com os quais o paciente não quer entrar em contato. Tocar nessa área pode produzir sentimentos raivosos e agressivos que impeçam a continuação da investigação. Portanto, ela pode desempenhar a função de bloquear a comunicação, impedindo o contato com afetos mais perturbadores do que a própria raiva.

Conversa com o paciente agressivo

Apesar de não ser fácil para o médico sentar-se calmamente e permitir que o paciente extravase de uma forma ou de outra sua agressividade, deixar que o faça pode trazer bons resultados, pois a hostilidade, uma vez expressa e trabalhada, em geral cede lugar à confiança e à cooperação. Quando a agressividade surge no atendimento, dois elementos iniciais devem ser distinguidos:

- Vem de *quando*? De algum evento do presente ou é uma reedição de algum evento do passado?
- A *quem* se dirige? A nós mesmos diretamente, ou a nós enquanto representantes transferenciais de uma figura do mundo dos objetos do paciente? (ver Capítulo 8)

O paciente nos mostra uma agressividade que dirige para fora de si, contra nós ou contra alguém externo, ou como uma reação a algo que o afeta internamente? Essa agressividade é direcionada à *pessoa* real do médico durante a consulta ou à *figura* desse, para aquilo que o médico representa (o simbolismo do médico no imaginário do paciente)? Dependendo da experiência de cada um em lidar com sua própria agressividade e com os aspectos agressivos dos pacientes, precisamos definir o quanto permitiremos ou toleraremos deles na consulta, para poder avançar na compreensão dos aspectos psicodinâmicos da agressividade ou interromper o tratamento antes que a situação escape ao controle.

Quanto à sua apresentação, há muitas formas de a agressividade surgir numa consulta de rotina, variando de leves desacordos à oposição franca e aberta. Bird (1978) descreve algumas bem comuns, por exemplo, o modo como alguns pacientes têm reações físicas ao falar conosco. Alguns balançam a cabeça, mexem-se na cadeira, contraem-se ou ficam num silêncio contrariado, ou respondem com monossílabos, resmungos e grunhidos. Outros pacientes agressivos, com diferente padrão físico de reação, exibem um falso sorriso, ficam numa postura muito rígida na cadeira, mudam o tom da voz ou a maneira de se dirigir ao médico. Outros pacientes apresentam poucas alterações físicas e descarregam tudo pelas palavras. Tornam-se briguentos, resistentes, desconfiados, silenciosos ou irônicos e sarcásticos.

Um paciente me contou, de forma irônica e divertida, diversas situações graves e constrangedoras pelas quais passou, todas elas capazes de deixar a mim com raiva na contratransferência, mas não ele, pelo jeito. Percebendo em mim a raiva reprimida, que ele transformava numa fala brincalhona e nada convincente, escolhi resumir o que havia me contado dizendo que me pareciam problemas tão importantes que eu não havia achado graça em nenhum deles, e perguntei por que então tinha me contado tudo aquilo como se fosse algo divertido. Ele ficou visivelmente constrangido com essa observação, e admitiu: "É, não tem nada de engraçado nisso mesmo". A partir daí, ficou sério e passou a contar do quanto tudo aquilo impactava negativamente em sua vida, a raiva que sentia e a falta de opções em como lidar com ela, o medo de perder o controle. Se o paciente é capaz de falar sobre sua raiva, poderá também achar uma maneira melhor de lidar com ela e se aliviar dos sintomas.

Em muitos casos, ajudar o paciente a entrar em contato com sua agressividade e falar dela pode ser uma tarefa difícil para alguns médicos, que evitarão abordar o tema ou o próprio paciente. Contudo, o profissional não pode simplesmente mandar o paciente embora com seus conflitos e sintomas não examinados ou prescrever um benzodiazepínico, para acalmar a ambos, a ele e ao paciente.

Ao falar sobre a ansiedade, Bird (1978) comenta como alguns pacientes a disfarçam atacando agressivamente a pessoa que temem. Outros pacientes atacam a figura do médico com comentários cínicos, sarcásticos ou violentos sobre os médicos incompetentes que conheceram, ou repetem histórias dos erros dos médicos contra eles. Um ataque mais sutil à figura do médico consiste em seduzi-lo pela amizade com convites ou presentes, ou pelo erotismo declarado (ver Capítulo 14), buscando, assim, destruir a relação médico-paciente.

Bowden e Burstein (1979) também sistematizaram a agressividade em aberta e disfarçada. Quando aberta, demonstrada de forma direta e sem rodeios, ela pode ser situacional, parte de um processo pelo qual a pessoa esteja passando, podendo ser um desabafo ou mesmo uma queixa legítima. Essa agressividade costuma ser temporária e autolimitada, e deve-se permitir que o paciente a expresse completamente, conversando sobre suas origens e opções do que fazer com ela, o que costuma resolver o problema.

A agressividade também pode estar deslocada e experimentada em um outro evento externo, mas ser trazida e descarregada na consulta sem que o médico tenha feito qualquer coisa para provocá-la. Nesses casos, tentar aplacá-la ou reagir a ela com agressividade igual e oposta só irá piorar a situação, sendo mais útil e construtivo buscar sua verdadeira fonte. Tentar acalmar a raiva pode ser entendido como o médico estando com medo dela, mas, se o profissional revidar e agredir de volta, a relação com seu paciente se deteriorará de vez.

A agressividade pode se dever a processos psicológicos internos, como reação a uma doença grave que traga limitações significativas, ou o paciente que sabe que irá morrer e cuja impotência diante do inevitável se transforma em raiva. Ao lidar com tais situações, o erro mais comum é tentar abortar os sentimentos agressivos por meio de manobras apaziguadoras. A raiva não deve ser provocada nem evitada, mas ser aceita à medida que surge, compreendendo que representa uma comunicação do paciente sobre seus processos internos, e que isso pode ser um fenômeno passageiro e não necessariamente patológico.

Por último, a raiva aberta pode ser um componente do caráter, tornando a situação difícil de lidar, uma vez que os pacientes com essa configuração interna estão convencidos de que não tiveram bons cuidados parentais, que podem ser explorados pelo médico ou pela equipe de saúde, o que faz deles pessoas arrogantes, egoístas, hipervigilantes, desconfiadas e mal-humoradas. O mecanismo de defesa que mais utilizam é a projeção (ver Capítulo 4), colocando uma agressividade própria como vinda dos outros. Dessa forma, o médico não será sentido como alguém com disposição para ajudar, mas como um crítico e um inimigo contra o qual precisará se defender atacando primeiro. Em geral, esses pacientes respondem melhor à franqueza porque, para eles, a ambiguidade é ameaçadora. Uma postura firme e que expresse autoridade será útil, porque eles desprezam a fraqueza em si mesmos e nos outros.

A outra maneira de a agressividade se expressar nas consultas é de forma disfarçada, como é comum nos pacientes queixosos, controladores ou que demandam demais de seu médico. O paciente reclamará do acesso aos cuidados de saúde, do horário de funcionamento da unidade de saúde, das dificuldades para marcar a consulta, será crítico quanto a seu médico ou outros profissionais da equipe, refletindo queixas que tem contra seus primeiros cuidadores. Em alguns casos, o queixume pode ser uma reação a algum comportamento do médico que o incomodou, mas cuja raiva o paciente não pode expressar diretamente, seja porque ele tem dificuldades gerais com a expressão da raiva, seja porque tem medo de que a reclamação resulte numa retaliação, por causa de sua franqueza.

Outra forma comum de disfarce da agressividade se expressa pela necessidade de ter o controle da situação. Em vez de explosões de raiva, o paciente entra numa luta com o médico para controlar seu próprio tratamento. Ele pode exigir saber o nome de sua doença, pressionar por um determinado tratamento e depois questioná-lo, recusar certos medicamentos ou os conselhos do médico porque o Google diz outra coisa etc. Essa forma de antagonismo muitas vezes reflete um padrão característico de relacionamento com as figuras parentais e seus representantes, e o médico entre eles, pela via da transferência. Para tais pacientes, aceitar ajuda equivale a ser fraco e vulnerável; eles lutam para permanecer em uma posição de domínio da relação. Bowden e Burstein (1979) diz que esse tipo de paciente é mais bem tratado evitando conflitos diretos, oferecendo as explicações mais completas possíveis sobre os procedimentos que serão realizados, bem como seus possíveis resultados com antecedência e maximizando as oportunidades para ele sentir que pode optar e, assim, ter uma sensação de controle sem ser obrigado a lutar por ele.

Outro tipo cuja agressividade é disfarçada é o paciente exigente que apresenta dificuldades que são, na maioria das vezes, partes previamente estruturadas de seu caráter. Ele deseja o máximo de atenção possível de seu médico, quer ser visto muitas vezes, liga com frequência em situações que não sejam de emergência, fica desapontado com tratamentos que não são resolutivos de imediato e irrita o médico com múltiplas queixas menores e sem relevância clínica. Mais do que buscar ou pedir, tais pacientes exigem atenção e cuidado de uma forma quase extorsiva, mas quanto mais exigem, menos recebem, pela contratransferência negativa que causam.

Uma última forma disfarçada que as pessoas encontram para expressar ou controlar sua agressividade é simplesmente adoecer. Raiva adoece porque, quando reprimida, torna as pessoas mais suscetíveis às enfermidades orgânicas, aos sintomas psicossomáticos e a reações ansiosas e depressivas. Clarissa, a professora irada descrita no Capítulo 8, e Margarida, a católica fervorosa descrita nos Capítulos 8 e 11, são exemplos de pacientes cuja agressividade era marcante e como tais situações foram manejadas.

Uma situação igualmente tensa, na qual a agressividade desempenhava um papel importante, apesar de não direcionada a mim, mas exigindo entendimento e um manejo eficaz, foi a consulta com Miguel, de 50 anos, frentista de posto de gasolina. Ele começou a consulta dizendo que vinha sentindo muita raiva e se comportando de forma violenta; pediu-me que lhe passasse uma medicação que não o deixasse matar alguém, porque sentia que estava perdendo cada vez mais o controle sobre seus atos.

Perguntei quando tinha começado a perder o controle sobre a própria agressividade, e ele contou que o problema começou a partir de um assalto em seu local de trabalho. Havia sofrido vários assaltos em sua profissão, ressaltou que já nem ligava porque estava acostumado. Até que, no último episódio, correu um risco de morrer que nunca havia experimentado antes. O assaltante encostou a arma em sua testa e disparou, mas o revólver falhou e o sujeito se afastou rindo e dizendo que aquele não era o dia da morte dele, que aproveitasse a vida.

Desse dia em diante, passou a ter crises de ansiedade muito fortes, a beber para ver se conseguia controlar a imensa angústia que sentia (transformada em raiva, dirigida para fora do aparelho psíquico) e, um tanto embaraçado, revelou que saía às ruas à noite, armado com uma barra de ferro e um revólver, para fazer justiça com as próprias mãos, atacando e batendo muito em quem parecesse ser um marginal. A escolha das vítimas era aleatória, bastava que ele acreditasse que a pessoa "parecia" ser um marginal. Com base nessa seleção fantasiosa e casual, agrediu e feriu várias pessoas, mas o episódio que o trouxe à consulta foi que, algumas noites antes, esteve mais próximo do que nunca de matar um homem, tendo colocado o revólver na testa dele (reproduzindo a cena do assalto sofrido, só que, ao contrário desta vez, a testa era do outro), e só não disparou porque o sujeito estava desmaiado após ser espancado com a barra de ferro.

A psicodinâmica nesse caso me ajudou a entender o que se passava dentro dele. Sentiu-se extremamente impotente e correndo sério risco de morte durante o assalto e, para nunca mais sentir a imensa angústia que experimentou, agora era ele que, de forma inconsciente, colocava-se no lugar do agressor, tornando-se o senhor onipotente da vida e da morte dos outros, reduzindo algum pedestre aleatório à mesma condição de ansiedade e impotência em que ele havia estado. Disse-lhe isso em palavras simples e perguntei se essa explicação fazia sentido para ele, com o que concordou, expressando alívio por se sentir compreendido. No final da consulta, falou que queria deixar o revólver comigo para não correr mais o risco de matar alguém, disse-lhe que entendia seu medo de acabar usando a arma, mas orientei que a entregasse numa delegacia próxima da unidade de saúde.

Evidentemente, precisou também ser medicado para a intensa ansiedade que sentia e para recuperar o controle dos impulsos, mas o principal aqui é percebermos como a aceitação de sua agressividade e o entendimento psicodinâmico a seu respeito, mesmo numa situação bastante tensa, deu novos rumos à consulta e permitiu o manejo de uma situação que ele mesmo afirmava estar saindo do controle. Ao retornar uma semana depois, falou que entregou a arma na delegacia como eu havia pedido, contou como estava bem mais calmo, a raiva havia diminuído bastante e não tinha mais saído à noite para espancar ninguém, informação que muito me aliviou (ele também se sentia aliviado).

Para compreender Miguel, foi fundamental entender o uso que ele fazia dos mecanismos de defesa mais primitivos (como a cisão e a identificação projetiva), pois nos mostram de que forma ele promoveu em fantasia uma inversão nos papéis do que havia acontecido no assalto ao posto de gasolina, passando de vítima indefesa a atacante violento. A cisão nos ajuda a entender a razão pela qual queria deixar seu revólver comigo, simbolizando que queria deixar aos meus cuidados suas partes agressivas e assassinas para que eu cuidasse delas, já que ele não estava conseguindo. Essa compreensão não esgotava o assunto; era preciso mostrar o que tinha acontecido dentro dele para se tornar uma espécie de justiceiro noturno, um "Batman da zona norte", ao deixar de ser o frentista vitimado para ser o agressor onipotente de arma na mão, uma identificação com o assaltante, que o livrava dos sentimentos angustiantes despertados pela impotência diante da morte.

Conclusão

Embora sejam pacientes que nos criam dificuldades técnicas no manejo, não podemos nos esquecer de que são pessoas apresentando algumas deficiências estruturais na formação de sua personalidade (ver Capítulo 4), em sofrimento, que podem estar passando por conflitos interpessoais, por problemas clínicos e/ou psicossociais para os quais nem sempre teremos uma solução satisfatória a oferecer.

Aceitar a agressividade de forma não julgadora nem preconceituosa, tratando-a como um elemento natural da vida ou como um sintoma igual a qualquer outro, portanto merecedor de investigação, compreensão e cuidado, é uma tarefa difícil, mas pode nos ajudar a lidar com os fortes sentimentos contratransferenciais produzidos e permitir um manejo melhor e mais eficaz desses pacientes, sempre tão difíceis de lidar.

Referências

Bird, B. (1978). *Conversando com o paciente*. Manole.

Bowden, C. L., & Burstein, A. G. (1979). *Psychological basis of medical care: an introduction to human behavior* (2a ed., pp. 50-55). The Williams & Wilkins Company.

Citrome, L. L. *Agression*. https://emedicine.medscape.com/article/288689-overview#a1

16. O paciente psicótico

> *Eu juro que é melhor*
> *Não ser o normal*
> *Se eu posso pensar que Deus sou eu*
> *Se eles têm três carros, eu posso voar*
> *Se eles rezam muito, eu já estou no céu*
>
> ("Balada do louco", Os Mutantes)

Introdução

Por estranho que pareça, em pleno século XXI ainda há quem conteste a existência da psicose como um diagnóstico psiquiátrico, psicológico ou psicanalítico. Não é minha intenção aqui discutir a nosologia médica do ponto de vista antropológico, sociológico, filosófico ou ideológico, que, em algumas de suas correntes teóricas, questiona a existência da psicose, minimizando-a e chamando-a de "sofrimento psíquico" (que é um tipo de sofrimento universal, com ou sem patologia). Para os fins deste capítulo, as psicoses existem e descreverei como se pode reconhecê-las, compreender sua psicodinâmica e assim estarmos mais bem preparados para conversar com o paciente psicótico, ajudando-o a adquirir uma melhor integração consigo mesmo, com a família e a sociedade.

Embora a prevalência da psicose na população geral seja baixa,[1] todo médico de família terá seu grupo de pacientes psicóticos para cuidar. Alguns podem vir consultar por uma descompensação psicótica aguda, outros têm sintomas há mais tempo, embora estejam vindo pela primeira vez, ainda sem um diagnóstico firmado, enquanto outros já terão um histórico de atendimentos e internações prévias, fazendo uso de medicação de uso continuado e vêm porque necessitam um acompanhamento na própria Unidade Básica de Saúde (UBS). É preciso ter claro que o cuidado do paciente psicótico pode e deve ser feito pelos médicos de família e demais generalistas, com o auxílio dos especialistas quando necessário.

Antes de fazer a especialização em psiquiatria, enquanto atendia como médico de família em uma UBS, eu tinha o meu grupo de pacientes psicóticos em acompanhamento, a maioria esquizofrênicos crônicos, já medicados e com histórico de várias internações, mas também pacientes que chegavam sem um diagnóstico e sem condições de procurar um psiquiatra, ou que levariam muitos meses entre a consulta com o médico de família e a primeira consulta com o especialista. Alguns só precisavam ser orientados a recomeçar o tratamento farmacológico que haviam abandonado, outros necessitavam de uma revisão da prescrição, para saber se necessitavam modificar o tratamento ou manter por mais tempo, ou apresentavam uma eventual piora sintomática causada por algum evento estressor, exigindo uma intervenção verbal ou ajuste nas doses dos medicamentos. Eu era o recurso mais acessível com que eles podiam contar naquele momento, e esse é um detalhe

---

1 Esquizofrenia, por exemplo, tem uma prevalência de cerca de 1%.

fundamental para o médico de família: dar-se conta de que ele pode ser o primeiro ou o único recurso de saúde mental ao qual o paciente conseguirá ter acesso.

Em geral, os médicos de família não se sentem muito à vontade ou muito afeitos ao tratamento de pacientes psicóticos. É compreensível que o estigma da loucura, aliado ao desconhecimento dos quadros clínicos e da psicodinâmica das psicoses, reflita-se em medos nem sempre justificados diante de tais pacientes, ou mesmo na negação da sua existência. O fato é que não saímos da faculdade ou das residências médicas (exceto a de psiquiatria) bem treinados para atender esse grupo de pacientes, mas daí a encaminhar todo paciente com sintomas psicóticos ou diagnóstico de psicose ao psiquiatra, não há qualquer justificativa na boa prática médica. Essa é a razão para mais estudo e treinamento em vez de mais encaminhamentos.

O que é psicose?

Primeiro, é preciso conceituar o que caracteriza uma psicose. O vocábulo surgiu durante o século XIX como uma forma de substituir termos como "loucura" e "insanidade", para evitar conotações negativas e preconceituosas e tentar definir esses estados de mente numa perspectiva médico-psiquiátrica, em lugar das hipóteses demoníacas e outras denominações equivalentes, numa passagem evolutiva do pensamento animista e mágico ao pensamento racional, representado pelo conhecimento médico da época. Isso foi um avanço no campo do pensamento científico, não um retrocesso.

De acordo com Zimerman (2008), o termo psicose designa um processo de deterioração do ego, como bem demonstra o exame alterado de muitas das suas funções, a ponto de haver prejuízos significativos do contato com a realidade, interna e externa (perda da orientação auto e alopsíquica, por exemplo). Para esse autor, psicose é um termo que não tem uma boa precisão conceitual e clínica, podendo estar presente em diferentes quadros clínicos, com diferenças qualitativas e quantitativas. Os *estados psicóticos*, caracterizados por um funcionamento psicótico de mente ou de conduta, podem acontecer em diferentes quadros psicopatológicos, mas pressupõem uma maior preservação de áreas intactas ou pouco comprometidas do ego, permitindo uma relativa percepção e adaptação à realidade interna e externa, como encontramos nos pacientes *borderline*, em alguns transtornos de personalidades graves, como os paranoides ou narcisistas, em algumas formas de perversão e psicopatias. Esses estados de funcionamento alterado da mente serão descritos a seguir como sendo de pacientes com funcionamentos psicóticos.

Para fins práticos, por critérios *fenomenológicos*, as síndromes psicóticas se dividem em dois grandes grupos: as *orgânicas* (secundárias ao uso de drogas, alterações endócrino-metabólicas, tumores cerebrais, acidentes vasculares, danos ao tecido cerebral etc.); e as *funcionais* (aquelas que supostamente não têm uma condição orgânica direta e evidente como causa, embora possam ter um substrato fisiopatológico), cujos exemplos são a esquizofrenia, as associadas aos transtornos de humor ou a outros transtornos psiquiátricos graves, as psicoses agudas reativas a eventos estressores etc. Neste capítulo, vou descrever a psicose do ponto de vista da clínica psiquiátrica, mas também expandir esse olhar para os conhecimentos provenientes da psicanálise e a compreensão que esta oferece sobre os processos mentais primitivos do ser humano, para que possamos entender um pouco melhor a vivência psicótica e saibamos como conversar com esses pacientes.

O termo psicose, portanto, será usado aqui para designar dois grupos diferentes de fenômenos: o primeiro se referindo à psicose do ponto de vista fenomenológico, como síndrome ou doença descrita e classificada pela psiquiatria; o segundo referindo-se à maneira como a psicanálise o compreende, uma forma de organização da personalidade que resulta em estados psíquicos em que o funcionamento mental ou comportamental é, pelo menos, parcialmente psicótico. Claro que podemos classificar a psicose e suas várias apresentações de forma apenas *fenomenológica*, sem problema algum, mas também sem grandes vantagens do ponto de vista da compreensão dinâmica de um problema tão complexo.

Acredito que é mais útil pensarmos a psicose de uma maneira menos formal e estática, não como um simples "sofrimento psíquico", mas como um modo mais amplo de *funcionamento* da personalidade total do indivíduo, modo este que pode ser parcial, transitório, eventual ou mesmo permanente. Nessa forma de funcionamento psíquico são empregadas as defesas mais primitivas do ego (ver Capítulo 4), principalmente a cisão e a negação da realidade, tendo como consequência o predomínio de uma forma de atividade mental em que o juízo de realidade acaba profundamente prejudicado, com importantes repercussões nas relações consigo mesmo e com os outros.

Sinais e sintomas

Do *ponto de vista fenomenológico*, sinais e sintomas que nos permitem detectar uma psicose são mais bem avaliados durante a anamnese, pelo exame das funções do ego: atenção, sensopercepção, memória, orientação, consciência, pensamento, linguagem, inteligência e conduta.[2] Os principais problemas encontrados nessa lista podem variar porque dependem de vários fatores, por exemplo:

---

2 ASMOCPLIAC é a fórmula mnemônica. Sugiro a leitura do capítulo "Aborda-

idade do aparecimento (se é um jovem ou um idoso), da natureza da psicose (se é orgânica ou funcional), se está modificada pela medicação, e assim por diante.

Um exemplo didático da importância do exame das funções do ego, junto com uma avaliação mais ampla da saúde do paciente: um homem de 65 anos, sem história prévia de tratamentos psiquiátricos, teve um surto psicótico severo na madrugada de uma quinta para sexta-feira. Tornou-se agitado e agressivo, falava coisas desconexas e andava pela casa nu, tendo de ser contido por familiares para não sair assim para a rua. Foi visto em atendimento domiciliar pelo residente de medicina de família da unidade básica na tarde do mesmo dia. Após discutirmos o caso em matriciamento, sugeri que fosse encaminhado a uma emergência neurológica pela suspeita de tumor cerebral em expansão ou acidente vascular cerebral hemorrágico, pelo início súbito do quadro num paciente sem história prévia de doença mental e com diversas funções do ego severamente alteradas. Atendido pelo neurologista de plantão, foi liberado com a absurda hipótese de demência senil com sintomas psicóticos, vindo a falecer no domingo. A causa da morte foi confirmada depois como acidente vascular cerebral hemorrágico, origem da psicose de base orgânica apresentada pelo paciente.

Do ponto de vista do *funcionamento mental*, o problema da avaliação é diferente, mais complexo e desafiador. Será preciso deixar de lado o senso comum, inclusive médico, em que psicose é igual a uma pessoa muito estranha e de comportamentos bizarros, como alguns esquizofrênicos. Na vida real, muitas vezes, há uma psicose oculta na vida cotidiana, pessoas com partes psicóticas em sua personalidade, como veremos mais adiante, e eles também consultam conosco.

---

gem em saúde mental pelo médico de família" (Albuquerque & Dias, 2019), onde está descrito em detalhes.

Uma história real apresentada num documentário do canal GNT em meados da década de 1990 deixará mais claro o que pretendo dizer. Nos Estados Unidos, um homem matou a tiros duas secretárias de clínicas de planejamento familiar, onde eram feitos abortos com amparo legal, e feriu com gravidade mais algumas pessoas. A reconstituição de sua história no período que antecedeu aos crimes mostrou que ele era um católico ativista de causas contra o aborto. Algumas pessoas que conviveram com ele antes dos crimes o elogiaram, outras nada notaram que chamasse atenção em sua personalidade e, por fim, outras disseram que havia algo de "diferente" nele, mas não sabiam o que era.

Ao visitá-lo, seus pais perceberam que havia algo de estranho com o filho, mas não souberam avaliar a tempo do que se tratava. Eles notaram que ele não tomava mais banho e que o quarto estava cheio de insetos e mel. Ao perguntarem o que significava aquilo, o rapaz respondeu que, segundo a Bíblia, era o que João Batista comia no deserto e que, no deserto, o santo não tomava banhos. A negação do funcionamento mental psicótico do filho por parte dos pais corresponde diretamente à negação da psicose em nossa sociedade como um todo, em que é facilmente justificada pelas idiossincrasias "culturais", se não nos dermos conta que também existem culturas psicóticas.

Depois de preso, ele virou uma espécie de herói da causa contra o aborto, liderada por um pastor evangélico radical. O religioso, além de nada ver de errado no assassino ou nos crimes, ainda fez correr uma lista com a assinatura de trinta líderes religiosos radicais, ironicamente "a favor da vida", apoiando o assassino e exortando que fossem mortas outras pessoas com crenças favoráveis ao aborto. Nem o criminoso nem o pastor evangélico tinham diagnóstico de psicose, pois estava disfarçada de crença religiosa e de preocupação humanitária, questões consideradas culturais. O funcionamento psicótico de ambos está no ataque à percepção dissociada da realidade, "mato porque quero preservar a vida". Uma pessoa ligada à direção de uma das clínicas atacadas disse, com sabedoria, que havia "outros assassinos em potencial lá fora".

As palavras textuais dos pais do criminoso, profundamente chocados e deprimidos, descrevem bem a importância da detecção precoce do funcionamento psicótico que quero ressaltar neste capítulo: "Nós nos sentimos muito culpados; se o tivéssemos ajudado, esta tragédia terrível não teria acontecido... havia muitos sinais de doença mental, mas nós não sabíamos nada sobre isso. Nós pensávamos de uma forma arcaica, que se alguém fosse mentalmente doente ficaria num quarto sentado numa cadeira ou agachado num canto... um vegetal... eu não sabia que alguém assim andava, falava, sentia dor... pensava que não se expressava e, quando o fazia, não dizia nada do que você esperava... devíamos ter feito algo... devíamos ter percebido... devíamos estar muito cegos para não termos impedido isso...". As palavras deles são a mais pura expressão do senso comum sobre a loucura, bem como um exemplo da sua negação, da não percepção da psicose cotidiana com que temos de lidar.

Psicodinâmica do paciente psicótico

O psicótico pode parecer alguém muito diferente de nós, no entanto, a diferença é mais quantitativa do que qualitativa. Isso porque todos nós compartilhamos os mesmos elementos constituintes em nossa vida mental, uma estrutura psíquica (ver Capítulo 4) em que predomina uma organização mais evoluída e madura, ou menos evoluída e imatura. Também fazemos uso dos mesmos mecanismos de defesa, com menos intensidade e com predomínio dos mais maduros. Os mecanismos psicóticos não estão desvinculados da personalidade de quem os emprega, sendo assim, os aspectos psicóticos podem estar mesclados aos aspectos não psicóticos. Entre um transtorno paranoide de personalidade, um transtorno delirante paranoide e a esquizofrenia paranoide, a diferença é mais quantitativa que qualitativa.

Freud (1980) já dizia que, se a neurose perturbava a relação da pessoa com a realidade, a psicose afastava a pessoa da vida real pela criação autocrática de uma nova realidade, em substituição à realidade sentida como insuportável. Ele via os sintomas delirantes como uma forma de reparação do ego doente, formações do pensamento para substituir aquilo que o ego se recusava a aceitar como real ou frustrante. O desejo instintual, característico da instância mental chamada id, viria a se impor ao juízo de realidade e, abolidos todos os filtros do ego, tudo ficaria permitido.

Esse autor definiu assim uma das características que distinguem as neuroses das psicoses: "Nas primeiras, o ego, em virtude da sua submissão à realidade, suprime uma parte do id (a vida instintiva), ao passo que, nas psicoses, o mesmo ego, a serviço do id, retira-se de uma parte da realidade" (1980, p. 400). Presume-se que Freud, ao falar em submissão do ego à realidade, referia-se à evolução que ocorre quando a criança se defronta com o princípio da realidade. Para que isso aconteça, vão ganhando importância os órgãos dos sentidos, que se voltam para a apreensão do mundo exterior, e a tomada de consciência atrelada a eles. Entre as funções do ego, tem-se:

- Atenção – Investigar o mundo exterior, para conhecê-lo.
- Memória – Um sistema de notação cuja tarefa seria armazenar os resultados dessa atividade periódica da consciência.
- Discernimento (juízo crítico) – Decidir se uma ideia é verdadeira ou falsa.

- Descarga motora (por meio da conduta) – Modificação adequada da realidade.

- Pensamento – Um ensaio antes da ação, um modo experimental de agir ainda sem as consequências da ação uma vez feita.

Para Melanie Klein (1991), a negação da realidade faz parte dos mecanismos de defesa primitivos do nosso ego. Junto com a dissociação, a idealização, a identificação projetiva e a onipotência, esses mecanismos de defesa (ver Capítulo 4) são utilizados pelo ego ainda pouco desenvolvido dos primeiros anos de vida como defesa contra ansiedades sentidas como perigosas e persecutórias. Para essa autora, os problemas não elaborados dessas etapas mais precoces da vida seriam a origem das patologias graves, porque a pessoa segue usando os mesmos mecanismos imaturos da infância. Quando nascemos, as percepções sensoriais e os aspectos da realidade não estão integrados em nossa mente; essa integração acontece dentro de um processo evolutivo lento e gradual do nosso psiquismo. Não podendo integrar diferentes aspectos da realidade, no início, a criança os separa e os afasta uns dos outros, por meio de um mecanismo chamado de cisão (*splitting*), normal nessa etapa da vida. Por exemplo, a mãe que está presente e cuidando é sentida como boa; a mãe que se afasta e vai tratar de outros afazeres é sentida como má, porque impõe o sofrimento da separação, e o bebê não sabe se ela voltará ou não, dependendo de quanto tempo ficará ausente. Para o bebê, a vivência emocional é a de ter duas mães diferentes, uma boa e uma má.

Com o amadurecimento, a criança começa a integrar os aspectos mantidos separados, por exemplo, perceber que a mãe má que passou algumas horas longe é a mesma mãe boa que amamenta no retorno. Tolerar a ambivalência afetiva de poder odiar e amar a mesma pessoa é uma conquista evolutiva, que nem todos alcançam, pois seguem vendo o mundo e as pessoas de forma bidimensional. Os paranoicos, principalmente, costumam dizer "quem erra comigo, erra uma vez só, não tem perdão", ou seja, não há qualquer chance de o outro reparar o erro e a relação não se romper, a cisão é permanente. Em termos infantis, aquela mãe fica má para sempre.

Outro autor importante para a compreensão dos mecanismos inconscientes das psicoses, Bion (1991) argumentou que todos nós temos aspectos neuróticos e psicóticos em nossa personalidade, assim como instintos de vida (amorosos e construtivos) e de morte (odiosos e destrutivos). A predominância de uns sobre os outros é que faz a diferença, não sua simples presença ou ausência, como a história de Carlos mais adiante nos mostrará como isso acontece na prática.

Independentemente do autor e da teoria, a relação com a realidade (interna e externa, subjetiva e objetiva) é sempre o tema central. Mesmo com conflitos, nossos aspectos neuróticos toleram melhor a ambivalência afetiva e nós podemos fazer negações da realidade, para sustentar o que desejaríamos que fosse real, porém não na mesma duração e intensidade que um psicótico faria, e com mais tolerância à frustração diante da afirmação do real, por mais desagradável que este seja. A impossibilidade de convencer uma pessoa sobre um determinado dado da realidade, a despeito de todas as provas e evidências em contrário, é uma boa maneira de diagnosticarmos um funcionamento psicótico. Se um paciente acredita cegamente que é capaz de se teletransportar fisicamente para outro continente, ninguém será capaz de convencê-lo do contrário. Se ele ouve vozes ofensivas e ameaçadoras, e acredita nelas e no conteúdo do que ouve, se alucina coisas que só ele percebe, o funcionamento é psicótico, mesmo que haja áreas preservadas da personalidade. É por isso que ouvimos muitas vezes dos familiares: "Mas como ele pode ser doente, se para outras coisas ele é tão esperto?". As áreas de "esperteza" são as áreas preservadas, o que não é incongruente com a presença de uma psicose. Mesmo os esquizofrênicos olham para os dois lados antes de atravessar uma rua.

Se o ego, a instância psíquica que administra a relação com a realidade, tiver uma estruturação deficiente ou frágil, se for submetido a um estresse (interno ou externo) com o qual não consiga lidar, pode se fragmentar, se partir em pedaços, como percebemos no exame das funções do ego, por meio da fala desconexa, dos pensamentos desagregados e delirantes, dos comportamentos bizarros.

Bion (1991) esclarece que essa fragmentação tem a função de proteger o ego daquilo que o estava ameaçando, por isso a integração das suas partes é sentida como perigosa, porque traz a dor da percepção da realidade, que pode ser sofrida ou intolerável. Essa é uma das razões pelas quais a depressão costuma estar associada à psicose, porque o paciente psicótico tem momentos de *insight* e compreensão a respeito de seu estado mental e da gravidade de sua condição. Além disso, mesmo os pacientes psicóticos têm ilhas de sanidade em sua personalidade, ou seja, eles não são psicóticos 24 horas por dia.

O exemplo mais claro que me ocorre é de um paciente esquizofrênico de 32 anos que vinha consultar na unidade de saúde sempre com o pensamento desagregado, delírios paranoides, afeto bastante agressivo e comportamentos violentos. No meio de uma consulta de rotina, parou de falar da forma desagregada com a qual começou a me contar de suas coisas, olhou-me com seriedade e, de forma agregada e coerente, disse: "Doutor, a minha vida é uma merda. Eu sei que sou louco, nunca consegui namorar, nunca trabalhei na vida, não sei fazer nada, não tenho mais nenhum parente vivo e os meus pais estão ficando velhos, quando eles morrerem eu vou ficar sozinho, quem é que vai cuidar de mim?". Mesmo que tenha sido por breves segundos, essa percepção da realidade de sua doença e de sua vida mostrou-se insuportável para ele, pois, logo após dizer isso, desagregou de novo e começou a rir sem motivos e a falar coisas sem nexo.

Isso mostra como, paradoxalmente, a melhora advinda da tomada de consciência nem sempre é benéfica, podendo produzir ansiedades insuportáveis para um ego frágil, uma vez que a integração que produz pode criar uma reação de piora ou de colocação de obstáculos ao tratamento. O paciente quer e precisa melhorar, mas, se a melhora acontece, traz consigo novos problemas e novas ameaças, e não temos como evitar isso.

Nosso psiquismo tem o ego como um aparelho de apreensão, percepção e comunicação com a realidade, pelos órgãos dos sentidos e pela consciência. Nos pacientes psicóticos, há uma avaria desse aparelho perceptivo, conectado aos órgãos sensoriais, para evitar a percepção do real. Essa percepção está ligada ao pensamento verbal, portanto, quanto mais prejudicada está a percepção da realidade, mais prejudicados estarão os processos de pensamento e a comunicação verbal.

É o pensamento que liga as impressões sensoriais com a consciência. Distorções na percepção inevitavelmente afetam a capacidade de pensar, nos campos da produção (se é mágica ou realista), do curso (agregado e coerente, ou desagregado e incoerente) e do conteúdo dos pensamentos (ideias, ideias supervalorizadas ou delírios). Para evitar a tomada de consciência da realidade, o pensamento torna-se fragmentado, afetando a linguagem, a conduta etc.

O pensamento, ou melhor dizendo, a própria capacidade de pensar é "hostilizada" por causa do risco que representa, de reintroduzir a realidade no aparelho psíquico. O pensamento é sentido como perigoso porque traz de volta ao ego aspectos da realidade que são insuportáveis, então ele pode ser substituído por um sistema de crenças ou de ideologias que dispensam a capacidade de pensar, bastando a adesão a esse sistema na base da fé, que é basicamente o acreditar sem a necessidade de provas. O que o médico pensa também pode ser ameaçador e ser temido, recusado ou mal-entendido, pelas mesmas razões.

Quando os problemas ligados ao pensamento interferem na diferenciação entre o objeto e aquilo que ele simboliza, o pensamento torna-se bastante concreto, sem capacidade de simbolização, sem a possibilidade de compreensão subjetiva ou metafórica. Antes, acreditava-se que o paciente psicótico não sonhava; hoje, sabe-se que ele sonha, mas é incapaz de diferenciar o sonho da realidade, portanto, seus sonhos podem ser assustadores, uma vez que, para ele, são reais. O paciente pode passar a noite toda dormindo e, no dia seguinte, relatar que não dormiu e que realizou diversas atividades durante a noite, fato que testemunhei várias vezes quando fazia plantões numa internação psiquiátrica. Ou a palavra é desligada de seu significado, como acontecia com um paciente do hospital psiquiátrico que acreditava que sua comida estava envenenada, mas, quando eu lhe perguntava sobre o gosto do alimento, ele dizia que o veneno tinha gosto bom e seguia comendo, sem contradição alguma e sem receio de morrer envenenado. A equivalência de veneno como algo que poderia matá-lo não existia para ele. Essa negação tão óbvia da realidade é a marca das psicoses, que pode se apresentar em maior ou menor grau em nossos pacientes.

Outro paciente, não psicótico do ponto de vista fenomenológico, após longa e adequada explicação de seu clínico sobre a necessidade de usar um determinado medicamento, disse que não iria tomá-lo porque soube de um vizinho que tomou o mesmo remédio e caiu morto na hora. Ele parecia fazer uma dissociação completa entre reconhecer que seu médico não teria motivo algum para matá-lo, mas ainda assim lhe prescrever uma medicação mortal. Ele pediu apenas que fosse outro tipo de medicação, do tipo que "não mate". A dissociação e a negação da realidade estavam em que não era o médico que iria matá-lo, e sim o medicamento prescrito pelo mesmo médico que, supostamente, não desejaria matar seus pacientes.

Esse paciente, provavelmente, tinha o que se chama de uma personalidade psicótica, razão de seu juízo de realidade prejudicado para algumas coisas, mas não para outras. Bion (1991) afirma que as personalidades psicóticas têm quatro características essenciais. A primeira é um predomínio dos impulsos destrutivos sobre os impulsos amorosos. A segunda é um ódio à realidade que, conforme dito por Freud, estende-se a todos os aspectos da psique que contribuam para a percepção desta, mas não só a realidade externa; o ódio se estende à realidade interna e a tudo aquilo que contribua para a percepção dela (como o pensamento, por exemplo). A terceira decorre das duas anteriores, na forma de um pavor constante do aniquilamento iminente do ego diante dos eventos estressores que produzem as ansiedades insuportáveis. A quarta é a forma patológica como se relacionam conosco na transferência, como veremos no próximo tópico.

Em resumo, se ignorarmos o efeito do meio e dos eventos externos sobre ela, ainda assim a personalidade psicótica terá, em diferentes quantidades, estas quatro características: o conflito entre os instintos de vida e os de morte; o predomínio dos impulsos destrutivos; o ódio à realidade externa e interna; e uma relação de objeto superficial, mas muito adesiva e dependente.

Renato, um paciente bipolar que tentou o suicídio durante um surto psicótico (a predominância do instinto de morte), durante sua internação, teve o diagnóstico de um câncer de testículo, já com metástases para o abdome. Assustado com a doença, fez o tratamento cirúrgico e quimioterápico completo e ficou curado (a predominância dos instintos de vida). Ao retornar comigo numa consulta de avaliação, disse duas frases fantásticas: "Doutor, eu queria me matar, mas eu não queria morrer!". Nessa primeira frase, está resumida toda a ambivalência entre os instintos de vida e de morte do paciente, bem como a negação da realidade (quem se mata não fica vivo). Vamos entender melhor o que ele disse: a morte que buscava era aquela que fosse provocada por ele, ativamente, para fugir de ansiedades insuportáveis, uma fantasia de controle do seu destino; a morte buscada como algo "protetor", que o protegeria contra as ansiedades psicóticas. Por outro lado, se sua morte fosse causada pelo câncer, isso era algo não previsto, fora de seu controle onipotente, portanto, algo assustador em vez de protetor. No final da consulta, acrescentou, filosoficamente: "O senhor veja bem o que é a vida, se eu não tivesse tentado me matar, eu teria morrido". No fundo, ele não queria mesmo morrer, mas se evadir das dificuldades da vida, e o tratamento passaria por ajudá-lo a aprender a lidar com seus conteúdos mentais, dar-lhes formas e nomes, torná-los menos perigosos e assustadores, de uma forma que não buscasse mais o suicídio como solução.

Bion (1991) introduziu duas outras modificações na descrição de Freud sobre as psicoses. Ele não acreditava que o ego pudesse estar inteiramente afastado da realidade e que o contato do ego com a realidade estava mascarado pelo predomínio, na mente e na conduta do paciente, por fantasias onipotentes, que visam a destruir a realidade ou, pelo menos, a consciência dela. A impotência diante de fatos corriqueiros da vida pode ser magicamente trocada pela capacidade delirante de falar diretamente com os presidentes das grandes potências do mundo, por exemplo.

Uma vez que jamais se perde por completo o contato com a realidade, os fenômenos que costumamos associar às neuroses jamais estão ausentes (ciúmes, inveja, desconfianças, atos obsessivos etc.). A existência de uma personalidade não psicótica numa tensão dialética com a personalidade psicótica, embora obscurecida por esta última, depende do fato de o ego conservar maior ou menor contato com a realidade. No entanto, o afastamento da realidade e a onipotência são uma fantasia, e não um fato (porque a realidade sempre se impõe), mas essas fantasias têm a força de uma verdade. Então, para o paciente, elas não são fantasias, mas, sim, realidades, que impactarão a transferência, como veremos a seguir.

A transferência e a contratransferência com o paciente psicótico

A transferência do paciente psicótico para o médico costuma ser rápida, intensa e adesiva, apesar de superficial. Mesmo numa primeira consulta, ele pode se comportar como se já nos conhecesse há anos (rapidez) e tivéssemos um vínculo firme e bem estabelecido (intensidade e adesividade), demonstrando pouco juízo de realidade, uma vez que tudo isso pode estar acontecendo no primeiro contato. Essas características da transferência se devem ao fato de que o paciente sente que precisa muito de alguém que o acolha e entenda, mesmo que sua conduta não transpareça essa necessidade. Por isso, precisamos entender que tipo de objeto estamos sendo para o paciente, se benigno ou maligno, se ele pode confiar em nós ou deve nos temer, e não assumir de imediato que ele irá nos ouvir ou confiar em nós com naturalidade. Ele pode necessitar desesperadamente de ajuda, estar com medo, ou até reagir com agressividade ou desejar nos agredir, pois pode se sentir atacado pela compreensão da realidade trazida por nós. A consciência da gravidade da própria doença é de tal forma recusada que o simples fato de prescrevermos um antipsicótico pode deixar o paciente enraivecido, acreditando que estamos lhe dando uma medicação "para quem é louco", estado mental que ele se recusa a perceber conscientemente.

Esse tipo de transferência aciona em nós uma reação contratransferencial poderosa, difícil de reconhecer e de administrar. Um primeiro aspecto da nossa contratransferência está implícito na história do jovem assassino que citei antes. Como uma forma de nos protegermos contra a sensação de estranheza e de medo que os psicóticos nos causam, acompanhada do desconforto ou do temor diante do desconhecido, do inesperado (eles não são muito previsíveis), nós negamos de forma inconsciente que a pessoa diante de nós seja ou esteja apresentando aspectos psicóticos, a menos que sejam muito óbvios e chamativos. No caso dos pais do jovem citado, nem isso, já que a religião deu uma razão cultural a eles para acreditarem na história de que ele estava seguindo o exemplo de São João no deserto, então, tudo bem; era religião, e não loucura. Essa negação é parte das nossas defesas. Preferimos chamar de estilo pessoal, de peculiaridade cultural, opção religiosa etc. É mais fácil e mais rápido de terminar logo a consulta se nós não percebermos o funcionamento psicótico e nos mantivermos apenas nos aspectos superficiais ou clínicos do problema visível.

Os psicóticos podem sentir medos primitivos, isto é, os medos infantis que os bebês experimentam, e seus sentimentos podem acionar em nós esses mesmos temores, como o medo de perder o controle ou a razão, o medo de nós sermos ou estarmos ficando loucos. Diante dos sentimentos desconfortáveis que os psicóticos acionam em nós, nossa reação, além de negar, costuma ser de afastamento e evitação, o que pode contribuir para estigmatizar e segregar o paciente, ou mesmo justificar o encaminhamento a um serviço de saúde mental. No fundo, essa dissociação é o que acontece na sociedade quando se defronta com a experiência psicótica: ou a pessoa é internada num asilo para que desapareça das nossas vistas, ou então ninguém é psicótico, ambas fórmulas mágicas e ineficazes de fazer desaparecer a psicose.

Uma sensação bastante comum que experimentamos na consulta com pacientes psicóticos, e que pode nos alertar para o fato de estarmos diante de alguém psicótico, é a de estranheza, de não estarmos entendendo bem o que a pessoa nos conta, em razão de um discurso confuso ou desagregado. Curiosamente, eles também podem nos deixar com inveja, porque podem dizer e fazer coisas que nós não podemos, ou nos deixar com raiva a ponto de, secretamente, desejar que eles nunca mais nos procurem. A nós caberá a difícil tarefa de suportar a estranheza diante do desconhecido, conter nossas reações de evitação ou a tentação de medicar imediatamente, e procurar entender o que ele está tentando comunicar, mesmo que de forma confusa e atrapalhada, para só então decidir o que fazer.

Conversa com o psicótico

Quando um paciente chega a nós, ele pode ser alto ou baixo, jovem ou idoso, neurótico ou psicótico. Essa é sempre a primeira diferenciação importante a ser feita quanto ao estado mental da pessoa, mesmo que o motivo da consulta pareça puramente orgânico. Os pacientes psicóticos podem vir por hipertensão arterial, diabetes, úlcera duodenal etc., e se o médico de família não levar em conta a distorção ou o prejuízo na compreensão da realidade quando explicar o diagnóstico e o tratamento, o paciente poderá não entender ou não aderir às orientações propostas. O primeiro grande ponto de corte é esse, a posição do paciente em relação ao juízo de realidade: mantido, distorcido ou perdido, ao longo de um *continuum*.

O psicótico sofre de incompreensão, própria e alheia. Em primeiro lugar, ele não consegue compreender alguns de seus estados mentais, e isso lhe causa muito medo, precisando ser compreendido e acalmado, independentemente de ser medicado ou não. Só que ele não consegue utilizar o pensamento para verbalizar essa incompreensão ou para se autoacalmar. Antes mesmo da compreensão dos mecanismos psicóticos em ação, o problema da comunicação com o paciente psicótico é um desafio muito grande. É preciso entender que eles podem ter um código verbal próprio, porque o nome que o psicótico dá às coisas, aos elementos etc. pode não representar exatamente o significado daquela coisa na vida real, ou para nós. Um lápis sobre a mesa do médico pode representar uma lança com a qual o médico atacará o paciente; o estetoscópio pode ser tão temido quanto uma cobra, a balança mostrará que ele é oco e não tem nada por dentro, e assim por diante.

Vale o mesmo para os órgãos corporais. Quando o paciente se refere ao coração ou ao fígado, pode não estar falando exatamente daquilo que nós conhecemos como coração e fígado, sua função ou sua localização anatômica. As funções dos órgãos podem estar alteradas, de forma que ele escuta com os olhos, sente uma raiva no estômago ou seu coração foi retirado e encheram o espaço vazio com pedras, por isso tem esse peso no peito. Há defeitos tanto na expressão quanto na compreensão das palavras comumente empregadas. A comunicação pode ser inexistente ou confusa e truncada, feita de fragmentos de palavras ou frases, ou seu oposto, o mutismo eletivo, porque as palavras podem revelar aspectos que prefere manter secretos, ou ferir os demais.

Se essa dificuldade na comunicação já nos causa desconforto e estranheza, ela pode ser assustadora para o paciente, que sente que pode estar ficando louco, com todo o medo que isso acarreta. Uma forma que ele encontra para comunicar as ansiedades que não sabe nomear é projetando-as em nosso aparelho psíquico, de maneira que passamos a experimentar os mesmos sentimentos de angústia, estranheza, incompreensão e medo. Portanto, nossa primeira função ao conversar com um paciente psicótico é tentar tolerar tais sentimentos que experimentamos, usá-los a nosso favor, para compreender o que se passa dentro do paciente e poder fazê-lo se sentir compreendido. Isso se chama de *função continente* do médico, ou seja, usar a mente como um recipiente que contenha as ansiedades e no qual o paciente possa depositar seus conteúdos mentais estranhos ou apavorantes, para que nós os tornemos mais compreensíveis e aceitáveis à consciência.

A história a seguir pode contribuir para demonstrar como se pode fazer isso e o resultado produzido. Carlos, um adolescente de 16 anos, entrou na sala de consulta com uma expressão tensa e hostil. Perguntei em que poderia lhe ajudar. Ele respondeu, num tom agressivo e desafiador e me olhando nos olhos, que a psicóloga o havia encaminhado para ver se não estava louco. Usando as palavras dele, perguntei por que ela teria achado que estaria louco, e ele respondeu que ela só pensou nisso porque ele fazia cortes em seus antebraços (numa nítida intenção de me chocar, mostrou os antebraços, cheios de cicatrizes) e, com o sangue e um pincel fino, desenhava *animes* na parede de seu quarto. Perguntou, como se só ele soubesse do que se tratava, se eu sabia o que era um *anime* e lhe disse que sim, que eu não só conhecia como gostava muito de *animes*, o que o surpreendeu. Nas entrelinhas, na comunicação em estéreo (ver Capítulo 9), eu estava lhe dizendo que conhecia esse seu estado de ânimo (*anime*), seu estado mental "des-animado" ou desesperado.

A trégua durou poucos segundos; logo voltou à carga perguntando, naquele tom de voz agressivo e desafiador, com a nítida intenção de me deixar intimidado (e de colocar em mim seus medos e me fazer experimentá-los e me assustar com eles), se eu achava que só por causa disso ele era louco. Aqui, mais um exemplo de como o entendimento psicodinâmico ajuda na compreensão do problema: quem muito tenta assustar é porque já está internamente assustado, tentando projetar seus medos, fazer os outros experimentarem os mesmos medos que sente. Percebendo sua tentativa dupla de me intimidar, mas também me comunicar suas angústias, fiz o contrário do que Carlos esperava. Olhei com tranquilidade para ele e disse que não achava que ele estava louco, e sim que eu tinha certeza disso.

Por essa resposta, ele certamente não esperava, ficou nitidamente desconcertado e confuso, a ponto de perguntar de novo se eu achava isso, que ele estava louco. Com a mesma calma de antes, respondi que não achava, que tinha certeza, e acrescentei que alguém que corta os braços e desenha *animes* na parede do quarto com seu próprio sangue certamente está louco. Aproveitando a brecha deixada pela perplexidade do garoto, acrescentei que, no entanto, uma parte dele não estava louca, e sim muito assustada com as coisas que a parte louca da sua mente fazia (o mecanismo de defesa da cisão, descrito no Capítulo 4), e que a parte que não estava louca (a parte não psicótica de sua personalidade, como Bion descreve) é que o havia feito procurar ajuda, razão de estar conversando com a psicóloga, e agora comigo.

Sem renunciar ao tom agressivo, disse que também sentia muita raiva e vontade de matar pessoas, e ficou me olhando desconfiado para ver qual seria minha reação. Com a mesma tranquilidade de antes, disse-lhe que, às vezes, eu também sentia a mesma vontade, que nisso não éramos diferentes, e aguardei a reação dele. Ele disse: "Não, o senhor não está entendendo, eu tenho mesmo vontade de matar algumas pessoas!". Retruquei que todos, eu inclusive, tínhamos essas vontades (lembrem-se de que a diferença entre "nós" e "eles" é quantitativa, não qualitativa), que a diferença não era sentirmos raiva ou não, impulsos assassinos ou não, que a diferença entre eu e ele era a capacidade de controlar esses impulsos, o que eu conseguia e ele não, e perguntei se gostaria que lhe ajudasse a fazer isso.

Pela primeira vez na consulta, a atitude agressiva cedeu e ele pareceu aliviado, a ponto de conseguir sentar-se para trás na cadeira e relaxar um pouco, antes de perguntar se eu tinha mesmo como ajudá-lo nesse problema, o que confirmei afirmativamente. Além de compreender e conter suas ansiedades, foi preciso medicá-lo, pois era um menino com um funcionamento psicótico de personalidade e uma autodestrutividade escapando do controle, com risco significativo de suicídio. Ele aceitou de bom grado a medicação, e depois eu soube pela sua psicóloga que ele havia colocado uma condição para o tratamento com ela: só continuaria se pudesse conversar de novo com o médico que o havia entendido.

Claro que a carbamazepina e a risperidona fizeram seu trabalho, controlando impulsos e aliviando ansiedades psicóticas, mas ele queria vir em busca de mais compreensão e entendimento do que se passava dentro dele. Em consultas de seguimento, a atitude agressiva e desafiadora deu lugar a me contar seus sofrimentos e medos, e foi me trazendo de presente desenhos de personagens do *anime* que gostava, muito bem-feitos por sinal, mas dessa vez usando lápis e folhas de caderno, não mais com sangue na parede. Os desenhos evidenciaram os progressos de sua melhora, uma tomada depressiva de consciência (Figuras 16.1, 16.2 e 16.3).

No primeiro desenho (Figura 16.1), ele, representado pelo personagem do *anime*, tem uma expressão enlouquecida no olhar, um estilete na mão e está todo cortado e sangrando. O nome do *anime* está escrito à esquerda, *Beyond birthday: murder case in LA* ("Além do aniversário: um caso de morte em Los Angeles"), como que anunciando uma morte próxima, não em LA, mas em P. A. (Porto Alegre).

Figura 16.1 *Primeiro desenho trazido pelo paciente, intitulado* Beyond birthday: murder case in LA.

No segundo desenho (Figura 16.2), o personagem (ele) tem uma expressão triste, mas a lágrima que corre do olho esquerdo mostra que ele já é capaz de chorar em vez de se cortar, e parece ter asas, simbolizando um ser alado que tanto pode ser um anjo celestial como o anjo da morte. O quadro ainda é grave, mas já consegue expressar suas tristezas de forma artística e verbal, em vez de atos destrutivos.

No último desenho (Figura 16.3), o personagem (ele) ainda conserva a expressão muito triste no olhar e parece haver algum arrependimento. Nesse, ele escreveu o nome do *anime* que antes desenhava com sangue, *Near death note* ("Nota de quase morte"), simbolizando que desenhar com sangue nas paredes tinha sido um último aviso, a nota de quase morte, de que se sentia morrendo por dentro, precisava ser impedido antes que cometesse um ato suicida.

Figura 16.2 *Segundo desenho trazido pelo paciente.*

Figura 16.3 *Terceiro desenho trazido pelo paciente.*

Por vezes, a maneira de trazer o paciente de volta à realidade é entrar em seu mundo confuso e irreal para ajudá-lo a se reconectar.

César, 45 anos, um mecânico aposentado por doença mental (esquizofrenia paranoide), veio consultar após a alta do hospital psiquiátrico, onde passou trinta dias internado por uma tentativa de suicídio, cortando os pulsos com gravidade. Após a alta, interrompeu a medicação e foi piorando de forma progressiva, voltando a ter ideação suicida.

Perguntei por que estava tão desesperado a ponto de ter tentado se matar, e ele esclareceu que havia uma quadrilha de homens maus que lia seus pensamentos e estes iriam matar toda a sua família quando soubessem onde moravam, então ele tentou se matar para salvar a família, porque, com ele morto, a quadrilha não encontraria seu endereço e a mulher e os filhos sobreviveriam. E foi logo me dizendo que não adiantava eu achar que ele era louco, pois já tinha ido a outros psiquiatras que também não tinham acreditado nele, que diziam que a tal quadrilha não existia, que tinha delírios porque era esquizofrênico.

Percebi então que não poderia fazer mais do mesmo que já tinha sido feito antes por outros colegas, e que ele acabaria se matando. Era preciso uma nova tática (ver Capítulo 9), por isso, disse-lhe que acreditava nele, que eu sabia que essas quadrilhas existiam e acrescentei que eu fazia parte de uma equipe de médicos especializados em combater tais quadrilhas, o que não era de todo falso. Com isso, ganhei seu interesse e falei que poderia ajudar porque conhecia uma maneira de evitar que esses homens maus lessem seus pensamentos. Disse-lhe que havia uma combinação secreta de cores de medicações, uma azul e uma branca, que criariam uma capa magnética em torno do cérebro dele, impedindo a leitura dos pensamentos e, caso ele quisesse, eu prescreveria. Ele ficou ainda mais interessado, disse que essa medicação ele usaria. Então lhe prescrevi Haloperidol (azul) e Biperideno (branco), explicando que esse efeito magnético da medicação só acontecia quando se misturava o comprimido azul com o branco, e que não constava das bulas justamente para que a quadrilha não criasse um antídoto contra essas medicações, e que, por isso, ele precisaria usar todas as noites e guardar segredo dessa química, com o que ele concordou. Após ser medicado, teve boa melhora, desapareceu a ideação suicida e a ideação delirante persecutória, e pôde voltar a trabalhar em sua oficina.

A psicodinâmica da situação não é muito complicada de ser entendida. Ele tinha impulsos de matar a mulher e os filhos, sobre os quais estava perdendo o controle, impulsos que, para ele, eram intoleráveis, por isso preferiu tirar a própria vida, em vez de matar quem amava. Imaginem a dor e a angústia de alguém que sinta fortes desejos de matar os próprios filhos pequenos. Agora, de volta ao lar e sem medicação, os desejos homicidas retornaram e foram então projetados, de forma delirante, nos tais homens maus imaginários, porque dessa maneira não era mais ele quem tinha vontade de matar a mulher e os filhos, eram os tais bandidos. Seus delírios eram produções psíquicas de natureza defensiva, para evitar que tomasse consciência dos próprios desejos, mas claramente não estavam dando conta da intensidade dos impulsos assassinos, então, o suicídio era a única solução que restava para ele, porque não se sentia em condições de reprimir por mais tempo os desejos homicidas e filicidas.

Interpretar verbalmente para ele tais desejos homicidas em relação aos familiares e investigar suas origens seria uma tolice absurda e ineficaz, já que ele não tinha qualquer condição de *insight* no momento. Concordei com ele sobre a existência da tal quadrilha porque, em sua realidade psíquica (diferente da realidade factual), ela existia mesmo, de nada adiantaria dizer a esse paciente que aquilo que era tão real para ele não existia, muito menos numa situação potencialmente ameaçadora para a vida. Era mais inteligente achar uma maneira de diminuir ou bloquear tais impulsos, que fosse aceitável para ele e sem lhe dizer que estava tratando sua loucura. Por isso, recorri a uma outra via de abordagem, via pensamento mágico, familiar a ele, com a invenção da tal combinação mágica de cores de comprimidos que criaria a tal capa magnética, impedindo a leitura dos pensamentos. Dessa forma, ele não se sentiu desacreditado nem criticado, ou chamado de louco como estava habituado a ouvir, e pôde me escutar e confiar em mim.

Com o uso da medicação e o vínculo comigo, os delírios desapareceram, a agressividade e os desejos homicidas também, e ele recomeçou a trabalhar em sua oficina. Poderia não ter dado certo? Com certeza, mas, na urgência da situação, a estratégia era mantê-lo vivo, e a tática foi entrar na sua loucura para tirá-lo de lá, o que se mostrou eficaz. No fundo, usei a mesma tática que usamos na infância, o "brincar de faz de conta", em que objetos inanimados ganham vida por conta de nossa imaginação. Fiz de conta que ele não era psicótico, fiz de conta que acreditei na existência da quadrilha, fiz de conta que havia uma combinação mágica de cores que criaria uma proteção magnética no cérebro etc. Ao fazer isso, estabeleci com ele uma conexão e, por meio dela, uma reconexão dele com a realidade.

Conclusão

O psicótico tem sérios problemas de relacionamento com as realidades interna e externa, com o ambiente e as pessoas que nele habitam, porque com frequência suas percepções alteradas e as fantasias sobre elas assumem o lugar dos fatos, tornando-os muito diferentes dos nossos em razão do empobrecimento do juízo de realidade. Isso leva o paciente a não notar a diferença entre a sua forma e a nossa de perceber e vivenciar o mundo, graças aos mecanismos primitivos que emprega e à desorganização de seus processos mentais.

A despeito disso, assim como com qualquer outro paciente, o fundamental com o psicótico é encontrar e abrir um canal de comunicação, mesmo que ele use outra lógica. Nossa finalidade última deve ser a de conter as ansiedades psicóticas, diminuir sua intensidade, tentar colocá-las em palavras que as representem e, nesse processo, ajudá-lo a aprender a tolerar os afetos ambivalentes, auxiliar na tomada de consciência da realidade e da enfermidade (consciência que sempre será dolorosa e depressiva), bem como diminuir os ataques à capacidade de pensar e, assim, desenvolver a capacidade de usar o pensamento verbal como meio de expressão.

Referências

Albuquerque, M. A. C., & Dias L. C. (2019). Abordagem em saúde mental pelo médico de família. In *Tratado de medicina de família e comunidade* (2a ed.). Artmed.

Ayrão, L. (1975). *Bola dividida*. Odeon.

Bion, W. (1991). Diferenciação entre a personalidade psicótica e a personalidade não-psicótica. In *Melanie Klein hoje. Volume 1: Artigos predominantemente teóricos*. Imago.

Freud, S. (1980). A perda da realidade na neurose e na psicose. In *Edição standard brasileira das obras psicológicas completas de Sigmund Freud* (Vol. XIX). Imago. (Trabalho originalmente publicado em 1924).

Klein, M. (1991). Notas sobre alguns mecanismos esquizoides. In *As obras completas de Melanie Klein. Vol. 3: Inveja e gratidão e outros trabalhos (1946-1963)*. Imago.

Zimerman, D. E. (2008). *Vocabulário contemporâneo de psicanálise*. [recurso eletrônico]. Artmed.

Parte 4

Competências e vivências

17. A questão das competências em saúde mental para o médico de família

> *Se acha que a competência custa caro, experimente a incompetência.*
>
> (Miguel Monteiro)

Listas de competências

As competências no campo do atendimento à saúde mental dos pacientes estão bem descritas e detalhadas por duas das entidades mais representativas dos médicos de família e comunidade. No Brasil, foram listadas pela Sociedade Brasileira de Medicina de Família e Comunidade (SBMFC, 2015); no mundo, pela World Organization of National Colleges, Academies and Academic Associations of General Practitioners/Family Physicians, ou World Organization of Family Doctors, mais conhecida pela sigla WONCA (2018).

Ambas as listas de competências reconhecem que o médico de família tem a responsabilidade e a tarefa de cuidar da *saúde total* de seus pacientes e que, para cumprir esse objetivo, precisa de conhecimentos teóricos e técnicos bem embasados no campo da *saúde mental*, nos seus aspectos psicológicos e psiquiátricos.

A seguir, citarei na íntegra, como estão publicadas, as principais competências nos cuidados de saúde mental propostas por essas duas entidades de classe bastante representativas, em nível nacional e internacional. Ao final, farei comentários sobre as listas e as competências que enumeram.

Sociedade Brasileira de Medicina de Família e Comunidade – Item 2.1.6 Abordagem a problemas de saúde mental (SBMFC, 2015)

Pré-requisitos

- Reconhece que o manejo de doenças mentais e do sofrimento psíquico é parte fundamental da atuação do Médico de Família e Comunidade.
- Percebe que existem famílias disfuncionais e que isso pode desencadear problemas de saúde de várias naturezas.
- Essencial: conhece ferramentas mínimas para abordagem familiar.
- Conhece as principais síndromes/doenças mentais na APS e seus critérios diagnósticos.
- Essencial: faz o diagnóstico diferencial das principais síndromes e distúrbios de humor, fóbico-ansiosos e demências.
- Reconhece que, na escola, crianças e adolescentes podem manifestar problemas de ordem emocional.
- Essencial: reconhece e orienta problemas de comportamento escolar em crianças e adolescentes.

- Desejável: maneja problemas de comportamento em crianças e adolescentes.
- Conhece as principais opções farmacológicas para os diferentes transtornos mentais.
- Essencial: maneja a terapia farmacológica e não farmacológica para os problemas mais frequentes de saúde mental.
- Desejável: maneja a terapia farmacológica e não farmacológicas para doenças mentais moderadas.
- Avançado: maneja doenças mentais graves.
- Maneja casos não complicados de uso abusivo de drogas, incluindo fumo e álcool.
- Reconhece e diferencia a severidade de surtos psicomentais.
- Coordena o cuidado de pacientes com problemas de saúde mental.
- Identifica casos complexos de saúde mental e comorbidades.
- Desejável: maneja casos complexos de saúde mental.
- Reconhece o amplo impacto dos problemas de saúde mental no indivíduo, na família e no sistema de saúde.
- Avançado: realiza terapia familiar.

World Organization of National Colleges, Academies and Academic Associations of General Practitioners/Family Physicians (WONCA, 2018)

A WONCA considera que existem seis domínios para as competências essenciais dos médicos de família na atenção primária à saúde mental.

- Valores: os médicos de família consideram importante a saúde mental.
- Habilidades de comunicação: os médicos de família adotam abordagens centradas na pessoa para avaliar, gerenciar e apoiar as pessoas com problemas de saúde mental.
- Avaliação: os médicos de família identificam e diagnosticam problemas comuns de saúde mental e podem identificar problemas graves de saúde mental e avaliar os riscos.
- Gerenciamento: os médicos de família gerenciam pessoas com problemas comuns de saúde mental e a saúde física de pessoas com graves problemas de saúde mental.
- Colaboração e encaminhamento: os médicos de família usam uma gama de opções e recursos disponíveis para cuidar de pessoas com problemas de saúde mental e adaptá-los às necessidades dos pacientes e cuidadores.
- Prática reflexiva: o médico de família cuida da própria saúde e do seu bem-estar.

Apresentamos as competências essenciais para médicos de família em cada um desses domínios. Notamos as competências que seriam esperadas para uma prática mais avançada. Oferecemos exemplos práticos, apoiados por recursos e referências-chave. Consideramos as implicações de políticas, treinamento e pesquisa dessas competências. Finalmente, explicamos como este documento foi gerado.

- Valores: os médicos de família consideram importante a saúde mental.

  Competências essenciais:
  - Os médicos de família tratam a saúde mental e a física como sendo de igual importância.

- Os médicos de família tratam os pacientes com problemas de saúde mental com dignidade e respeito.
- Os médicos de família assumem a responsabilidade de diagnosticar e tratar os pacientes com problemas de saúde mental e apoiar suas famílias.
- Habilidades de comunicação: os médicos de família adotam abordagens centradas na pessoa para avaliar, gerenciar e apoiar as pessoas com problemas de saúde mental.

Competências essenciais:
- Os médicos de família ouvem ativamente, são respeitosos e não fazem julgamentos em todos os momentos.
- Os médicos de família usam habilidades de coleta de informações para eliciar os sintomas, bem como as ideias, as preocupações e as expectativas dos pacientes.
- Os médicos de família expressam empatia e compaixão pelo sofrimento de seus pacientes.
- Os médicos de família administram os problemas e fazem planos de tratamento compartilhados, culturalmente apropriados, com os pacientes.
- Os médicos de família usam habilidades eficazes de fornecimento de informações para atender às necessidades de seus pacientes.

- Avaliação: os médicos de família identificam e diagnosticam problemas comuns de saúde mental e podem identificar problemas graves de saúde mental e avaliar os riscos.

Competências essenciais:
- Os médicos de família estão cientes das diferentes apresentações culturais e entendimentos dos problemas de saúde mental.

- Os médicos de família diagnosticam problemas comuns de saúde mental, incluindo transtornos depressivos, transtornos de ansiedade e uso indevido de substâncias.
- Os médicos de família distinguem os transtornos mentais comuns das respostas normais a eventos adversos e traumáticos, reações de luto.
- Os médicos de família avaliam como os estressores e os apoios psicossociais afetam a saúde mental do paciente.
- Os médicos de família avaliam como os problemas de saúde mental afetam o funcionamento diário do paciente.
- Os médicos de família realizam avaliações de risco, incluindo suicídio e automutilação, negligência, risco para terceiros e risco de terceiros.
- Os médicos de família estão cientes de problemas graves de saúde mental, incluindo demências, transtornos psicóticos e transtornos de personalidade.
- Os médicos de família entendem as interações entre a saúde física e mental, especialmente para pacientes com doenças de longo prazo, multimorbidade ou sintomas físicos inexplicáveis.
- Os médicos de família realizam avaliações de saúde física e gerenciam os problemas de comorbidade identificados para pacientes com doença mental grave.

Prática avançada:

- Os médicos de família conhecem a prevalência e os fatores de risco para transtornos mentais comuns.
- Os médicos de família aplicam e interpretam questionários comuns de avaliação de saúde mental para auxiliar no diagnóstico de problemas comuns de saúde mental.

- Os médicos de família diagnosticam demências, transtornos psicóticos e transtornos de personalidade, geralmente com o apoio de serviços especializados de saúde mental.
- Os médicos de família avaliam a capacidade mental de um paciente para tomar decisões informadas sobre consentir e recusar tipos de cuidados médicos.
- Gestão: os médicos de família administram pessoas com problemas de saúde comum e a saúde física de pessoas com graves problemas de saúde mental.

Competências essenciais:
- Os médicos de família aplicam intervenções cognitivas, comportamentais e psicossociais, por exemplo, psicoeducação, entrevista motivacional, gerenciamento de estresse, ativação comportamental, resolução de problemas e atenção plena.
- Os médicos de família explicam e prescrevem medicamentos antidepressivos e ansiolíticos, de acordo com as diretrizes baseadas em evidências.
- Os médicos de família estão cientes do uso de medicamentos antipsicóticos e antidemência e seus principais efeitos colaterais.
- Os médicos de família cuidam da saúde física das pessoas com doenças mentais graves, incluindo doenças infecciosas, doenças respiratórias crônicas e intervenções cardiometabólicas.
- Os médicos de família cuidam da saúde mental das pessoas com condições físicas crônicas.
- Os médicos de família envolvem e apoiam as famílias e os cuidadores de pessoas com problemas de saúde mental.

- Os médicos de família garantem que existe um plano apropriado de acompanhamento.

Prática avançada:

- Os médicos de família prescrevem medicamentos antipsicóticos e medicamentos para demência, geralmente com o apoio de serviços especializados de saúde mental.

- Colaboração e referência: os médicos de família estão cientes de uma gama de opções e recursos disponíveis para cuidar de pessoas com problemas de saúde mental e adaptá-los às necessidades de seus pacientes e cuidadores.

Competências essenciais:

- Os médicos de família envolvem o paciente como um recurso para seu próprio cuidado.
- Os médicos de família envolvem a família do paciente e a rede social como recursos para o atendimento ao paciente.
- Os médicos de família envolvem a equipe mais ampla de cuidados primários, por exemplo, enfermeiros, gerentes de caso e psicoterapeutas, como recursos para o atendimento ao paciente.
- Os médicos de família compartilham o cuidado dos pacientes com problemas de saúde mental graves ou complexos com serviços especializados de saúde mental.
- Os médicos de família iniciam o gerenciamento de apresentações de emergência em pessoas com problemas de saúde mental.
- Os médicos de família estão cientes dos requisitos legais obrigatórios e sabem como acessar as intervenções legais, por exemplo, em casos de violência envolvendo pacientes com problemas de saúde mental.

Prática avançada:

- Os médicos de família envolvem a comunidade e as agências voluntárias, incluindo comunidades religiosas, com o consentimento do paciente, como recursos para o seu atendimento.
- Os médicos de família envolvem agências de bem-estar, incluindo assistência social, habitação, educação e sistemas de benefícios financeiros, como recursos para o atendimento ao paciente.
- Prática reflexiva: os médicos de família cuidam da própria saúde e do seu bem-estar.

Competências essenciais:

- Os médicos de família conhecem os limites de seus próprios conhecimentos e habilidades.
- Os médicos de família procuram ativamente apoio e aconselhamento se estiverem fora de seu alcance, cognitiva ou emocionalmente.
- Os médicos de família cuidam de sua própria saúde mental.

Implicações para políticas, educação e pesquisa

Essas competências fornecem uma referência para a avaliação dos conhecimentos e das habilidades dos médicos de família e atitudes em relação aos cuidados primários de saúde mental. Esperamos que este documento seja útil em muitos níveis, por exemplo:

- Para médicos de família que desejam avaliar e melhorar seu próprio desempenho.

- Para educadores considerando quais assuntos cobrir em programas de treinamento de médico de família.
- Para formuladores de políticas que desenvolvem iniciativas regionais ou nacionais para integrar saúde mental e atenção primária.

Estamos cientes de que em alguns países, por exemplo na Ásia Central, o diagnóstico e o tratamento de transtornos mentais comuns ainda não são considerados parte da função do médico de família. No entanto, estamos confiantes de que devem ser. Encorajamos e apoiamos os médicos de família em todo o mundo a trabalhar com colegas profissionais em disciplinas relacionadas e com formuladores de políticas regionais e nacionais, para garantir que essas competências essenciais sejam implementadas em sua prática clínica de rotina. Como exemplos, recomendamos:

- A iniciativa liderada pela OMS para integrar a saúde mental nos cuidados de saúde primários em toda a região do Mediterrâneo Oriental.
- A colaboração entre os clínicos de atenção primária e a Organização Pan-Americana da Saúde (OPAS) para fornecer uma série de programas de treinamento mhGAP (Mental Health Gap Action Programme) para médicos de família em todo o Brasil.
- A colaboração entre psiquiatras e médicos de família da Austrália e da China para fornecer um programa de treinamento em saúde mental para General Practitioners (Médicos Gerais) na província de Guangzhou, China.

Também esperamos que este documento seja útil para aqueles que desejam se envolver com auditoria e pesquisa em atenção primária à saúde mental, por exemplo, auditorias da prática atual em relação a diagnósticos de saúde mental e variedade de opções de tratamento existentes; pesquisa em variações culturais de apresentação de problemas de saúde mental em ambientes de atenção primária; pesquisa sobre a eficácia clínica de produtos não medicamentosos e intervenções para depressão; e pesquisas sobre a relação custo-eficácia dos cuidados de saúde física conduzidos por médicos de família para pacientes que vivem com psicose.

O Grupo de Trabalho WONCA para Saúde Mental apoia médicos de família, educadores, formuladores de políticas e pesquisadores que buscam desenvolver iniciativas com base neste documento de competências essenciais. Com base em uma riqueza de conhecimento e experiência, estamos disponíveis para fornecer uma variedade de consultorias internacionais, com foco principalmente nas necessidades de países de baixa e média renda. Para obter mais detalhes, consulte http://www.globalfamilydoctor.com/mhconsult.

Comentários sobre as duas listas de competências

As duas sociedades aqui citadas oferecem uma ampla lista de competências, básicas e avançadas, na área de saúde mental. O leitor esperava que ser médico de família fosse tarefa fácil? Longe disso.

No entanto, essa longa lista fala do *que fazer*, mas não fala do *como fazer*. Embora isso não seja dito por nenhuma das duas sociedades, as competências são apresentadas de forma não teórica, deixando a critério de cada faculdade de medicina, programa de residência em medicina de família e ao próprio médico de família descobrir e aprender sobre esse *como fazer*, a partir das vertentes teóricas que achar melhor empregar.

Se você chegou até aqui na leitura, deve ter percebido que um dos objetivos ao longo de todo o livro foi demonstrar com exemplos práticos esse *como fazer*, a partir de um ponto de vista teórico específico: o da compreensão e da aplicação dos princípios da psicodinâmica psicanalítica pelo médico de família. Essa forma de compreensão não é apenas uma escolha do meu gosto pessoal, mas uma tradição que remonta aos trabalhos pioneiros de Balint na década de 1950, atualmente um tanto esquecidos ou relegados a segundo plano, substituídos por intervenções teóricas desprovidas dessa compreensão.

Fala-se da importância da compreensão total, integrada, levando em conta a subjetividade do doente, mas sonega-se ao médico de família o aprendizado e o uso da melhor de todas as ferramentas: a compreensão psicodinâmica, derivada das teorias psicanalíticas. Nunca é demais repetir o óbvio: esta forma de compreender o paciente não exclui as outras, mas as complementa e enriquece, tornando-as mais eficazes. Por exemplo, a abordagem cognitivo-comportamental ou a sistêmica, quando apoiadas no entendimento das dinâmicas mentais, ficam enriquecidas e mais eficazes; sem esse entendimento, tornam-se menos ricas e eficazes, quando não iatrogênicas (ver Capítulo 8). Também se pode dizer o mesmo de outras abordagens teóricas, que se tornam mais produtivas quando amplificadas por essa forma de entendimento.

Entre as competências propostas para o médico de família brasileiro, consta que ele "Maneja a terapia . . . não farmacológica para os problemas mais frequentes de saúde mental" e "realiza terapia familiar" (SBMFC, 2016). No entanto, não descreve que "terapia não farmacológica" é essa, se é alguma forma de psicoterapia ou aconselhamento e, se for, em que bases teóricas e técnicas será realizada, com que tipo de treinamento. Vale o mesmo para "realiza terapia familiar" sem, no entanto, dizer se essa é estrutural, transgeracional, de base sistêmica, psicanalítica ou de outro tipo, já que há uma grande variedade de terapias familiares comprovadamente eficazes.

É exatamente esse espaço teórico deixado em aberto que justifica um livro como este, que busca definir e defender um *como fazer* essa terapia não farmacológica, sempre centrada na compreensão total da subjetividade humana.

O *"médico ideal"*

Essas competências são um sinalizador, um "vir a ser" que deverá ser buscado mesmo que jamais seja alcançado. Em seu livro sobre o relacionamento médico-paciente, Tähkä (1988) coloca o título entre aspas, porque é difícil concordar sobre quais são as qualidades e competências do médico ideal, assim como também é complicado concordar sobre ideais, de maneira geral. Além disso, *ideal*, como sabemos, é algo que não existe, um objetivo fictício, uma meta no sentido da qual nos esforçamos, mas que, por causa de sua perfeição, acha-se sempre fora de nosso alcance. Nesse sentido, nenhum de nós é ou será um médico ideal, e isso não deveria ser um problema, e sim um estímulo.

Claro que é possível se tornar um bom médico mesmo com padrões básicos de personalidade, de atitudes e de treinamento muito diferentes. Porém, mesmo dentro de limites bastante amplos, para Tähkä (1988), é possível apontar algumas qualidades que são indispensáveis ou desejáveis num bom médico:

- O médico deve possuir conhecimentos e habilidades técnicas satisfatórias. Isso inclui uma disposição contínua a manter atualizados seus conhecimentos e ampliá-los, com auxílio do estudo continuado e do acompanhamento da literatura que surge em seu campo.
- O médico deve ser interessado em pessoas e relacionar-se com elas com empatia e respeito. No planejamento e na

implementação de sua atividade profissional, deve dar prioridade ao bem-estar e ao conforto do paciente.

- O médico deve estar pronto a escutar o seu paciente, pois, exceto no caso de crianças pequenas e pacientes inconscientes ou confusos, é geralmente a melhor fonte de informações com referência à sua própria condição.
- O médico deve estar preparado para observar continuamente tudo o que concerne ao paciente e fazer uso de suas observações de maneira lógica e racional, levando em conta tanto o conhecimento geral quanto as informações sobre o paciente que estão disponíveis até então.
- O bom médico está ciente de suas próprias limitações. Isso concerne tanto à ciência médica em geral quanto a ele próprio, como praticante da medicina e como indivíduo. Ele sabe o que pode e o que não pode fazer e está sempre pronto a mudar sua opinião sobre a doença do paciente ou sobre as medidas terapêuticas, sempre que fatos recém-surgidos aconselhem fazê-lo. Se a situação exigir, deve ser capaz de admitir, para o paciente, os erros que cometeu e as limitações de seu próprio conhecimento e perícia.
- Os problemas e os conflitos pessoais do médico não devem ser do tipo que cause danos ao paciente ou faça o médico usar este último para fortalecer os próprios preconceitos, sustentar a própria autoestima ou satisfazer suas necessidades não profissionais. A fim de evitar isso, o autoconhecimento profissional deve ser mantido e ampliado, como parte do trabalho cotidiano de um médico.

Rakel e Rakel (2007) sugerem que o médico de atenção primária bem preparado e interessado no atendimento psicológico deve possuir as seguintes qualidades:

- Capacidade de diagnosticar e gerenciar interferências emocionais no funcionamento físico.
- Compreensão de como ajudar os pacientes a se ajustarem a situações críticas em suas vidas.
- Sensibilidade às comunicações não expressas.
- Conhecimento de algumas técnicas de entrevista, relaxamento e comportamento.
- Reconhecimento dos recursos do ego positivo no paciente.
- Aptidão em guiar sem moralizar.
- Discernimento de uma transferência em evolução e outras resistências que irão interferir com um trabalho que envolve relação.
- Autoconhecimento suficiente para controlar a contratransferência – o contaminante inevitável dos problemas e preconceitos pessoais do médico.
- Disposição para, às vezes, passar pelo menos meia hora com pacientes individuais para encorajá-los a discutir suas preocupações emocionais mais profundas.
- Posse de informações adequadas sobre os recursos da comunidade que podem ser úteis no plano de tratamento.
- Habilidade em encaminhar o paciente a um psicoterapeuta para ajuda adicional quando necessário.

Além dessas qualidades, com as quais concordo, eu acrescentaria algumas outras observadas na minha experiência, que me parecem importantes e que não estão contempladas em nenhuma das listas de competências anteriores:

- Cultivar uma curiosidade saudável para diversos temas, tanto no campo da área da saúde quanto fora dele.

- Aceitar a ignorância primária (aquela que não sabe e vai buscar o conhecimento) e evitar a ignorância secundária (aquela que não sabe e, por vergonha de não saber, age como se soubesse).
- Ter humildade e aceitar não saber, tolerar essa ferida narcísica de não sabermos tudo nem conseguirmos resolver tudo. Em saúde mental, também há doentes terminais.
- Além de tolerar não saber tudo, ter a paciência de compreender o máximo possível antes de agir.
- Ter a coragem de aceitar as responsabilidades que vêm com o trabalho médico, as gratificantes e as frustrantes. Não se iludir com as primeiras e não desistir diante das segundas.
- Aceitar e aprender a lidar com os sentimentos transferenciais do paciente como naturais e inerentes, não como ofensa ou sedução indevida.
- Aceitar e aprender a lidar com os próprios sentimentos contratransferenciais, tolerando as próprias emoções.
- Poder diferenciar e administrar as questões de forma e conteúdo. Conhecer o *conteúdo* daquilo que está sendo tratado, mas aprender as diferentes maneiras de lidar com a *forma* para abordar aquele conteúdo (formas do como, quando e de que maneira falar).
- Não inferir que o paciente tenha o mesmo grau de cognição, conhecimento ou entendimento das questões e que, por isso, entenda tudo naturalmente, só porque estamos lhe dizendo algo. É preciso checar com ele, ao final de cada informação importante ou no final da consulta, o quanto nos fizemos entender. Costumo perguntar, nesses momentos: "Isso faz sentido para você?". Nunca perguntar "você entendeu?", colocando nele a responsabilidade pela compreensão,

mas perguntar se há algo no que explicamos que possa não ter ficado claro, e que poderíamos explicar de outra forma.
- Ao entrevistar, ir do geral para as minúcias (esmiuçar em detalhes algumas informações, mas, para isso, é preciso saber o que procurar). Por exemplo, nas depressões, procurar perdas, mesmo as invisíveis; nas ansiedades, procurar conflitos, mesmo os não falados espontaneamente.
- Não ver o encaminhamento como uma solução, pois ele pode se tornar um problema.

Quando colegas ou estudantes me perguntam como poderiam aprender a coletar uma história melhor, ou quando me pedem sugestões de bibliografia nessa área, além de indicar algumas fontes confiáveis (há várias na bibliografia de cada capítulo deste livro), sugiro que cultivem uma ampla gama de interesses em outras áreas que não somente a medicina. Para conhecer e entender pessoas, o importante é aprender sobre a vida e suas nuances, e um ótimo campo para isso são as manifestações artísticas e culturais, que permitam melhor compreender e tolerar a complexa e diversificada experiência humana. Indico sempre as artes em geral, todas elas, mas especialmente literatura, teatro, cinema, esportes e tudo aquilo que possa acrescentar experiências de vida que contribuam para melhor entender o ser humano.

Alguns problemas frequentes do dia a dia

Logicamente, esse caminho, entre o *real* complicado e o *ideal* nunca está ao nosso alcance. Ele é cheio de curvas e acidentes, dos quais vou listar os mais comuns do dia a dia de um médico de família:

- Falta de curiosidade (não perguntar muito, alegando falta de tempo para uma consulta "mais completa").
- Não saber gerenciar o tempo de consulta, ou usar a seu favor o cuidado longitudinal (usar vários encontros para coletar todos os dados importantes).
- Ficar perseguido pela sensação de não saber, gerando insegurança, que então é encoberta pela arrogância como defesa (o ter que saber, não tolerar bem as dúvidas).
- Medo de coletar muitos dados, mas não saber o que fazer com eles (sem se dar conta que, com poucos dados, sabe-se menos ainda o que fazer!).
- Medo de não saber lidar com os aspectos emocionais surgidos na relação e, para não se comprometer, encurtar o tempo de consulta ou encaminhar o paciente para outro especialista.
- Falta de conhecimento técnico específico, que contribui para a não compreensão (uma transferência negativa carregada de agressividade não é uma ofensa pessoal), ou não ligar os fatos aos seus nomes técnicos (por exemplo, não adesão ao tratamento como um sintoma da resistência).
- Uso de jargão médico ou fazer mau uso das palavras, acreditando que elas têm um único significado, gerando dificuldades na comunicação (vários pacientes já se assustaram com o termo técnico "taquicardia", entendendo que era um "ataque cardíaco").
- Preocupação com o que fazer antes mesmo de entender a natureza e o alcance do problema. Em razão disso, pacientes são medicados para episódios depressivos sem a mínima ideia do porquê da depressão (ver Capítulo 11).
- Lidar com problemas de conteúdo antes de lidar com a forma do problema.

- Inexperiência por falta de vivências humanas. Essa não tem como resolver, nem lendo Nelson Rodrigues em "A vida como ela é". Para sanar esse problema, é preciso viver.

Referências

Rakel, R. E., & Rakel, D. P. (2007). *Textbook of family medicine.* Saunders.

Sociedade Brasileira de Medicina de Família e Comunidade. (2015). 2.1.6 Abordagem a problemas de saúde mental. In *Currículo baseado em competências para Medicina de Família e Comunidade da Sociedade Brasileira de Medicina de Família e Comunidade (SBMFC).* http://www.sbmfc.org.br/wp-content/uploads/media/Curriculo%20Baseado%20em%20Competencias(1).pdf

Tähkä, V. (1988). *O relacionamento médico/paciente.* Artes Médicas.

World Organization of National Colleges, Academies and Academic Associations of General Practitioners/Family Physicians. (2018, jan.). *Core competencies in primary mental health care.* http://www.globalfamilydoctor.com/site/DefaultSite/filesystem/documents/Groups/Mental%20Health/Core%20competencies%20January%202018.pdf

18. A experiência Balint em um serviço de atenção primária à saúde[1]

> *O ensino intelectual, embora bom e erudito, dificilmente tem qualquer efeito sobre este processo de libertação e flexibilização geral. O que é necessário é uma atmosfera emocionalmente livre e amigável na qual alguém possa enfrentar a experiência que, com frequência, o comportamento real de uma pessoa é inteiramente diferente do que se pensava e daquilo que sempre se acreditava ser.*
>
> (Balint, 1954)

Ainda na faculdade, desde muito cedo, tive interesse pelas histórias de vida dos pacientes, na sua totalidade. Muitas foram as influências, impossível citar todas. As principais foram dois professores que me marcaram muito, Amílcar Gigante e Darcy Abuchaim. Do primeiro, um grande clínico e admirador das ideias de Balint, vieram meus contatos iniciais com as ideias desse autor, quando abordava questões de relação médico-paciente e citava a "droga

---

[1] Adaptado de uma conferência para o serviço de Cuidados Paliativos do Hospital Nossa Senhora da Conceição, em outubro de 2018.

médico", seus efeitos e paraefeitos, um conceito importante criado por Balint, e a necessidade de ter paciência para ouvir a história do paciente como contada por ele. Do segundo, um psicanalista, veio a curiosidade de saber de onde ele tirava tanta compreensão dos problemas e dos conflitos dos pacientes que ele entrevistava diante de nós, a ponto de me surgir a ideia, ainda no quinto ano da faculdade, de um dia ser psicanalista, se isso me tornasse essa pessoa que compreendia os outros de maneira mais ampla e profunda.

A disponibilidade para ouvir com atenção e curiosidade, e a capacidade de tolerar histórias, das mais banais, mais sofridas, até as mais bizarras, com seus respectivos afetos, foi se consolidando aos poucos dentro de mim, ainda sem que eu tivesse me dado conta de minha futura opção profissional, ser um psiquiatra e psicanalista, sem jamais deixar de ser o médico dotado de um raciocínio clínico que integrasse essas áreas. Como estudante de medicina, depois médico de família, utilizei essas características para tentar atender melhor meus pacientes clínicos. Só mais tarde, durante a minha análise pessoal, percebi que aquele interesse de toda a vida poderia me levar a outros campos, inclusive ao da psicanálise, o que me aproximou novamente das ideias de Balint, agora pelo outro lado, como psicanalista e coordenador de grupos Balint, ideia que nunca havia me passado pela cabeça até acontecer.

E o que tudo isso tem a ver com a experiência Balint? Para começar, ele era um médico e psicanalista, interessado e envolvido no treinamento de médicos gerais (*general practitioners*) na Inglaterra, e em como esse treinamento poderia ser ampliado e qualificado pelos conceitos teóricos da psicanálise. Já havia cursos sobre como melhor compreender e abordar temas de saúde mental para médicos gerais desde os anos de 1930, mas os resultados não eram animadores, porque ficavam apenas no campo teórico, sem modificar a prática.

Ele anunciou, na imprensa médica inglesa, o oferecimento de um curso de psicoterapia para médicos gerais, para oito a doze membros, com reuniões semanais de duas horas de duração, nas quais um dos presentes apresentaria um caso "psicológico" que tenha precisado tratar e a forma como o fez. Isso era feito de forma prática, não teórica, embora às vezes fosse necessário explicar alguns conceitos psicanalíticos importantes para a compreensão dos fenômenos observados, como transferência e contratransferência.

Essa metodologia acabou gerando um método de pesquisa e trabalho que proporcionava o encontro desses grupos de médicos gerais com um psicanalista e funcionava como um facilitador para a apresentação e a discussão de fatos e afetos ligados ao atendimento médico de um determinado paciente. Nessas reuniões, não havia o objetivo de apresentar uma verdade ou uma solução para o caso em questão, mas sim de discutir as particularidades daquele atendimento em todas as suas áreas, os eventos transferenciais e contratransferenciais presentes, os afetos despertados, positivos ou negativos, a forma como foram trabalhados, e assim por diante. A ideia era tornar os médicos gerais mais sensíveis e aptos a lidarem com temas de saúde mental surgidos nas consultas. Considerava-se que esses temas correspondiam a pelo menos 50% da demanda, já naquela época. Como se vê, a questão da grande prevalência de casos de saúde mental em atenção primária não é nova.

A ideia original era ir adiante da mera fenomenologia, dos diagnósticos etiológicos precisos e da oferta de uma cura, para ir em busca de uma história mais completa do paciente, naquilo que ajudasse a compreender melhor sua forma de viver, de funcionar, sua relação consigo mesmo, com sua doença e com os outros.

Ao discutir especificamente a questão do médico de família, Balint afirmava que a situação deste, embora contendo elementos da vida de fantasia, era muito mais próxima da realidade do que uma situação psicanalítica, necessitando, portanto, de uma técnica consideravelmente diferente da aplicada na área da psicanálise. Dessa ideia surgiu a necessidade da criação do seu projeto original de pesquisa, visando a descobrir o que seria necessário aos médicos de família para realizarem uma *psicoterapia médica* adequada às suas necessidades. Não há um saber pronto a ser ensinado, há uma descoberta a ser feita de forma partilhada.

Para Balint, o psicanalista que coordena o grupo é necessário não porque ele sabe o que os médicos deveriam fazer; pelo contrário, porque, estando fora da prática médica comum, ele pode colocar sua competência em compreensão psicodinâmica a serviço dos membros do grupo.

A complexidade dos casos fez surgir dois conceitos sobre o diagnóstico: o diagnóstico "tradicional", que diz respeito à psicopatologia, e o diagnóstico "completo", que leva em conta todos os aspectos da vida do paciente, de sua família, de sua situação de vida, seu modo de agir no mundo.

Estabeleceu-se um princípio fundamental segundo o qual, quando o médico sente alguma coisa enquanto cuida do paciente (qualquer tipo de afeto), deve se abster de agir de acordo com seus sentimentos, fazer uma pausa e considerá-los como um possível sintoma da doença (exame dos sentimentos contratransferenciais, no "aqui e agora" da situação durante a consulta).

Um exemplo simples desse princípio é o seguinte: o dia de trabalho do médico transcorre normalmente, ele se sente bem-disposto e tranquilo, sem afetos negativos que o atrapalhem. Ao atender um determinado paciente, o médico começa a se perceber irritado e com tendência a falar de forma ríspida ou mesmo agressiva, sem uma razão para tal comportamento. Nesse momento, é importante que o médico examine seus próprios sentimentos e perceba se essa irritabilidade é um problema seu ou é fruto de sentimentos contratransferenciais, acionados por uma irritação ou uma agressividade que pertence ao paciente, não a ele.

Esse "contágio emocional", no qual os sentimentos de um contagiam e influenciam o outro, é um fenômeno bastante comum nas interações do dia a dia e nas consultas médicas. Detectar a fonte do sentimento, próprio ou alheio, permite a opção de abordar ou não tais sentimentos de forma mais direta ("noto que você parece bastante irritado hoje"), ou relacioná-los aos sintomas do paciente ("a situação X pela qual você está passando tem lhe deixado muito preocupado a ponto de ficar irritado?").

Nos grupos Balint, a comunicação deve ser a mais livre possível, sem críticas negativas à maneira de falar do médico a respeito de seu paciente, respeitando todas as falhas e inexatidões do seu relato, as omissões, os pensamentos secundários, as adições tardias e as correções etc., incluindo a sequência na qual isso foi revelado. Todas essas coisas contam uma história, da implicação afetiva do médico, de sua contratransferência para com aquele paciente. Examina-se o comportamento do médico, não nas suas motivações íntimas, mas na esfera pública da transferência, aquela revelada pela apresentação do caso e no transcorrer de sua discussão, capacitando-o a compreender e a lidar melhor com suas reações emocionais aos pacientes.

Como resultado, observa-se o abandono de condutas rígidas, libertação de esquemas predeterminados de comportamento (formas contratransferenciais de reagir sempre da mesma maneira a determinados eventos) e uma melhor capacidade de observação do paciente, produzindo a captação de histórias mais fidedignas e completas.

Um dos objetivos nos grupos Balint é dar assistência ao médico de família no trabalho com seus pacientes: ajudá-lo a compreender as múltiplas relações pessoais que intervêm na sua prática, sejam as relações do paciente consigo mesmo, envolvendo seus desejos, proibições, conflitos, sejam as com seu meio familiar, social ou profissional. Outro objetivo é favorecer a aquisição de competências em sua atividade profissional, no que se refere às relações interpessoais. Essa competência deve se refletir em maior lucidez e flexibilidade no uso da interação médico-paciente. E ela comporta dois elementos: maior sensibilidade para os fenômenos relacionais e maior compreensão de seus significados.

Os grupos Balint que coordeno há muitos anos com os residentes de medicina de família trazem à tona diversas peculiaridades surgidas na relação médico-paciente, criadas pela transferência do paciente e pelos problemas contratransferenciais que esta produz, a qualidade da relação que daí decorre, as peculiaridades e as dificuldades no manejo dos casos. Isso permite a livre discussão, no grupo, das ansiedades e das dificuldades de cada um em situações semelhantes, encontrando novas compreensões e formas de lidar no futuro.

Como exemplos práticos, agrupei os problemas mais frequentes trazidos para discussão sob os títulos de situações produtoras de angústia, produtoras de raiva e agressividade, situações confusionais, como lidar com a morte e pacientes que mentem ou manipulam.

A seguir, descreverei alguns casos típicos de cada uma delas, discutidos no grupo, conforme foram trazidos nas reuniões, como exemplos do tipo de trabalho realizado.

Situações produtoras de angústia

O caso trazido à discussão é o de um menino de 11 anos que só fez consultas de acolhimento por asma, sem acompanhamento continuado na unidade de saúde. É descrito como quieto e tímido, foi trazido à consulta pela bisavó. Tem um irmão gêmeo, mas a ovelha negra da família é ele, já nasceu doente, "pesteado" (sic). Não faz muito contato visual, chora dizendo que está com dor na garganta (quem sabe uma expressão das coisas que não pode verbalizar).

Produz angústia na médica, que também experimenta uma irritação pela não presença da mãe (ela fica com raiva dessa mãe ausente). A médica descobre que o pai trata o menino mal, e a mãe está grávida de um outro homem agora. A situação é de abandono e negligência, a médica vai ficando mal ao ouvir tudo isso, sem saber o que fazer, impotente, triste. Ao relatar o caso ao grupo, ela começa a chorar, penalizada com a situação do menino. Sente que há algo por trás, mas não sabe o quê. Há um abandono encoberto, mas um abandono emocional, de familiares negligentes e sem afeto pelo menino.

As questões que surgiram para serem discutidas foram: como nos sentimos diante da negligência, especialmente a de crianças? Que contratransferência nos desperta? Como lidamos com isso? A associação veio por meio de uma frase dita pelo pediatra do hospital: "Que absurda a situação dessa criança!", traduzindo a impotência que a médica de família sentia.

Discutiu-se o que leva uma mãe a se comportar assim, não dando atenção ao filho. Buscou-se uma maior compreensão da situação; a verdade incômoda é que nem todas as mães realmente gostam ou se importam com seus filhos.

Surgiu mais material associativo; a médica lembrou que a bisavó materna disse que a mãe do menino era "muito louca", vivia em festas, até se casar com um militar que a "colocou na linha". Talvez a compreensão de que a mãe do menino pudesse ter problemas mentais diminuísse as críticas da equipe de saúde contra ela e seu abandono.

Com a angústia experimentada contratransferencialmente, a vontade da médica era de passar a "batata quente" adiante, livrar-se do problema com um encaminhamento, como defesa contra a ansiedade. A natureza da angústia da médica era de não ser suficientemente boa para dar os cuidados necessários que o paciente necessitava (e que não havia recebido da mãe, no passado). Discutiu-se que nunca seremos suficientemente bons para problemas dessa natureza, que "resolver os problemas do paciente", numa situação como essa, é algo que está além da nossa responsabilidade profissional.

Analisou-se, nesse caso, como lidar com a frustração de não resolver certas situações. Não resolver os problemas é um fator produtor de ansiedade para o médico, que continua sofrendo com o que não seria sua tarefa. No entanto, quem define que cuidado está suficientemente bom, o médico ou o paciente? Discutiu-se a ideia de que se intrometer demais pode ser invasivo, e mesmo iatrogênico em algumas situações.

Não saber exatamente o que está acontecendo aumenta a angústia, pelas fantasias que produz. Crianças têm autonomia limitada; por serem vulneráveis, precisam ser cuidadas e protegidas, e, em razão disso, mobilizam angústias ainda maiores, no profissional e na equipe. Observou-se, portanto, que crianças desinvestidas de afeto pela família produzem uma contratransferência de desinvestimento da unidade de saúde nelas, e que, por isso, chamar a assistente social é um recurso acionado, às vezes, antes mesmo da compreensão do caso.

Situações produtoras de raiva e agressividade

O médico trouxe para discussão no grupo o caso de "uma paciente que eu quis matar ontem!". Assim já revelou o quanto precisou conter sua agressividade e raiva da paciente. Era uma mulher muito confusa nas queixas e nas suas demandas de atendimento, exigindo agressivamente coisas que o médico não poderia fazer, demandas administrativas impossíveis de serem satisfeitas, por não serem éticas ou legais.

Essa mulher já havia vindo outras vezes, sem consultas marcadas, sempre no espaço de acolhimento da unidade, alegando estar em crise, exigindo ser atendida imediatamente. Em todas as consultas, era muito agressiva, recusava-se a contar seu histórico ou dar informações a seu respeito, mas já havia sido atendida por psiquiatra particular, com algumas internações psiquiátricas e várias medicações, para as quais só queria a renovação de receitas, como sempre fazia em outra unidade de saúde. Dizia que não falaria nada para o médico de família, exigia um novo encaminhamento para um psiquiatra e esbravejava dizendo: "Se eu morrer é culpa sua".

Discutiu-se sobre o que fazer quando a demanda não é ética (dar receitas sem sequer ter a história da paciente). A paciente fazia as demandas de forma agressiva, sem educação e sem noção do respeito necessário, apressando as coisas para pressionar o médico e, assim, obter o que desejava, imprimindo seu próprio tempo à consulta. Toda essa agressividade pertencia à paciente, projetada no médico, que passou a experimentá-la como se fosse sua também.

Os sentimentos contratransferenciais foram experimentados pelo médico como ele se sentindo agredido e desejando muito revidar. Sentimentos naturais, humanos, mas que, em vez de serem atuados, precisam ser trabalhados na consulta. Discutiu-se no grupo como cada profissional manejava sua contratransferência nesses casos. O médico relatou o grande esforço que precisou fazer para não agredir de volta a paciente, não ser grosseiro com ela.

Discutiu-se que é natural sentir raiva de um paciente, caso essa raiva possa ser instrumentada a serviço da compreensão e do manejo do caso, mas, nesse momento, o profissional não conseguiu usá-la de forma produtiva, pois ficou intimidado pela própria raiva, com medo de perder o controle sobre sua reação. Sentiu raiva porque, pela pressão da paciente, era como se ela fosse a comandante ali, dizendo o que ele deveria fazer, uma inversão de papéis que deixou o médico indefeso diante da agressão. Sentiu medo do confronto, medo de dar limites e, assim, perdeu o controle do ambiente. Um dos presentes disse sentir alívio por não ser o médico nessa consulta, evidenciando o medo e o rechaço que certos pacientes produzem no profissional.

O grupo discutiu que não se aprende a lidar com a agressividade e a raiva na faculdade, nem a dos pacientes e nem aquela que é despertada neles, que a reação mais comum a todos numa situação de conflito como essa é "travar", não saber mais o que dizer ou fazer. O tema em questão era a necessidade de conhecer a própria raiva e manejá-la melhor, já que situações como essa sempre acontecerão.

Surgiu a ideia de que estar a serviço do cuidado da paciente é bem diferente de ser um serviçal dela. O que fazer para deixar clara a diferença? Sugeriu-se que o melhor seria esperar e observar, para depois falar, que isso seria diferente de congelar a mente, pelo medo da própria raiva. Avaliou-se como discriminar os sentimentos presentes na consulta e identificar quais são da paciente e quais são do médico, para poder lidar melhor com ambos, os próprios e os alheios.

Por fim, surgiu a discussão de como lidar com a psicose (assumindo que a paciente em questão era psicótica). Mesmo se não fosse, como lidar, em casos semelhantes, com comportamentos que não são comuns ao médico de família? Como aumentar o repertório técnico para lidar com situações assim?

Situações confusionais

O médico que trouxe o caso para discussão disse que se sentiu estranho ao atender, porque não entendeu muito bem o que se passou no atendimento. A paciente era uma mulher de cerca de 60 anos; veio porque queria exames de rotina nessa consulta e que trataria da dor no joelho na próxima, como se estivesse comandando o que o médico deveria fazer.

Começou a falar sem parar, num fluxo contínuo que tornava difícil seguir seu raciocínio. Demonstrava teatralidade no falar e contou que não fazia uso de nenhuma medicação, que havia parado de fumar há cinco anos, que fugia do cigarro saindo de casa e comendo muito. Mencionou que aumentou de peso e não gostou disso (mas não parecia ter sobrepeso), cuidava muito da alimentação desde jovem, gostava do corpo magro, contou de síncopes eventuais, de reposição hormonal, que dormia três horas por noite, mas sobre isso não queria falar, nem da reposição hormonal, mas disse que sem esta tinha um vazio e um aperto no peito antes de deitar-se etc.

O médico contou que, em determinado ponto da consulta, não sabia como interromper o fluxo verbal e pôr alguma ordem num relato que a ele parecia caótico, sem fundamento. Relatou ao grupo que se sentiu perdido, sem saber o que fazer, "ela não me deu nenhuma abertura, chegou a me dar uma confusão mental".

Discutiu-se como ela comandou a consulta desde o início, quando geralmente é o profissional o responsável pelo ambiente, mas a questão que preocupou a todos era não ter entendido exatamente o que a paciente queria. Não entender pode ser algo angustiante para muitos, angústia que tanto pode aumentar a curiosidade de saber quanto bloquear a busca de mais entendimento.

Dialogou-se sobre como era importante, em casos assim, trabalhar a forma, não o conteúdo. Essa era uma forma defensiva de falar, para tontear o médico, e não para comunicar. Ao mesmo tempo que exigia muitos exames, o que era mesmo que ela queria descobrir com eles? Para o médico, ficou a sensação de que havia algo que não foi falado na consulta, oculto pela torrente de palavras. Discutiu-se como nem toda fala é comunicativa, as palavras podem ser usadas para ocultar fatos e afetos, sem dizer nada.

Outro tema que surgiu no grupo foi sobre quando o paciente usa tempo demais, além da hora. Como e quando interromper? Como definir o momento de interromper? Discutiu-se sobre não ter medo nem vergonha de assumir o controle do ambiente e da consulta, fazer interrupções sempre e quando achar necessário, pois isso ajuda a organizar a mente do paciente e a do médico, beneficiando a ambos.

Como lidar com a morte

O grupo discutiu um paciente atendido pelo médico residente no seu estágio de internação. Era um homem relativamente jovem, 50 anos de idade, com câncer de laringe não ressecável. Ele havia recusado fazer a cirurgia há dois anos, não se sabia a razão. No leito, estava agitado, confuso, com quadro de *delirium*, entubado, com traqueostomia e gastrostomia. Num episódio de agitação, arrancou a sonda nasoentérica.

A comunicação verbal era impossível e o médico relatou que entrou num estado mental de piloto automático, fazendo apenas o acompanhamento do paciente, dos sinais vitais etc., sem investir mais nesse cuidado, inferindo que ele iria morrer mesmo. Discutiu-se no grupo o desligamento afetivo dos profissionais em situações como essa, como uma forma de defesa contra as ansiedades depressivas despertadas em nós diante da morte.

A família era ausente e desinteressada (uma forma de negação da morte, não saber sobre o problema), ou familiares diferentes compareciam em dias diferentes, para manter um estado de dissociação (vários sabiam de partes do cuidado, nenhum sabia do cuidado integrado do todo). O médico, de forma inconsciente, identificou-se com a família – reproduzindo a ausência de afeto e o pouco interesse da família, agindo como se o paciente já tivesse morrido.

A pergunta do colega ao grupo era o que se poderia fazer por esse paciente; no fundo, era sobre o que fazer com quem está morrendo. Medidas paliativas? Com certeza, mas houve outro acontecimento marcante. O paciente sinalizou ao médico que queria caneta e papel, onde escreveu "morte", dizendo que queria ser ajudado a morrer, uma situação que produziu sentimentos de inquietude, dor e impotência no colega e no grupo.

Por sorte, o médico não teve que tomar nenhuma decisão drástica, pois, nesse meio-tempo, surgiu a esposa do paciente, nem se sabia que havia uma, e se responsabilizou por ele, levando-o para uma instituição, pois a irmã do paciente já havia tomado a casa que era dele.

O paciente que mente ou manipula

Paciente mulher, 30 e poucos anos, após tratamento de pielonefrite, queixava-se de apatia e pedia atestado para não retornar ao trabalho até estar completamente curada (o que já estava, do ponto de vista clínico). O médico suspeitou de ganho secundário, mas ela alegava estar deprimida, queria um laudo de afastamento naquele dia mesmo, de forma exigente, fazendo pressão sobre o médico. Disse, mas de forma não convincente, que havia tentado o suicídio na semana passada, com remédios, mas que só dormiu, nem procurou atendimento depois. A ameaça, nas entrelinhas da conversa, era: "Viu o que eu posso fazer se não ganhar o atestado?".

Ao investigar melhor, o profissional descobriu que ela tinha um histórico de não adesão aos tratamentos, inclusive teve muita dificuldade de completar um tratamento para tuberculose, pois parava as medicações por conta própria.

O grupo discutiu então a contratransferência negativa que esses pacientes produzem, o rechaço que o profissional sente quando fica óbvio que estão forçando sintomas para receber um laudo favorável, ou um atestado de falsa incapacidade física. Surgiu a ideia de que justamente a contratransferência poderia ser a chave para resolver o problema, pois o médico tinha a intuição e a sensação de que havia uma inverdade nas informações prestadas.

O colega lembrou que não sentiu empatia alguma pela paciente e que notou que até para chorar ela se forçava. Teve a nítida sensação de estar diante de um fingimento, sendo manipulado e com vontade de encerrar a consulta antes do tempo, para livrar-se dela.

O que fazer em situações como essa? Falou-se da importância de poder tolerar tais pacientes, mantendo a neutralidade, evitando culpabilizar a paciente, porque essa forma de agir é parte da doença. Na reunião, foi lembrado que há transtornos de personalidade que cursam com esse tipo de comportamento, e que é preciso manter a neutralidade, manter-se fiel ao cuidado médico da pessoa, porém sem ceder ao mais fácil, que seria aceitar o conluio e dar o atestado pedido para se livrar do problema.

Existem muitas outras situações e nuances em cada relação médico-paciente, mas essas que agrupei são as que, de forma geral, costumam oferecer mais dificuldades no manejo e, por isso, são trazidas com mais frequência para discussão no grupo.

Referência

Balint, M. (1954). Method and technique in the teaching of medical psychology. II – Training general practitioners in psychotherapy. *Journal of Medical Psychology, 27*(1-2), 37-41.

Posfácio

Se você chegou até aqui, seja após ler todo o livro ou só os capítulos do seu interesse, saiba que isso não tem qualquer importância, porque a vida também não é linear nem precisa de uma ordem ou sequência para ser vivida. Na verdade, a educação de adultos mostra que a melhor forma de aprender é a dirigida pelos interesses e pelos afetos. O importante é se, em algum momento, você se sentiu tocado, representado, apoiado, provocado ou mesmo incomodado pelo texto, se em algum momento você pensou "eu não tinha visto a coisa por esse ângulo antes".

Ao revisar o texto final, foi inevitável me deparar com a percepção de que muitas coisas que ficaram fora poderiam ter sido acrescentadas, outras quem sabe poderiam ter sido mais aprofundadas ou mais bem explicadas, e assim por diante. Em resumo, gostaria de ter escrito um livro mais completo ou mais perfeito, e foi preciso uma certa dose de coragem e resignação para deixá-lo como está. Serviu de consolo lembrar que Donald Winnicott, um psicanalista inglês, acreditava que os erros do analista eram inevitáveis e importantes para o paciente e para o processo psicanalítico, desde que pudessem ser analisados e compreendidos. Por isso, aceitaria receber o *feedback* de todos que se dispuserem a entrar em contato comigo para que, numa próxima edição, eu possa corrigir os erros antigos e assim ficar livre para cometer erros novos.

Tentei fazer uma síntese entre a teoria e a prática, mediada e processada pela experiência pessoal, assim como é muito pessoal a leitura que selecionei de diversos autores que me influenciaram ao longo do meu percurso profissional. Na preparação de cada capítulo, revisei centenas de artigos e algumas dezenas de livros, porém nem todos estão citados na bibliografia, que por certo é selecionada e incompleta, mas posso garantir que meus favoritos estão contemplados e compartilhados com vocês, da mesma forma que os cito e compartilho nas aulas, seminários e supervisões. Afinal, eles não são minha propriedade nem meu patrimônio, pertencem à Medicina, essa com M maiúsculo.

Leituras sugeridas

Albuquerque, M. A. C. (1994). Desenho na comunicação com psicóticos. *Arquivos de Psiquiatria, Psicoterapia e Psicanálise, 1*(1), 46-52.

Albuquerque, M. A. C. (1996, 24 nov.). *A psicose na vida cotidiana.* Trabalho apresentado na VII Jornada Paulo Guedes, da Fundação Universitária Mário Martins.

Albuquerque, M. A. C. (1996). O paciente "poliqueixoso". *Momento & Perspectivas em Saúde, 9*(2).

Albuquerque, M. A. C. (2018). Tratando aspectos não-representados da mente. *Psicanálise – Revista da Sociedade Brasileira de Psicanálise de Porto Alegre, 20*(1), 128-149.

Balint, M. (1954). Training general practitioners in psychotherapy. *British Medical Journal, 1*(4854), 115-120.

Beckman, H. B., & Frankel, R. M. (1984). The effect of physician behavior on the collection of data. *Annals of Internal Medicine, 101*(5), 692-696.

Beeson, P. B. (1979). On becoming a clinician. In *Cecil-Loeb Textbook of medicine* (15a ed., pp. 1-3). Saunders.

Bion, W. (1994). Desenvolvimento do pensamento esquizofrênico. In *Estudos psicanalíticos revisados*. Imago.

Blaine, J. D., & Julius, D. A. (Eds.). (1977). *Psychodynamics of drug dependence*. Division of Research, National Institute on Drug Abuse (NIDA). Research Monograph 12.

Bollas, C. (1992). Doença normótica. In *A sombra do objeto: psicanálise do conhecido não pensado*. Imago.

Bowden, C. L., & Burstein, A. G. (1979). *Psychological basis of medical care: an introduction to human behavior* (2a ed.). The Williams & Wilkins Company.

Bower, M., Hale, R., & Wood, H. (2013). *Addictive states of mind*. Karnac Books.

Cassel, E. J. (1976). *The healer's art: a new approach to the doctor-patient relationship*. Lippincott.

Crowcroft, A. (1979). *O psicótico: compreensão da loucura*. Zahar.

Dewald, P. (1981). *Psicoterapia: uma abordagem dinâmica*. Artes Médicas.

Etchegoyen, H. R. (1987). *Fundamentos da técnica psicanalítica* (p. 51). Artes Médicas.

Figueroa, R. A., Cortés, P. F., Accatino, L., & Sorensen, R. (2016). Trauma psicológico en la atención primaria: orientaciones de manejo. *Revista Médica de Chile, 144*(5), 643-655.

Fiorini, H. J. (1991). *Teoria e técnicas de psicoterapias*. (9a ed.). Francisco Alves.

Freud, S. (1980). Neurose e psicose. In *Edição standard brasileira das obras psicológicas completas de Sigmund Freud* (Vol. XIX). Imago. (Trabalho originalmente publicado em 1924[1923]).

Gask, L., & Usherwood, T. (2002). ABC of the psychological medicine: the consultation. *British Medical Journal, 324*(7353), 1567-1569.

Goldberg, R., & Green, S. Medical psychotherapy. *American Family Physician, 31*(1), 173-178.

Hales, R. E., Yudofsky, S. C., & Gabbard, G. O. (2012). *Tratado de psiquiatria clínica* (5a ed.). [recurso eletrônico]. Artmed.

Higgins, E. S. (1994). A review of unrecognized mental illness in primary care: prevalence, natural history, and efforts to change the course. *Archives of Family Medicine, 3*(10), 908-917.

Horney, K. (1952). The paucity of inner experiences. *American Journal of Psychoanalysis, 12*(1), 3-9.

Kates, N., Craven, M., Bishop, J., Clinton, T., Kraftcheck, D., LeClair, K., ... Turner, T. (1997). Shared mental health care in Canada. *Canadian Journal of Psychiatry, 42*(8), suppl., 12 pp. doi: 10.1177/070674379704200819

Kon, A. A. (2017). Futile and potentially inappropriate interventions: semantics matter. *Perspectives in Biology and Medicine, 60*(3), 383-389.

Laplanche, J., & Pontalis, J.-B. (2000). *Vocabulário da psicanálise*. Martins Fontes.

Leslie, D. L., & Rosenheck, R. (1999). Shifting to outpatient care? Mental health care use and cost under private insurance. *American Journal of Psychiatry, 156*(8), 1250-1257.

MacKinnon, R. A. (2008). *A entrevista psiquiátrica na prática clínica*. [recurso eletrônico]. (2a ed.). Artmed.

Marcondes, D. (1968). Novos aspectos da entrevista clínica: dificuldades contratransferenciais. *Revista Brasileira de Psicanálise, II* (2), 245-256.

Marmor, J. (1981). O médico como psicoterapeuta. In G. Usdin & J. M. Lewis, *Psiquiatria na prática médica*. Guanabara Koogan.

Marty, P. (1998). *Mentalização e psicossomática*. Casa do Psicólogo.

Murray, C. J. L., & Lopez, A. D. (1996). *World Health Organization, World Bank & Harvard School of Public Health. The Global burden of disease: a comprehensive assessment of mortality and disability from diseases, injuries, and risk factors in 1990 and projected to 2020*. World Health Organization. https://apps.who.int/iris/handle/10665/41864

Nickels, M. W., & McIntyre, J. S. (1996). A model for psychiatric services in primary care settings. *Psychiatric Services*, 47(5), 522-526.

Pendleton, D., Schofield, T., Tate, P., & Havelock, P. (2007). *The new consultation: developing doctor-patient communication*. Oxford University Press.

Perestrello, D. (1982). *A medicina da pessoa* (3a ed.). Atheneu.

Pickering, C. W. (1977). Medicine at the crossroads: learned profession or technological trades union? *Proceedings of the Royal Society of Medicine*, 70(1), 16-20.

Rakel, R. E., & Rakel, D. P. (2007). *Textbook of family medicine*. Saunders.

Rockville, M. D. (1993). *Depression guideline panel. Depression in primary care: Volume 1. Detection and Diagnosis. Clinical Practice Guideline, Number 5*. U. S. Department of Health and Human Services, Public Health Service, Agency for Health Care Policy, and Research. AHCPR Publication N. 93-0550.

Sadock, B. J., Sadock, V. A., & Ruiz, P. (2017). *Kaplan & Sadock Compêndio de psiquiatria* (11a ed., pp. 206-208). Artmed.

Stoudemire, A. (1996). Implications for the education of primary care physicians in the era of managed care: part 1. *Psychosomatics*, *37*(6), 502-508.

Stoudemire, A. (1997). Implications for the education of primary care physicians in the era of managed care: part 2. *Psychosomatics*, *38*(1), 1-9.

Stuart, M., & Liebermann III, J. (1993). *The fifteen-minute hour: applied psychotherapy for the primary care physician* (2a ed.). Praeger.

Svanberg, J. (2021). *A psicologia do vício*. Blucher.

Täkhä, V. (1988). *O relacionamento médico-paciente*. Artes Médicas.

Trevisan, R. (2004, set./dez.). Psicoterapia psicanalítica e depressão de difícil tratamento. *Revista de Psiquiatria do Rio Grande do Sul*, *26*(3), 319-328.

U. S. Department of Health, Education and Welfare Public Health Service of Alcohol. *Drug Abuse and Mental Health Administration*.

Wells, K. B., Schoenbaum, M., Unützer, J., Lagomasino, I. T., & Rubenstein, L. V. (1999). Quality of care for primary care patients with depression in managed care. *Archives of Family Medicine*, *8*(6), 529-536.

Williams Jr., J. W., Rost, K., Dietrich, A. J., Ciotti, M. C., Zyzanski, S. J., & Cornell, J. (1999). Primary care physicians' approach to depressive disorders: effects of physician specialty and practice structure. *Archives of Family Medicine*, *8*(1), 58-67.

World Health Organization. (1990). *The introduction of a mental health component into primary health care*. World Health Organization.

Zola, I. K. (1966). Culture and symptoms: an analysis of patient's presenting complaints. *American Sociological Review, 31*(5), 615-630.

Sobre o autor

Marco Aurélio Crespo Albuquerque é médico, graduado na Universidade Federal de Pelotas (UFPEL), com especialização nas áreas de Medicina Geral Comunitária (atual Medicina de Família e Comunidade) e Medicina Preventiva e Social pela UFPEL. Especialista em Medicina do Trabalho e Saúde Ocupacional pela Universidade Federal do Rio Grande do Sul (UFRGS). Especialista em Psiquiatria pela Fundação Universitária Mário Martins e pela Associação Brasileira de Psiquiatria. Psicanalista pela Sociedade Brasileira de Psicanálise de Porto Alegre, onde é membro efetivo e analista didata.

Como psicanalista, é membro associado da Federação Brasileira de Psicanálise (FEBRAPSI), da Federação Psicoanalítica Latino-Americana (FEPAL) e da International Psychoanalytical Association (IPA). Como psiquiatra, é membro associado do Centro de Estudos Luís Guedes (CELG) e Associação de Psiquiatria do Rio Grande do Sul (APRS).

É médico contratado do Hospital Nossa Senhora da Conceição, em Porto Alegre (RS), desde 1986, onde exerceu primeiro atividades como médico de família e comunidade por doze anos, atuando depois, até os dias atuais, como psiquiatra, professor e matriciador em saúde mental do Serviço de Saúde Comunitária.

Entre as atividades docentes exercidas, foi professor por cinco anos da Faculdade de Medicina da Pontifícia Universidade Católica do Rio Grande do Sul (PUC-RS), no Departamento de Medicina Social. É preceptor convidado do programa de residência médica em Medicina de Família e Comunidade e preceptor do programa de residência médica em Psiquiatria do Hospital Nossa Senhora da Conceição.

Trabalha em prática privada como psiquiatra, psicoterapeuta e psicanalista, coordena grupos de estudo e um grupo Balint para residentes em Medicina de Família. Ministra cursos e seminários de educação continuada na área da saúde mental, psiquiatria e psicanálise.

Impressao e Acabamento
Bartiragráfica

(011) 4393-2911

Impressao e Acabamento
Bartiragráfica

(011) 4393-2911